Sociologia Empírica do Lazer

Coleção Debates
Dirigida por J. Guinsburg

Equipe de Realização – Tradução: Sílvia Mazza e J. Guinsburg; Revisão: Plinio Martins Filho e Vera Lúcia Bolognani; Produção: Ricardo W. Neves e Raquel Fernandes Abranches.

joffre dumazedier
SOCIOLOGIA EMPÍRICA DO LAZER

Título do original francês
Sociologie empirique du loisir

Copyright © Éditions du Seuil, 1974

Dados Internacionais de Catalogação na Publicação (CIP)
(Câmara Brasileira do Livro, SP, Brasil)

Dumazedier, Joffre, 1915- 2002
  Sociologia empírica do lazer / Joffre Dumazedier; [tradução Silvia Mazza e J. Guinsburg]. 3. ed. — São Paulo: Perspectiva: SESC, 2008. — (Debates ; 164 / dirigida por J. Guinsburg)

  Título original: Sociologie empirique du loisir
  ISBN 978-85-273-0185-5 - Perspectiva
  ISBN 978-85-98112-57-2 - SESC-SP

  1. Lazer 2. Lazer – Aspectos sociais I. Título. II. Série.

99-1972   CDD-306.4812

Índices para catálogo sistemático:
1. Lazer : Sociologia 306.4812
2. Sociologia do Lazer 306.4812

3ª edição

Direitos reservados em língua portuguesa à
EDITORA PERSPECTIVA S.A.

Av. Brigadeiro Luís Antônio, 3025
01401-000 – São Paulo – SP – Brasil
Telefax: (0--11) 3885-8388
www.editoraperspectiva.com.br

2008

SUMÁRIO

O Livro e seu Autor – *Danilo Santos de Miranda* 7
Nota Preliminar.............................. 9
Introdução................................... 11

1. Sociologia do Lazer........................ 19
2. A Dinâmica Produtora do Lazer 25
    1. *As origens*............................ 25
    2. Sociedade soviética. Evolução do lazer 1924-1967 60
    3. *Sociedade francesa. Uma hipótese sobre o período de 1955-1965* 72
3. A Querela das Definições 87
    1. *Definições*............................ 88
    2. *Problemas de classificação* 97
    3. *Implicações*........................... 105
    4. *Lazer e terceira idade*................... 113

4. Trabalho – Lazer – Tempo – Espaço 131
   1. *Relações entre trabalho e lazer* 132
   2. *Analogias entre trabalho e lazer* 146
   3. *A duração do trabalho profissional, pode ser diminuída?* 150
   4. *Lazer e espaço: necessidade de uma política de desenvolvimento cultural no urbanismo* 165

5. Quadros de Referência e de Método 179
   1. *Desenvolvimento cultural: conceitos e dimensões* 179
   2. *Instrução dos adultos, operação do desenvolvimento cultural* 201
   3. *Em direção de uma sociologia ativa: determinismos sociais, previsão, decisão* 209
   4. *Previsão. Decisão. Método comparativo* 216
   5. *Como conduzir a observação comparada destes diferentes campos para investigar se as invariantes permitem afirmar [...]* 230

Conclusão 235

O LIVRO E SEU AUTOR

Sociologia Empírica do Lazer incluiu-se no rol daqueles textos fundamentais sobre o tema, escritos no transcorrer do século XX. Razões não lhe faltam e, entre elas, podemos ressaltar ao menos três aspectos. Em primeiro lugar, a delimitação mais precisa, racional e criteriosa de um campo de investigação até então incipiente, mas que as dinâmicas sociais, econômicas e culturais já deixavam entrever. Ou seja, entre os tempos criados pela civilização industrial, cada vez mais fragmentados, e tendo em comum a característica da coação, demonstra-se o caráter liberador do lazer. Em segundo, faz emergir a percepção de que as reivindicações por normas e modelos flexíveis de trabalho retiram sua força e têm origem nos valores do tempo livre, resultando em benefícios à própria produtividade econômica. Como uma espécie de reflexão luminosa, descobre-se que a eficiência do esforço utilitário depende, em muito, da "inutilidade" social do prazer. Por fim, busca demonstrar, por relações observáveis e ordenadamente recorrentes, a importância das atividades de lazer, tendo em vista que seus conteúdos estimulam o desenvolvimento do indivíduo, a convivência social e o enriquecimento dos fenômenos culturais. Tanto por esses aspectos quanto pelo estímulo de suas análises, deve-se reconhecer a importância seminal da *Sociologia*, sejamos críticos ou adeptos das idéias aqui expostas.

Por outro lado, há que se reconhecer o profundo senso humanístico e o devotamento insubmisso de Joffre Dumazedier à causa da educação popular. Sua origem humilde reforçou-lhe o ideal de justiça, de combate às desigualdades educacionais, de elevação espiritual que a longa tradição iluminista francesa havia criado. Essa vocação o levou desde cedo ao ensino voluntário de grupos de jovens e de trabalhadores sindicais, a tornar-se professor clandestino e *partisan* sob a ocupação nazista, à criação de um método auxiliar de autodidaxia e, mais tarde, já como acadêmico, a tornar-se pesquisador, conselheiro e animador de organizações públicas e privadas de ação cultural, entre elas o SESC de São Paulo. Entre nós, sua convivência e aconselhamento aos técnicos da entidade abriram perspectivas até então insuspeitadas para o planejamento e a execução do trabalho institucional no campo da cultura. Durante as décadas de 70 e 80, tivemos a oportunidade de promover seminários internos com sua animada presença, além de enviar nossos pesquisadores para cursos de pós-graduação, na Sorbonne, sob sua orientação direta.

Embora o quadro histórico no qual o livro foi escrito tenha se modificado, dado o impacto vertiginoso e contundente das formas produtivas e da globalização, o entendimento teórico de que se vale permanece irretocável. Ou seja, a concepção segundo a qual o lazer ainda é, para a maioria dos trabalhadores, o tempo e a ação autodestinados às mais íntimas formas de enriquecimento ou de satisfação pessoal.

Danilo Santos de Miranda
Diretor do Departamento Regional
do SESC no Estado de São Paulo

NOTA PRELIMINAR

Nossas principais pesquisas sociológicas de 1953 a 1973 foram objeto de uma "tese sobre trabalhos" (53-73) cuja defesa ocorreu na Sorbonne em 10 de novembro de 1973 diante de uma banca composta pelos Professores Raymond Aron (presidente), Roger Bastide, Jean Cazeneuve, Maurice Debesse e Jean Fourastié. As reflexões provocadas nesta circunstância é o que nos levaram a compor este livro.

A primeira edição de *Vers une Civilisation du Loisir?* data de 1962. Os fatos, as idéias, as expressões que introduzimos neste livro conheceram uma sorte inesperada, porém, no estado das pesquisas empíricas dos anos 60, não podíamos responder a todas as questões que colocávamos. Passaram-se doze anos. Desenvolvemos nossos trabalhos, estimulamos os de nossos principais colaboradores, demos origem a novas equipes de pesquisas. As observações sociológicas sobre o lazer ou o tempo livre estenderam-se e aprofundaram-se nas sociedades industriais avançadas não apenas de tipo capitalista mas também de tipo socialista. Os trabalhos europeus equiparam-se hoje aos trabalhos americanos. Uma primeira reflexão comparada sobre os problemas do tempo liberado e do tempo desocupado dos países do Terceiro Mundo começou. Expomos hoje novas análises com base nos resultados destas observações. Esta reflexão aprofunda, completa ou corrige em muitos pontos nossas hipóteses de 1962.

Agradecemos àqueles que, solicitando-nos ou aceitando artigos sobre os diferentes aspectos desta nova vague de pesquisas, impulsionaram-nos a melhor elaborar a tese que hoje apresentamos. Meus agradecimentos portanto à direção de *Année Sociologique*, dos *Cahiers Internationaux de Sociologie*, à *Revue Française de Sociologie*, de *Kultura* (Belgrado), de *Society and Leisure* (Praga), de *Spettacolo* (Roma), dos *Cahiers du Centre International de Gérontologie Sociale*, à direção de obras coletivas: *Tendances et Volonté de la Société Française* (J. D. Reynaud), *Leisure Human Values and Technology* (P. Bosserman e N. Kaplan), *Encyclopedia Universalis* e minhas homenagens a George Friedmann e, finalmente, ao Centro de Recherche sur L'Urbanisme.

Não teríamos podido levar a bom termo esta reflexão sobre uma base tão vasta de dados empíricos sem o trabalho coletivo de documentação, de análise e de crítica da ativa equipe dos modelos culturais e do lazer do CNRS e da UER das ciências da educação (Université R. Descartes). Este livro também é deles.

INTRODUÇÃO

A aproximação do ano 1000 produzira a mais sombria das profecias: o fim do mundo. A perspectiva do ano 2000 provocou um profetismo mais matizado. Sob a cobertura da crítica ideológica, da reflexão prospectiva, da elaboração utópica, da ficção científica ou mesmo da "sociologia", assiste-se a um florescimento do profetismo todo róseo ou todo negro, mas sobretudo todo negro. Segue-se um estado de espírito pouco favorável às disciplinas científicas da observação, da explicação e da previsão.

O campo do lazer não escapou a este estado de espírito. Talvez ele esteja mais exposto que outros às ilusões do pensamento profético: a plasticidade de suas fronteiras, a multiplicidade heterogênea de suas formas, a extensão oculta de suas implicações, a carga afetiva que carregam algumas de suas manifestações normais ou marginais, lícitas ou ilícitas, prestam-se ao entusiasmo ou aos desprezos mais temíveis para o rigor. A resistência franca ou dissimulada que opõem aos valores suspeitos do lazer velhas ideologias do trabalho, profissional ou escolar, das obrigações familiares ou políticas cria obstáculos epistemológicos suplementares que retardam ainda o desenvolvimento e a difusão do conhecimento científico.

Cada um retém da complexa e móvel realidade do lazer apenas o aspecto que lhe interessa, o valoriza ao extremo e esquece todos os outros. Aqui a reflexão é, na maioria das vezes, mais maniqueísta que dialética. Na sociedade em devir, o lazer aparece, segundo os autores, como uma realidade multipresente ou uma ilusão "ideologizada". É o tempo da mais livre expressão de si ou o da pior manipulação ou repressão da pessoa. O lazer é anunciado como o futuro substituto do trabalho alienado, ou o trabalho reformado deve reduzi-lo cada vez mais a um passatempo mais ou menos tedioso. Ele será o tempo de uma autoformação permanente e voluntária muito mais séria que a formação imposta pela escola em crise, ou então será reduzido a uma simples recreação pela extensão e pela reforma da educação escolar. Para alguns, o lazer, que se situaria fora do campo da "necessidade", seria o fundamento autônomo de uma teoria da liberdade. Para outros, ao contrário, seria por demais dependente para ser o fundamento de uma teoria qualquer. Celebrado como a arma privilegiada de uma civilização que valorizaria a expressão da personalidade, é criticado por outros como o epifenômeno artificial de uma sociedade doente, seria incapaz de dar origem a uma civilização qualquer...

Todas estas idéias contraditórias testemunham efetivamente a provável importância dos problemas colocados pelo lazer às sociedades industriais avançadas, engajadas na incerteza de um processo de desenvolvimento pós-industrial. Apesar de suas diferenças ou suas oposições, todas estas idéias possuem uma característica comum: eliminam, em graus diversos, a paciente e enfadonha observação sistemática da evolução dos fatos. Quando utilizam dados, são dados selecionados para ilustrar uma idéia por meio dos casos favoráveis, quase nunca o conjunto dinâmico dos fatos positivos ou negativos em relação a um problema claramente delimitado. Entretanto, expor os diferentes gêneros de fatos e suas diferentes relações, manifestas ou ocultas, trazidas à luz em diferentes momentos pela sociologia empírica nos parece de uma grande urgência.

Sabemos efetivamente que estes fatos variam conforme as perguntas que são propostas e que as perguntas estão sempre ligadas a uma metassociologia. Mas quaisquer que sejam seus limites, constituem pontos de referência dos quais nenhuma abordagem sociológica, seja ela orientada para uma transformação da prática ou para um progresso da teoria, poderia prescindir sob pena de erro especulativo. Toda teoria sociológica apresenta três propriedades:

1. é deduzida de uma teoria mais geral;
2. possui uma coerência lógico-dedutiva;
3. demonstra que nenhum fato importante está em contradição com ela. É sempre estimulante construir um conjunto coerente de idéias, apenas deduzido de uma teoria mais geral, porém, como separar a teoria da especulação se o procedimento teórico priva-se da disciplina indutiva? Ainda não chegou o momento de tentar elaborar uma teoria sociológica do lazer, ainda que todas as tentativas de chegar aí sejam sempre estimulantes. Mas parece-nos que, neste período turvo e conturbado onde ocorrem revisões em todos os campos, a utilidade de analisar os procedimentos e os resultados da sociologia empírica do lazer é o caminho mais útil ao mesmo tempo para guiar a reflexão teórica fora da ilusão dogmática e para orientar a ação prática fora da impotência praticista.

Segundo R. Girod[1], os sociólogos do lazer são particularmente críticos para consigo mesmos e não ocultaremos as dificuldades que qualquer análise científica encontra em nosso campo. Ao contrário, nós a traremos à luz. Tentaremos mostrar como procuramos tratá-las. Se lograrmos êxito em nossa tentativa, nossa análise, que cobrirá um capítulo da história de nossa disciplina (1953-1973), poderia, em suma, ser considerada como uma contribuição ao conhecimento de uma *Estratégia Científica*. Sabemos que este trabalho pode ser um jogo perigoso. Podemos cair em todas as ilusões às quais estão expostos os autores de testemunhos, de memórias ou de diários, mesmo que "científicos". Como poderia esta espécie de auto-análise profissional evitar as condutas de auto-satisfação ou de autocrítica excessivas, as coerências reconstruídas *a posteriori*, os *partis pris* (os preconceitos) ofuscantes? Porém, como colocar problemas sociológicos sem escolher um ponto de vista? E já que existem informações sobre as condições e a gênese de nossos trabalhos, achamos útil fornecê-las. Assim exporemos os motivos *conscientes* de nossas escolhas científicas.

Trataremos de dedicar-nos sem equívoco à dupla operação correspondente ao caráter ambivalente de toda sociologia,

---

1. R. GIROD, Sociologie du "temps libre": introduction au Congrès mondial sur le temps libre, dez. 1972, publicado no *Journal of Leisure Research*, 1973.

conforme é considerada ao lado dos problemas que ela propõe ou dos resultados que ela impõe.

Ao nível das informações procuraremos, em primeiro lugar, apoiar-nos em observações sistemáticas estabelecidas o mais possível segundo as regras da representatividade e da probabilidade. Aceitamos de bom grado esta contestada disciplina do conhecimento científico, mesmo quando ela restringe nosso campo de proposições. O método mais brilhante da ilustração das idéias pelos casos favoráveis ou pelo raciocínio teórico mais coerente não pode ultrapassar este limite senão ao preço de uma freqüente confusão entre o não-científico e o científico: cuidaremos portanto de evitar esta confusão. G. Bachelard estudou, na história das ciências, como as idéias gerais, úteis *em determinado momento* para suscitar novas hipóteses, revelam-se alhures como o maior obstáculo à verificação destas hipóteses[2]. De um outro lado, no plano dos problemas e das hipóteses, não eliminaremos a paixão. A "paixão" parece-nos um dos elementos constitutivos de uma problemática sociológica "apaixonante"... pelo menos para aquele que a formula: é o sal das ciências sociais. Sem ela, a sociologia empírica arrisca-se a ser reduzida a uma fria e custosa contabilidade de freqüências e de correlações correspondentes, amiúde, a evidências. Na querela que opõe G. Bachelard a M. Scheler sobre as relações da ciência e da "cultura", damos razão a G. Bachelard quando ele recusa excluir a ciência da cultura como se uma dissesse respeito apenas à racionalidade e a outra, à personalidade. Para ele, o cientista mais rigoroso na administração rigorosa da prova, quando enfrenta a ignorância ou o erro que dominam a opinião, engaja sua personalidade com paixão. Quando a ciência diz respeito ao homem, como poderia ela excluir as paixões que agitam os homens? O cientificismo só pode ser ingenuidade ou engano.

Exigimos o direito de exprimir as preferências axiológicas (alguns diriam ideológicas) que estão na base de nossas orientações epistemológicas e metodológicas na maneira como propomos nossas perguntas, sobre todos os planos de análise onde se exerce nosso trabalho sociológico. Eis as questões:

1. Todo trabalho sociológico, sob pena de colocar problemas que já foram colocados e de buscar resultados já conhecidos,

---

2. G. BACHELARD, *Formation de L'Esprit Scientifique*, Paris, Vrin, 1957, 256 p.

tem necessidade de integrar-se não apenas em equipes mas nesta espécie de oficina real e imaginária que constituem os especialistas mais qualificados da disciplina, dispersos mesmo por milhares de quilômetros de distância. Como este problema impôs-se a nós nos anos 50, como tentamos resolvê-lo em função da situação e da conjuntura da sociologia do lazer, no plano nacional e internacional?

2. É inútil demonstrar que os recursos do trabalho científico são, antes, limitados, sobretudo em relação às necessidades quase ilimitadas do conhecimento, dentro de uma disciplina jovem, sobre um assunto novo (que entrou em moda entre 1955 e 1965). Por que fomos levados a tentar compreender as condições da gênese, do desenvolvimento e das desigualdades de desenvolvimento do tempo livre e do lazer nas sociedades industriais? Por que uma sociologia diacrônica impôs-se cada vez mais a nós, apesar das dificuldades metodológicas muitas vezes insuperáveis que ela nos obriga a enfrentar?

3. As questões da sociologia sincrônica estão ligadas, em nosso campo, àquelas que a sociologia diacrônica pode (ou não) resolver. Definir o próprio objeto da sociologia é uma questão que se coloca infinitamente desde a origem desta disciplina. Porém, no estudo do lazer, a querela das definições está ligada a problemas ao mesmo tempo situacionais e axiológicos. Já é difícil resolver os primeiros em função do estádio de evolução econômica social e cultural das sociedades pré--industriais, industriais ou pós-industriais, mas os segundos são, em nossa opinião, quase insolúveis no atual estado de nossa disciplina. Eles dependem de doutrinas de ação muitas vezes incompatíveis em nossa apreciação do papel respectivo do trabalho, das obrigações familiais, sócio-espirituais ou sócio--políticas, com respeito aos lazeres relacionados com os problemas de estratificação e mobilidade sociais.

Tentaremos explicitar nossas escolhas conceituais e dimensionais, suas razões científicas e não-científicas. Mostraremos as implicações destas escolhas na análise objetiva de atividades, em geral situadas em outros quadros de referências, ainda que elas sejam, sobretudo, aspectos ocultos do fenômeno que chamamos "lazer".

4. Entre os diferentes níveis de análise do lazer (eles correspondem mais ou menos ao que G. Gurvitch teria chamado de "os escalões ou patamares em profundidade"), tentaremos explicar por que o escalão dos *valores* parece-nos hoje o mais importante. As implicações manifestas ou ocultas que resultam dos valores pesam, a nossos olhos, com um peso maior no lazer em interação com as determinações que as condições desiguais

de trabalho, de habitat, de cultura fazem pesar. Hoje, à soleira de crises de transformação das sociedades industriais em sociedades com outro caráter, a única análise unilateral do lazer enquanto variável dependente, influenciada pelas pesadas variáveis de uma sociedade, arriscaria deixar no desconhecido o efeito dos valores do lazer sobre o tempo, o espaço, a cultura vivida em todas as classes sociais. Tentaremos formular uma nova problemática para tratar destes fatos cuja ignorância ameaça tornar ineficazes os sistemas culturais de intervenção em todos os tipos de sociedades industriais avançadas.

5. Qual será, para completar este trabalho, o melhor quadro de referência, aquele que será melhor adaptado à análise dos problemas quantitativos e qualitativos relativos ao conteúdo do lazer das diferentes categorias sociais? As categorias de análise da cultura de massa serão as mais apropriadas à análise dos gêneros e dos níveis de conteúdo dos diferentes lazeres nas diferentes classes e àquela das condições ou processos de sua melhoria de acordo com os critérios explícitos? A fim de elaborar uma sociologia do desenvolvimento cultural, tentaremos mostrar como a adequada conceituação científica do quadro de referências nos obriga a examinar de novo o cisma que, no século XIX, provocou a ruptura entre a cultura entendida no sentido humanista do termo e a cultura no sentido antropológico. Finalmente, para estabelecer este quadro de referência cultural necessário, retomamos as regras do método sociológico que fixam atualmente as relações entre o conhecimento e a ação, os julgamentos de fato e os julgamentos de valor na sociologia dominante. De um lado, estas regras postulam uma separação radical entre dois universos de tal sorte que o imenso campo da ação a ser empreendida escapa ao conhecimento científico; de outro lado, as relações entre o conhecimento e a ação, tais como aparecem através do que chamamos "a sociologia crítica" e as diferentes concepções da *praxis* histórica, são ambíguas. Elas possuem o mérito de reexaminar uma separação ilusória entre a ideologia e a ciência; porém nos arrastam a uma *confusão* entre o que está provado e o que não está, o que é subjetivo e o que é objetivo. Esta confusão não ameaça destruir as condições da própria ciência? Tentaremos escapar a este duplo impasse.

Tais são as condições que nos fornecerão os maiores eixos de análise de nosso trabalho. Poderíamos tentar a análise em profundidade do processo intelectual que está na origem, simultaneamente, de um procedimento científico que procura integrar os problemas de ação e de um procedimento ativo que procura integrar os resultados da ciência. Mas este desígnio ultrapassa nossas forças atuais. Limitemo-nos a tratar o essencial das cinco perguntas que propusemos partindo de hipóteses e de fatos que iremos, agora, expor.

Paris, Montreal, Quito.

1. SOCIOLOGIA DO LAZER

Para compreender algumas de nossas perguntas, é necessário ter ao menos uma visão sumária dos principais aspectos do desenvolvimento da sociologia do lazer. A reflexão sobre o tempo fora do trabalho tem antecedentes longínquos; tão antigos quanto o próprio trabalho, provavelmente. J. M. Andrée[1] dedicou recentemente a este assunto uma longa análise que diz respeito ao *otium* e ao *neg-otium* dentro da classe dirigente da sociedade romana. *Otium*? Trata-se de lazer no sentido que esta realidade tomou em relação à redução progressiva, durante um século, do tempo de trabalho profissional da maioria dos trabalhadores? Diremos mais adiante por que não o consideramos assim. Desde o nascimento da sociedade industrial, os pensadores sociais do século XIX previram a importância do

---

1. J. M. ANDRÉE, *L'Otium dans la Vie Morale et Intelectuelle des Romains, des Origines à L'Époque Augustéenne*, Paris, PUF, 1966.

lazer, ou antes, do *Tempo Liberado* pela redução do trabalho industrial. Entretanto, após um século e meio, os sociólogos ainda não conseguiram entender-se, nem sobre a dinâmica, nem sobre as propriedades específicas do fenômeno "lazer", nem sobre suas principais implicações. Em certos textos, Karl Marx considera o trabalho em si como a necessidade primeira do homem. Ele especifica, alhures, que somente a apropriação coletiva da máquina possibilitará a conquista de um tempo livre, "espaço do desenvolvimento humano", que findará por humanizar o trabalho. Segundo ele, é este tempo liberado do trabalho que deveria possibilitar a superação da atual antinomia do trabalho e do lazer com vistas à realização do Homem Total. P. Naville desenvolveu de maneira original esta tese[2]. Sabe-se que A. Comte e C. Proudhon diferem de K. Marx em sua concepção da sociedade futura, porém todos atribuíram a mesma importância à conquista do lazer pelo progresso técnico e pela emancipação social. Todos associaram o desenvolvimento do lazer ao progresso da cultura intelectual dos trabalhadores e ao aumento de sua participação nos negócios da cidade.

Graças aos lazeres e aos meios postos ao alcance de todos, a redução ao mínimo do trabalho social necessário favorecerá o desenvolvimento artístico, científico de cada um[3].

A realidade do lazer no século XX, tal como os sociólogos a observaram nas sociedades industriais dominadas pela empresa privada ou coletiva, revelou-se mais complexa, mais ambígua. É na Europa que um militante socialista, P. Lafargue, escreve o primeiro panfleto a favor do lazer dos operários, contra a mística do trabalho (1883)[4]. Ele abria sobre o socialismo uma querela que perdura ainda: o trabalho é um fim ou um meio? Mas é nos Estados Unidos que foi fundada a sociologia do "lazer". Não pensamos em *The Theory of the Leisure Class* (1889) onde T. Veblen trata antes da ociosidade das diferentes categorias de ociosos da burguesia, mas do lazer dos trabalhadores[5]. A ociosidade nega o trabalho, o lazer o supõe. T. Veblen

2. P. NAVILLE, *Le Nouveau Leviathan*, Paris, Anthropos, 1967, 515 p. Ver principalmente o último capítulo.
3. K. MARX, *Ouvres: Économie*, Paris, Gallimard, t. 1, 1963, 1819 p.; t. 2, 1967, 1970 p.; edição organizada por M. Rubel.
4. P. LAFARGUE, *Le Droit à la Paresse*, Paris, Maspero, 1965, 80 p.
5. T. VEBLEN, *The Theory of the Leisure Class. An Economic Study of Instituitions*, 1. ed., 1899, Londres, Allen and Unwin, 1957, 414 p.

traz à luz sobretudo as despesas ostentatórias às quais a busca do prestígio social arrasta as classes dirigentes. É preciso esperar os anos 1920-1930 para ver, tanto na Europa quanto nos Estados Unidos, os primeiros estudos da sociologia empírica do lazer propriamente dita. A instauração da jornada de oito horas provoca a esperança e também a inquietude dos reformadores sociais: o tempo liberado será utilizado para o florescimento ou para a degradação da personalidade? Na U.R.S.S., uma política de organização dos lazeres é acompanhada por pesquisas sobre os "orçamentos-tempo", sob o estímulo de Strumilin[6]. O Bureau Internacional do Trabalho de Genebra organiza, em 1920, o 1º Congresso Internacional acerca do Tempo Livre dos Trabalhadores; trezentos membros de dezoito nações participam dele. A necessidade de uma organização dos lazeres é colocada como corolário da diminuição do tempo de trabalho. São empreendidas *enquêtes* nos Estados Unidos. Em *Middletown*, R. e H. Lynd reservam um largo espaço ao estudo dos lazeres tradicionais, dos lazeres modernos e da organização dos lazeres. Em 1934 surge a primeira grande *enquête* centrada no lazer, a de Lundberg e Komarowsky. Ela já define o lazer por oposição às atividades assim caracterizadas:

considered in high degree obligatory or necessary to the maintenance of life and which are on the whole instrumental to other ends rather than ends in themselves[7]*.

Esta obra marca, em nossa opinião, o nascimento da sociologia empírica do lazer. Depois da guerra de 1940, a sociologia do lazer conhecerá um surto de uma dimensão e de uma significação novas. Os Estados Unidos abordam os problemas da "sociedade de massa" marcada pelo consumo, pela cultura e pelo lazer de massa. Nesse novo contexto, as ambigüidades do lazer provocam um florescimento de estudos. Em 1948 aparece *The Lonely Crowd* de David Riesman[8]. Este livro exercerá

---

6. S. G. STRUMILIN, *Des Problèmes de L'Économie du Travail*, Moscou, 1964, t. III, nova edição.

7. G. LANDBERG, *Leisure: A Suburban Study*, New York, Columbia University Press, 1934.

* Em inglês no texto: "consideradas em alto grau obrigatórias ou necessárias à manutenção da vida e que são, no conjunto, meios instrumentais para outros fins, mais do que fins em si mesmos" (N. dos T.).

8. D. RIESMAN, N. GLAZER e R. DENNEY, *The Lonely Crowd*, New Haven (Conn.), Yale University Press, 1950, XVIII, 386 p. (Trad. bras.: *A Multidão Solitária*, São Paulo, Perspectiva, 1971, Debates 41).

uma influência mundial; sua tiragem total ultrapassa um milhão de exemplares. O autor defende a idéia de que a humanidade moderna não conheceu senão duas "revoluções". A primeira data do Renascimento; tornando-se cada vez mais urbano, o homem não mais é dirigido, antes de tudo, pela tradição (*tradition directed*) mas pelas normas e valores da família restrita. Ele passa a ser *inner directed* (introdirigido). A segunda revolução apareceria em meados do século XX nos países que abordam o consumo, a cultura e o lazer de massa. O homem é movido por normas e valores veiculados pelos meios de comunicação de massa e os grupos de pares (*peer groups*). Ele passa a ser *other directed* (heterodirigido). Nesta perspectiva, as reflexões relativas ao desenvolvimento e à influência dos lazeres de massa são centrais. É em 1958 que aparece a primeira antologia de textos sobre este assunto: *Mass Leisure*, editada por E. Larrabee e R. Meyersohn[9] e, um ano depois, *Mass Culture* (A. Rosenberg e L. White, 1957)[10]. Finalmente um decisivo progresso na verificação empírica destas novas idéias sobre as relações do lazer e da cultura nas sociedades de massa deveu-se ao estudo feito por uma equipe dirigida por R. Havighurst[11], em Kansas City e principalmente à equipe de H. Wilensky[12], em Detroit.

Durante este mesmo período, a sociologia do lazer conhece na Europa um surto paralelo. Georges Friedmann concede uma posição privilegiada às significações do lazer para "realojar o homem" na civilização técnica onde o trabalho é desumano para a maioria[13]. Ele distingue vigorosamente as funções de distração e de compensação do lazer com respeito ao trabalho. Na Inglaterra, Rowntree inaugura uma série de estudos e de pesquisas de alcance social[14] que terão no exterior, principal-

---

9. E. LARRABEE, R. B. MEYERSOHN (eds.), *Mass Leisure*, Glencoe (Ill.), Free Press, 1958, X + 429 p.

10. A. ROSENBERG e L. WHITE (eds.), *Mass Culture. The Popular Arts in America*, Glencoe (Ill.), Free Press, 1957, 561 p.

11. R. J. HAVIGHURST e K. FEIGENBAUM, Leisure and life style, *American Journal of Sociology*, 1959, pp. 145-404

12. H. L. WILENSKY, Mass society and mass culture. Interdependence or independence?, *American Sociological Review*, 21, 2, 1964, pp. 173-197.

13. G. FRIEDMANN, *Problèmes Humains du Machinisme Industriel*, Paris, Gallimard, 8. ed., 1946, 389 p.; *Où va le Travail Humain?*, Gallimard, 1950, 391 p.; *Le Travail en Miettes*, Gallimard, 1956, 347 p. (Trad. bras.: *O Trabalho em Migalhas*, São Paulo, Perspectiva, 1972, Debates 53).

14. B. S. ROWNTREE e G. R. LOVERS, *English Life and Leisure*, New York, Longmans, Green and Co, 1951, XVI + 482 p.

mente na Holanda, um eco considerável. Vastas sondagens de opinião sobre o lazer dos jovens (1954) aí resultam numa vigorosa política de equipamento e de formação. Nas sociedades industriais de tipo socialista, os estudos sobre o lazer (ou o tempo livre) conhecem igualmente um novo desenvolvimento: na U.R.S.S., de 1956 a 1962, a passagem progressiva da jornada de 8 horas à jornada de 7 horas suscita um recrudescimento de pesquisas sobre os orçamentos-tempo e as atividades do tempo livre; dentro da perspectiva de Strumilin, surgem os trabalhos de G. A. Prudenski (1964), G. Petrosjan (1965), V. Patrushev (1966), B. Gruschin (1967) e L. Gordon (1969)[15]. É na Iugoslávia que a primeira *enquête* sobre o lazer ocorre dentro de um contexto socialista segundo os métodos da mais moderna sociologia empírica (V. Ahtik, 1960)[16]. Este trabalho foi seguido neste país por numerosas outras pesquisas, particularmente as de Mihovilovitch (1967-1972)[17]. A sociologia empírica do lazer e da cultura de massa conheceu igualmente um notável desenvolvimento na Polônia, a partir de 1956 (K. Zygulski, Z. Skorzynski, A. Olzewska)[18] e, na Tchecoslováquia, sobretudo em torno de uma equipe dirigida por B. Filipcova (*O Trabalho e o Lazer*, 1964)[19]. A vitalidade da sociologia do lazer suscitou numerosas abordagens ao nível dos problemas; um mesmo autor pode adotar várias delas alternadamente, porém uma muitas vezes predomina sobre as outras. O lazer é estudado sobretudo

15. G. A. PRUDENSKI, *O Tempo e o Trabalho*, Moscou, Mysl, 1964, 350 p. G. PETROSJAN, *O Tempo Fora do Trabalho dos Trabalhadores na U.R.S.S.*, Moscou, Ekonomizdat, 1965, 193 p. V. O. PATRUSHEV, *Time as an Economic Category*, Mysl, 1, 1966. B. GRUSCHIN, *O Tempo Livre: Duração, Estrutura, Problemas e Perspectivas*, Moscou, Pravda, 1966, 155 p. L. GORDON, V. J. VOEK, S. E. GENKIN, E. V. KLOPOV, S. N. SOLOKOVA, A tipologia dos fenômenos sociais complexos, *Voprosy Filosifie*, 7, 1969, pp. 52-64.

16. V. AHTIK, Les conditions d'une planification sociale du loisir, *Revue Internationale des Sciences Sociales*, 12, 1960, pp. 623-630.

17. M. MIHOVILOVITCH, diversos estudos feitos no quadro do Institut de Recherches Sociales, como: *Loisir des Citoyens de Zagreb*, Zagreb, 1969, 85; *Loisir au Village de Filip Lakov*, Zagreb, 1968; "Evolution and the impact of leisure in the contemporary society", *Encyclopedia Moderna*, 15, 1971, etc.

18. K. ZYGUSLKI, *Introdução aos Problemas da Cultura*, Varsóvia, Wydawnickycrzz, 1972, 380 p. Z. SKORZYNSKI, "Principais atividades cotidianas dos habitantes de Varsóvia", *Zdrowie Publiczne*, 1, 1962, pp. 35-50. A respeito dos problemas do tempo livre da população urbana, *Problemy Pokojii I Socjolizmu*, 1, 1965, pp. 19-32.

19. B. FILIPCOVA, *O Homem, o Trabalho e os Lazeres*, Praga, Svoboda, 1966, 156 p.

em suas relações com o trabalho (B. Filipcova, G. Friedmann, S. Parker, G. Prudenski, D. Riesman), com a família (W. Scheuch), com o *status* da mulher (F. Govaerts), com a juventude (A. Villadary), com a religião (J. Pieper, H. Cox), com a política (S. Lipset) e com a cultura (P. Bosserman, M. Kaplan, H. Wilensky). É tratado como um quadro temporal (G. Prudenski, G. Petrosjan, A. Szalai) em relação à vida cotidiana (H. Lefebvre, C. Busch), como um conjunto de atividades (Littunen) ou um sistema de valores (S. de Grazia), em relação com a ideologia (M. F. Lanfant), etc.[20].

Ao nível dos métodos, a variedade também é grande. A sociologia do lazer não se distingue por um método específico; ela utiliza todos os métodos, é histórica de Veblen a Riesman ou de Grazia; é empírica na maioria dos casos; é igualmente comparativa. A *enquête* sobre o tempo livre nos "orçamentos-tempo" (1967) versa sobre uma amostragem nacional de doze países: Alemanha Federal, Bélgica, Áustria, França, Hungria, Polônia, U.R.S.S. É dirigida por A. Szalai (Hungria) no quadro do Centro Europeu de Documentação e Ciências Sociais de Viena (1972). É a mais importante observação sociológica internacional sobre o tempo livre jamais realizada formulando um mínimo de hipóteses explícitas.

20. S. PARKER, *The Future of Work And Leisure*, Londres, McGibbon and Kee, 1971, 161 p. E. K. SCHEUCH, Leisure time activities and family cohesion, *Sociological Review*, 8, 1960. F. GOVAERTS, *Loisir des Femmes et Temps Libre*, Bruxelas, Institut de Sociologie, 1969, 312 p. A. VILLADARY, *Fête et Vie Quotidienne*, Paris, Éditions Ouvrières, 1968, 242 p. J. PIEPER, *Leisure the Basis of Culture*, Londres, Faber and Faber, 1958. H. COX, *La Fête des Fous*, Éditions du Seuil, 1971, 240 p. S. LIPSET, *Poetical Man*, New York, Double Day, 1960, 432 p. P. BOSSERMAN, M. KAPLAN, (eds.), *Technology, Human Values and Leisure*, New York, Abington Press, 1971, 256 p. A. SZALAI *et al.*, *The Use of Time*, Haia, Mouton, 1973, 868 p. H. LEFEBVRE, *Critique de la Vie Quotidienne*, Paris, L'Arche, 1958, 272 p. C. BUSCH, *Problèmes et Perspectives de la Sociologie du Temps Libre, Contribution à une Définition du Champ D'Étude*, 390 p., Mouton, mar.-abr. de 1973. M. LITTUNEN, *As Funções Sociais das Férias*, estudo do Instituto de Pesquisas da Escola de Ciências Sociais, Turku, 1960. S. de GRAZIA, *Of Time, Work and Leisure*, New York, The Twentieth Century Found, 1962, 559 p. M. F. LANFANT, *Les Théories du Loisir*, Paris, PUF, col. "Le sociologue", 1972, 254 p.

2. A DINÂMICA PRODUTORA DO LAZER

1. AS ORIGENS

O próprio nascimento do lazer levanta um problema no ponto em que alguns se perguntam, como o assinalamos no princípio, se é uma realidade ou uma ficção. As leis de seu desenvolvimento permanecem controvertidas tanto entre os sociólogos como entre os historiadores. Pode-se falar de lazeres a propósito dos feriados e dos dias em que não se trabalha da sociedade tradicional? O lazer seria uma criação específica da sociedade industrial? Qual seria a dinâmica de sua criação e de seu desenvolvimento, considerando-se esta dinâmica? Que futuro pode ser previsto para ele dentro das sociedades nas quais as sociedades industriais avançadas estão gerando? Apesar de uma abundante literatura muito em moda sobre este assunto, este futuro parece obscurecido pelas mais contraditórias profecias, nos próprios meios da pesquisa.

Alguns consideram que o lazer existia em todos os períodos, em todas as civilizações. Não é o nosso ponto de vista.

É a tese de Sebastian de Grazia[1]. O tempo fora-do-trabalho é, evidentemente, tão antigo quanto o próprio trabalho, porém o lazer possui traços específicos, característicos da civilização nascida da Revolução Industrial.

Nas sociedades do período arcaico, o trabalho e o jogo estão integrados às festas pelas quais o homem participa do mundo dos ancestrais[2]. Estas duas atividades, embora diferentes por seus fins práticos, possuem significações de mesma natureza na vida essencial da comunidade. A festa engloba o trabalho e o jogo. Além disso, trabalho e jogo apresentam-se amiúde mesclados. Sua oposição é menor ou inexistente. Também seria abusivo ver na categoria dos xamãs ou dos feiticeiros dispensados do trabalho ordinário, a prefiguração de uma "classe de lazer" no sentido que a entende T. Veblen: xamãs e feiticeiros assumem funções mágicas ou religiosas essenciais à comunidade. O lazer é um conceito inadaptado ao período arcaico.

Nas sociedades pré-industriais do período histórico[3], o lazer não existe tampouco. O trabalho inscreve-se nos ciclos naturais das estações e dos dias: é intenso durante a boa estação, e esmorece durante a estação má. Seu ritmo é natural, ele é cortado por pausas, cantos, jogos, cerimônias. Em geral se confunde com a atividade do dia: da aurora ao pôr-do-sol. Entre trabalho e repouso o corte não é nítido. Nos climas temperados, no decurso dos longos meses de inverno, o trabalho intenso desaparece para dar lugar a uma semi-atividade durante a qual a luta pela vida é, muitas vezes, difícil. O frio é mortífero; a fome freqüente conjuga-se às epidemias. Esta inatividade é suportada; ela é amiúde associada a um cortejo de adversidades. Evidentemente, não apresenta as propriedades do lazer moderno.

Estes ciclos naturais são marcados por uma sucessão de domingos e festas. O domingo pertence ao culto. As festas muitas vezes são ocasião de um grande dispêndio de alimentos e de energia; constituem o inverso ou a negação da vida cotidiana. Os festejos são indissociáveis das cerimônias; dependem geralmente do culto, não do lazer. Assim, embora as civilizações tradicionais da Europa tenham conhecido mais de 150 dias sem trabalho por ano, não nos parece possível aplicar o conceito

1. S. de GRAZIA, *Op. cit.*
2. J. CAZENEUVE, *La Mentalité Archaique*, Paris, A. Colin, 1961, 205 p.
3. A. VARAGNAC, *Civilisation Traditionnelle et Genres de Vie*, Paris, Albin Michel, 1948, 404 p.

de lazer para analisá-los. Tomemos o exemplo da França: Vauban[4], em *La Dîme Royale* (1707), distingue os "dias sem trabalho" (*Jour Chômés*) dos "feriados" freqüentemente impostos pela Igreja contra o desejo dos camponeses e artesãos para favorecer o exercício dos deveres espirituais. O pobre homem das fábulas de La Fontaine queixa-se de que o "Senhor Cura sempre consegue pôr um santo novo no seu sermão". Nos primórdios do século XVIII, na França, estes feriados eram em número de 84. A estes acrescentam-se os dias de trabalho impossível (por causa da doença, da baixa temperatura, etc.), por volta de 80. Logo, nesta época, na França, os camponeses e artesãos (95% dos trabalhadores) contavam, segundo Vauban, com 164 dias sem trabalho por ano, em sua maioria impostos pelas necessidades do culto ou pela falta de trabalho. Nas sociedades pré-industriais da época atual encontramos numerosos trabalhadores que o subdesenvolvimento tecnológico priva de empregos ou os condena a empregos esporádicos de curta duração. Não falaremos então de tempo liberado, muito menos de lazer, mas de tempo desocupado.

Alguns pesquisadores fazem remontar o lazer ao modo de vida das classes aristrocráticas da civilização tradicional (de Grazia). Entretanto, também não acreditamos que a *ociosidade* dos filósofos da antiga Grécia ou dos fidalgos do século XVI possa ser chamada de *lazer*. Estes privilegiados da sorte, cultos ou não, faziam pagar sua ociosidade com o trabalho dos escravos, dos camponeses ou dos valetes. Esta ociosidade não se define em relação ao trabalho. Ela não é nem um complemento nem uma compensação; é um substituto do trabalho. Este modelo de ociosidade aristocrática certamente trouxe uma poderosa contribuição ao refinamento da cultura. Os filósofos gregos associam este modelo à sabedoria; tal desenvolvimento do homem completo, corpo e espírito, era o ideal desta vida sem trabalho. A rejeição ao trabalho servil era justificada por Aristóteles em nome dos valores nobres; a palavra *Scholé* queria dizer, simultaneamente, ociosidade e escola. Os fidalgos das cortes européias posteriores à Idade Média inventaram ou exaltaram o ideal do humanismo e do *honnête home**. A ociosidade dos nobres estava sempre ligada aos mais altos valores de civilização, mesmo quando na realidade ela era marcada

---

4. VAUBAN, *La Dîme Royale*, Paris, Bureaux de la Publication, 1872, VII, 190 p.

* Homem íntegro. No século XVII homem perfeito segundo as leis da sociedade de seu tempo. (N. dos T.)

pela mediocridade ou pela baixeza. Entretanto, o conceito de lazer não convém para designar as atividades destas castas ociosas. O lazer não é a ociosidade, não suprime o trabalho; o pressupõe. Corresponde a uma liberação periódica do trabalho no fim do dia, da semana, do ano ou da vida de trabalho.

Duas condições prévias na vida social tiveram de realizar-se a fim de que o lazer se tornasse possível para a maioria dos trabalhadores:

a) As atividades da sociedade não mais são regradas em sua totalidade por obrigações rituais impostas pela comunidade. Pelo menos uma parte destas atividades escapa aos ritos coletivos, especialmente o trabalho e o lazer. Este último depende da livre escolha dos indivíduos, ainda que os determinismos sociais se exerçam evidentemente sobre esta livre escolha.

b) O trabalho profissional destacou-se das outras atividades. Possui um limite arbitrário, não regulado pela natureza. Sua organização é específica, de modo que o tempo livre é bem nitidamente separado ou separável dele.

Estas duas condições coexistem apenas nas sociedades industriais e pós-industriais. Elas tornam o conceito de lazer inaplicável às sociedades arcaicas e pré-industriais. Quando o lazer penetra na vida rural das sociedades modernas, é porque o trabalho rural tende a organizar-se segundo o modo de trabalho industrial e porque a vida rural está penetrada pelos modelos da vida urbana que correspondem a ele[5]. Observações da mesma ordem impõem-se para as sociedades agrárias do Terceiro Mundo que projetam-se transformar em - sociedades industriais.

a) *Aumento da duração do tempo livre*

Mas, o incontestável aumento da duração do tempo livre observado desde os primórdios das sociedades industriais até estes últimos vinte anos será um fato portador de futuro? Este aumento, ao contrário, é em grande parte ilusório para numerosos trabalhadores de todas as categorias, dos mais ricos e mais responsáveis *managers* (executivos) aos mais pobres e desprovidos de responsabilidades (mão-de-obra não-qualificada muitas vezes

5. H. MENDRAS, *La Fin des Paysans*, Paris, SEDEIS, 1967, 358 p.

estrangeira)? Este aumento, já contestado em sua extensão, não chegou a uma espécie de apogeu que não prefiguraria de modo algum o futuro das sociedades industriais mas antes refletiria o passado? Defrontam-se duas grandes teses.

Para o ano 2000, H. Kahn e A. Wiener profetizam um capitalismo produtivista e humanitário que reduzirá o tempo de trabalho na sociedade americana: aí poder-se-ia trabalhar não mais que 7,30 h por dia durante três dias por semana[6]. A duração do fim de semana passaria a ser de quatro dias (sexta-feira, sábado, domingo, segunda-feira) e as atuais férias dos professores poderiam ser estendidas à maior parte dos trabalhadores, isto é, treze semanas anuais. Na eventual perspectiva de um socialismo pós-industrial, E. Mandel[7] acreditava ser possível uma semana de 20 a 24 horas repartidas em 5 ou 6 horas de trabalho por dia, se a taxa de crescimento da produtividade fosse de 5% por ano (o que é plausível), se a economia fosse dirigida por um planejamento eficaz em função das necessidades reais e se a nação americana se desembaraçasse de seus esmagadores encargos militares. As reflexões a longo prazo de J. Fourastié sobre as "sociedades terciárias" vão no mesmo sentido mas elas são ao mesmo tempo mais incertas e mais prudentes visto que o autor situa sua realização além do ano 2000. Por volta de 2100, restariam a nossos distantes descendentes apenas 1200 horas anuais de trabalho (em vez de 2000 a 2200 nas sociedades industriais avançadas de hoje) repartidos em 40 semanas de 30 horas durante 30 anos (em vez dos 50 anos de hoje).

Outros profetas vão num sentido totalmente oposto; eles, absolutamente, não vêem no lazer o futuro das sociedades industriais e pós-industriais. A crítica mais recente e vigorosa em sua formulação proveio do economista filósofo J. K. Galbraith.

Há um quarto de século a média do trabalho hebdomadário na indústria elevou-se moderadamente (40,6 horas em 1941 − 41 horas em 1965)... À medida que sua renda se eleva os homens passam mais tempo no trabalho e reclamam menos lazer. A idéia de uma nova era de lazer consideravelmente extensa é, na realidade, um assunto banal de conversa; as pessoas se servirão dele, aliás, cada vez menos[8].

6. H. KAHN, A. J. WIENER, *L'An 2000*, Paris, Laffont, 1958, 500 p. (Traduzido do inglês).

7. E. MANDEL, "Socialist Economy", in R. L. HEILBRONNER e A. M. FORDS, (eds.), *Is Economics Relevant?* Pacific Palisades (Cal.), Goyyear Pub. Co., 1971, 315 p.

8. J. K. GALBRAITH, *Le Nouvel État Industriel − Essai sur le Système Économique Américain*, Paris, Gallimard, 1968, 418 p. (Traduzido do inglês).

Muitas vezes a predição não é, na verdade, mais do que a valorização de uma parte do presente. Comecemos por observar os diferentes fatos sem privilegiar alguns deles. Sempre é possível ilustrar uma tese ou uma teoria especulativa qualquer pelo método dos casos favoráveis tomados ao acaso tanto do passado quanto do presente. Aqui e acolá, esquecemos muito freqüentemente que, para tentar provar uma hipótese, é necessário:

1. reunir o conjunto dos fatos pertinentes;
2. confrontar neste conjunto aqueles que são positivos e os que são negativos, sem omissão nem repetição com respeito à hipótese;
3. observar as relações mútuas entre os fatos para saber qual deles exerce sobre o outro ação mais forte;
4. observar as tendências evolutivas de cada fato para determinar as que vão crescendo, as que vão decrescendo. Cada vez que isto for possível, tentaremos utilizar conjuntos de fatos representativos estabelecidos por recenseamentos ou sondagens que autorizem a generalização pela probabilidade.

Não ignoramos nem a dificuldade deste trabalho, nem os limites desta opção predeterminada. Sabemos que os fatos são sempre respostas a perguntas, que as perguntas dependem tanto do questionador quanto da situação. Sabemos também que todo conhecimento realmente sociológico supõe a concordância de uma teoria coerente com fatos construídos por intermédio de um método consciente de seus poderes e de seus limites. Porém, no atual estado da reflexão sociológica em nossa disciplina, onde a profecia substitui com demasiada freqüência as previsões probabilistas e onde a afirmação especulativa dita "teórica" é indiferente a todo sistema objetivo de provas, cremos que este procedimento indutivo, mesmo que limitado, é o melhor meio de evitar proposições gratuitas. O procedimento indutivo deveria possibilitar-nos determinar as variáveis pertinentes no domínio da produção do tempo livre e depois do tempo de lazer nas sociedades industriais. Esperamos de sua parte que ela nos conduza:

a) no rumo dos diferentes tipos de evolução do tempo livre e do lazer segundo as categorias de trabalhadores;

b) no rumo dos diferentes componentes que podem explicar estes tipos de evolução.

Neste estádio, não damos definição de lazer. Uma noção aproximativa é o suficiente para o primeiro desenvolvimento que propomos. Se o leitor conhece a definição que extraímos, em 1955, dos resultados de uma *enquête* nacional a respeito da representação do lazer sobre uma amostra de 819 operários e empregados franceses, nós lhe pediremos para esquecê-la. Retomaremos o problema das definições após este apanhado de sociologia histórica. Não limitaremos nossas observações às *enquêtes* realizadas dentro da sociedade francesa; utilizaremos dados tomados à sociedade americana e a algumas outras, e isto por razões que desenvolveremos mais adiante. Procuramos saber se, apesar das diferentes organizações sócio-econômicas e sócio-políticas, pode-se formular a hipótese de que é observável uma convergência na dinâmica produtora do lazer na evolução das sociedades industriais e pós-industrias.

Este último tipo de sociedade é caracterizado de maneira bastante diversa segundo os autores[9]: assim, ela é alternadamente qualificada como científico-técnica, cibernética, neotécnica, programada, eletrônica; ou ainda é chamada de sociedade de consumo, da instrução de massa, da revolução sexual, dos conflitos de gerações, etc. Esperamos que os resultados de um estudo comparativo sobre as mutações culturais que acompanham o lazer, atualmente em curso em sete países, permitam escolher, com conhecimento de causa, uma definição adequada. Esperando, contentar-nos-emos em caracterizar este tipo de sociedade pela interação de dois caracteres econômico-sociais ligados entre si.

a) O estado de desenvolvimento avançado das forças produtivas (maquinismos, organizações, homens qualificados) possibilita os mais elevados níveis de produção.

b) Estes níveis de produção são obra de uma população ativa cuja maioria não mais está no setor agrário, nem no setor industrial, mas no setor de *serviços* ou setor "pós-industrial"[10].

9. J. DUMAZEDIER, N. SAMUEL, Post industrial societies and leisure time, *Society and Leisure* (1), março de 1969; H. KAHN, A. J. WIENER, *L'An 2000*, Paris, Laffont, 1968, 500 p.; R. RICHTA, *La Civilisation au Carrefour*, Paris, Anthropos, 1969, 468 p.; A. TOURAINE, *La Société Post-Industrielle*, Paris, Denoel, 1969, 319 p.

10. Desde 1954 as transformações tecnológicas na França aceleram-se, assim como a redução no setor primário. Os trabalhadores deste setor em 1968 não passam de 17% da população ativa contra 34% em 1946. O setor secundário beneficiou-se com este êxodo rural passando de 31% em 1946 a 35% em 1968. Mas o principal beneficiário é o setor terciário ou pós-industrial. Na verdade seu crescimento foi mais forte. Enquanto que representava 35% da população ativa, em 1968 ele representava 44% dela. Daí em diante ele está nitidamente à frente. Em dez anos, a sociedade francesa, apesar das deficiências da sua industrialização, aproximou-se de uma economia de serviço que condiciona o desenvolvimento do consumo e do lazer de massa. É verdade que sempre é possível discutir

As primeiras observações empíricas deste novo tipo de sociedade mostram que o principal motor da economia é efetivamente a industrialização e que as relações sociais são sempre marcadas por conflitos (de classe, de sexo, de geração, etc.). Mas estas relações e estes conflitos não são mais inteiramente os mesmos. Produzem-se mutações sociais e culturais que mudam profundamente, não só o conteúdo das relações sociais, mas ainda a relação entre as obrigações e as escolhas, os deveres sociais e os direitos individuais, os sistemas de valores individuais e os sistemas de valores coletivos. Julgamos que estas mutações introduzem as mudanças mais importantes nas significações do lazer e em suas relações com as obrigações básicas da cidade.

Seja como for, entretanto, desde os acordos de Grenelle, de 1968, entre os sindicatos, a classe patronal e o governo, o movimento de diminuição da duração da semana de trabalho tomou novo alento na França. Assim, a duração média do trabalho no setor não-agrícola, que era de 46 horas até em 1967, desce para 45 horas em 1969 e o Comissariado do Plano prevê que em 1975 esta duração cairá em pelo menos 1,30 horas, isto é, que ela atingirá 44 ou 43 horas[11]. Por outro lado, durante este mesmo período (1968-1971) a semana de 5 dias de trabalho tendeu a generalizar-se. É uma reivindicação atual para um número crescente de trabalhadores. O ano de trabalho diminuiu, os 12 dias de folga, pagos, conseguidos em 1936, passaram a 3 semanas e depois, após 1968, a um mês para a maioria dos assalariados. E as idéias evoluem. Em 1963, uma sondagem nacional do IFOP[12] mostrava que, entre os operários, cerca de 1/3 preferia uma diminuição das horas de trabalho a um aumento de salário, porém 2/3 deles faziam a escolha inversa. Ora, desde esta época foi dada uma nova atualidade à diminuição da duração da semana de trabalho (sábado inteiramente livre) e ao avanço da idade de aposentadoria. E numa recente sondagem realizada na Régie National das indústrias Renault[13], 65% do pessoal de Boulogne e 70% do pessoal de Le Mans declararam preferir abreviar o tempo

---

a exata extensão do que podemos chamar de "serviços". Nos Estados Unidos, o setor dos serviços concerne já a 63% da população ativa.

11. INSEE 1972, jan.-out., duração média: 43,8 h (0:44,6 E 42,2).

12. Réduction du temps de travail et aménagement des congés, *Sondages*, 2, 1964.

13. H. FAURE, J. C. BRACKE, Enquêtes sur les loisirs et le mode de vie du personnel de la RNUR, *Consommation, Annales du Credoc*, 2, abr.-jun. 1971, pp. 3-35.

de trabalho do que aumentar sua renda. Esta preferência é observada, mesmo entre os OE (Trabalhadores Especializados) de maneira surpreendente:

OE trabalho normal	43,7%	Boulogne
	78,4%	Le Mans
OE trabalho em equipe	55,4%	Boulogne
	87,9%	Le Mans.

Porém, poder-se-ia generalizar estes resultados à população operária em geral? Não vemos aí mais que uma tendência em uma fábrica-padrão.

Quanto à sociedade americana, certos autores puderam afirmar que este movimento geral rumo à diminuição do tempo de trabalho devia ser posto em dúvida. Assim, H. Wilensky[14] usa informações parciais relativas a certas categorias de trabalhadores, utilizando observações sobre a semana e sobre a vida de trabalho. Desde o momento em que estabeleceu estes cálculos sobre esta base parcial, surgiram dois exaustivos estudos quantitativos, o de P. Henle e o de M. Clawson, que permitem abordar de maneira mais próxima a evolução real global. O estudo de P. Henle[15], que versa sobre a evolução de 1948 a 1966, permite-nos situá-la melhor. Ele nos revela dois modelos: primeiramente, é exato que o número de assalariados não-agrícolas que trabalham mais de 48 horas por semana quase dobrou em 17 anos, visto que passou de 4,8 milhões a 9,4 milhões, ou seja, de 12,9% a 19,7%. Estes trabalhadores são geralmente grandes *managers* ou — na outra extremidade da escala social — operários pouco qualificados, empregados domésticos, pequenos comerciantes. Mas é preciso não esquecer que a proporção daqueles que trabalham 40 horas e menos passou ao mesmo tempo de 56,6% a 64,5%; representando portanto a grande maioria. Nesses cinco últimos anos a tendência à diminuição cresceu ainda mais com um rápido aumento de empregos de tempo parcial principalmente para a mão-de-obra feminina, cuja parte no trabalho profissional foi crescente[16]. Além da semana de 4 dias (de 9

14. H. WILENSKY, The uneven distribution of leisure. The impact of economic growth on "free time", *Social problems*, 9, verão de 1961, p. 32-56 P. HENLE, Leisure and long work week, *Monthly Labor Review*, jul. de 1966, n. 7, pp. 721-728.

15. P. HENLE, *Op. cit.*

16. No que se refere a uma opinião oposta, cf. B. FRIEMAN, *La Femme Mystifiée*, Genebra, Gonthier, 1964, 2 v.: 244-216 p., que

a 10 horas) estar em pleno curso de adoção, como dissemos acima, a tendência ao aumento da duração das férias é recente e geral. Em 1971, segundo um recente relatório do Bureau of Statistics, a maioria dos assalariados dispõe efetivamente de três semanas de férias, apesar de uma legislação retrógrada, quanto a este ponto, com respeito à da França.

Quanto ao argumento que se baseia sobre a duração global da vida de trabalho para negar ou minimizar o sentido geral da evolução em favor do tempo livre, como se situa ele num estudo de conjunto? Não dispomos de estudos quanto à França, mas podemos utilizar os de Clawson[17] sobre a evolução do orçamento-tempo da sociedade americana de 1900 a 1950; comporta uma reflexão previsível para o ano 2000. Apesar do caráter forçosamente aproximativo de um tal estudo macroeconômico e macrossociológico, as ordens de grandeza da distribuição das horas de tempo livre da população ativa no decorrer do período estudado são suficientemente diferentes daquelas de hoje para não deixar nenhuma dúvida quanto ao sentido geral do emprego do tempo nesta sociedade pós-industrial. É exato, na verdade, que a parte do tempo de trabalho global da nação não pára de crescer: de 86 milhões de horas em 1950 passa a 132 bilhões em 1970, e, de acordo com estudos sobre a probabilidade da evolução, será de 206 bilhões de horas no ano 2000. Tais observações aparentemente dão razão àqueles que preferem dar mais importância ao aumento do tempo de trabalho do que ao do tempo livre. Mas, na realidade, o que é que tais números medem? Primeiramente o crescimento demográfico e o alongamento da expectativa de vida[18] mais do que o aumento do tempo de trabalho na vida quotidiana. Por outro lado, esquece-se de acrescentar que, em valor relativo, a parte do trabalho no orçamento-tempo da nação encaminha-se de maneira decrescente: 1900: 13%; 1950: 10%; 2000: 5% — enquanto que, ao contrário, a duração do tempo livre encaminha-se de modo crescente: 1900: 11 137 bilhões de horas (isto é, 27%), 1950: 453 bilhões de horas (isto é, 34%), 2000: 113 bilhões de horas (isto é, 38%). Observemos, além disso, que

---

baseia sua argumentação em casos de mulheres diplomadas que preferiram as obrigações e os lazeres domésticos a um trabalho profissional.

17. M. CLAWSON e J. L. KNETSCH, *Economics of Outdor Recreation*, New York, J. M. P., 1966, 348 p.

18. Perspectiva de vida nos Estados Unidos, total da população, 1900=48,5; 1950=68,2; 1967=70,5 — in *Historical Statistics of the USA*, Washington, US Department of Commerce, Bureau of the Census, 154 p., p. 5.

o crescimento em valor absoluto de um e de outro é muito desigual. De 1950 ao ano 2000 a soma das horas de trabalho aumenta menos de três vezes e a do tempo livre mais de seis vezes.

Quanto ao "valor do trabalho" como motor da evolução é preciso render-se à evidência: mesmo numa sociedade industrial avançada como a U.R.S.S., que faz mais que qualquer outra sociedade por estes valores, observa-se o seguinte: na pesquisa sobre os trabalhadores (18-30 anos) de 23 empresas de Leningrado (1966) aqueles que são dominados pelas "orientações para o trabalho de produção" representam apenas 7,7%[19].

Diante do conjunto de todos estes fatos, o que podemos sustentar? De um lado, a sociedade pós-industrial ou científico-técnica, apesar do aumento de possibilidades de tempo livre, não será para todos uma sociedade marcada pelo tempo livre. Uma parte dos trabalhadores, seja porque o trabalho é para eles fonte de criação cultural ou de responsabilidade social, seja porque as necessidades de consumo são as mais fortes, seja por desinteresse para com as atividades do tempo livre, assumirão jornadas, semanas, longos anos de trabalho como na sociedade anterior. Esquecer de evocar estes fatos, quando se fala da evolução atual e provável para o futuro, é truncar a realidade, é produzir uma representação ideológica do tempo livre ou do lazer; mas tais observações não concernem senão a minorias.

Para a maioria dos trabalhadores, nas sociedades industriais avançadas, o sentido dominante da evolução está provavelmente no aumento do tempo livre, mesmo quando se trata de um regime socialista. Isolar um indicador relativo à duração da semana de trabalho durante um período limitado, ou ainda a evolução do número global de horas de trabalho durante a vida, sem situar a importância *relativa* desta evolução com respeito àquela do tempo livre no orçamento-tempo global significa mutilar a realidade: esta mutilação dos fatos leva a generalizações abusivas sobre a preponderância do trabalho na evolução. Tais generalizações são antes inspiradas pela *vontade* de ver o trabalho tornar-se "a primeira necessidade do homem", do que por uma reflexão científica sobre o conjunto dos fatos relativos à evolução das relações entre o trabalho e o tempo livre em todos os tipos de sociedades industriais avançadas[20].

19. A. G. ZDRAVOMYSLOV, V. P. ROGIN, V. A. SIADOV, *O Homem e seu Trabalho*, Moscou, 1967, 130 p.

20. Para um ponto de vista diferente do nosso, cf. P. NAVILLE, *Le Nouveau Leviathan*, t. 1: *De L'Aliénation à la Jouissance, Op. cit.*

Sob o efeito desta influência do progresso científico--técnico aplicado à produção, da ação econômica de certos empresários, do consumo de massa e da ação social dos sindicatos de assalariados, é provável que, para a maioria, o aumento do tempo livre em detrimento do tempo de trabalho suscitará o problema mais importante das sociedades pós-industriais daqui até o fim do século: as crianças que ingressam neste momento na escola de 1º grau não terão mesmo então concluído a metade de sua vida.

b) *O "bico"* em questão*

A que gênero de atividade este tempo liberado do trabalho profissional terá afetado? Ele não se reduz ao tempo de lazer. Em 1957 um ensaísta social, H. Swados[21], após a reflexão coletiva de um grupo de militantes sindicalistas sobre o emprego do tempo liberado pela passagem para a semana de 32 horas, nas fábricas de borracha de Akron, publica um artigo de título espetacular: "Less Work, Less Leisure". Este título difundiu-se, assim como certos números bastante convincentes: 40% dos operários que dispunham deste novo horário teriam aceito trabalhos suplementares e 17% teriam assumido uma segunda profissão. Estes fatos foram difundidos em um número impressionante de obras sociológicas e de ensaios sociais. Com bastante freqüência o comentário explícito ou implícito era: para que liberar o tempo de trabalho profissional se este tempo é ocupado por um outro trabalho, o "bico", (*moonlighting work*)? Não seria esta a prova de que o homem é incapaz de dominar o tempo livre[22], sobretudo o lazer, e que "o trabalho é a primeira necessidade humana"? Georges Friedmann resume bem esta posição afirmando que o tempo liberado é sentido como se fosse oco e que ele é preenchido com *brícolages** (biscates) remunerados ou um segundo emprego, não somente porque se tem fome, mas também porque se deseja preencher um vazio[23].

* *Travail noir* — o conceito que não tem correspondente exato em português, significa trabalho executado fora do emprego regular nas horas vagas e será ou conservado em francês ou traduzido por "bico". (N. dos T.).

21. H. SWADOS, "Less work, less leisure", in R. MEYERSOHN (ed.), *Mass Leisure, Op. cit.*, pp. 353-363.

22. S. de GRAZIA, *Op. cit.*

* *Bricoler*: no sentido aqui empregado, ganhar a vida executando toda a espécie de pequenas tarefas (N. dos T.).

23. G. FRIEDMANN, *La Puissance et la Sagesse*, Paris, Gallimard, 1970, 507 p.

Tentaremos discernir claramente o .caso de acordo com algumas pesquisas recentes da sociologia empírica. Inicialmente, pesquisando as condições nas quais H. Swados estabelecera seus fatos, percebemos que se tratava, aí, de uma estimativa baseada não em uma pesquisa empírica de opinião, mas unicamente no testemunho de militantes sindicalistas que se propunham denunciar a prática do trabalho suplementar favorecida pelas empresas. É por certo difícil, nas *enquêtes* sistemáticas, confiar em números fornecidos pelos próprios interessados: cumpre, portanto, recorrer às estimativas daqueles que podem observar os comportamentos reais, porém, para evitar as afirmações arbitrárias, torcidas pelas necessidades da causa, parece-nos desejável partir *primeiro* de *enquêtes* empíricas e *em seguida* tentar corrigi-las pela observação crítica dos comportamentos. As estatísticas oficiais da Secretaria Federal do Trabalho americano (1966) indicam que cerca de 5% dos operários praticam algum trabalho de "bico" (*moonlighting work*). Na França, uma *enquête*[24] recente com 120 operários de Toulouse, escolhidos por cota segundo um plano experimental, revela a mesma porcentagem. Os autores americanos e franceses têm as mesmas reservas quanto ao número obtido, embora não disponham das necessárias informações para corrigi-lo. Numa *enquête* (1955-1970) efetuada em Annecy, uma observação sobre uma amostragem representativa do conjunto dos operários da aglomeração (sondagem de 1/20º) completada por uma observação estendida por vários anos (1955-1970) permitiu ou estimar, através da verificação de testemunhos, o número de assalariados que praticavam o trabalho de "bico", como sendo cerca de 25%.

Duas recentes *enquêtes* empíricas na U.R.S.S. e outra nos Estados Unidos possibilitaram obter respostas diretas e indiretas a questões referentes ao emprego do tempo liberado: na primeira[25], quando se perguntou aos operários "se a jornada de trabalho fosse reduzida e se o seu tempo livre aumentasse, de que maneira vocês pensariam utilizá-lo?", 16,9% respondeu "eu farei um trabalho suplementar", geralmente para ganhar dinheiro. A segunda pesquisa, feita por B. Gruschin[26] junto a 2000 trabalhadores de Moscou revela que 28,7% dos operários exerceram um trabalho suplementar. Por outro lado, nos Estados Unidos, na amostragem (não-representativa) de empresas que

24. J. LARRUE, *Loisir Ouvrier chez les Métallurgistes Toulousains*, Haia, Mouton, 1965.

25. A. G. ZDRAVOMYSLOV, V. P. ROGIN, V. A. SIADOV, *Op. cit.*

26. B. GRUSCHIN, *Op. cit.*

adotaram o fim de semana de três dias (1970), foi enviado um questionário à totalidade dos trabalhadores (700); as 148 primeiras respostas foram utilizadas para um primeiro tratamento rápido: emanam de 80% de operários. Entre eles, 4% declararam ter realizado um "bico" durante o regime dos fins de semana de dois dias. Com o fim de semana de três dias, o total elevou-se para 17% e o grupo encarregado de estimar o número real dos trabalhadores envolvidos pensa que eles devem representar cerca de 25% do total[27].

É muito difícil chegar a uma conclusão capaz de escapar a toda e qualquer crítica. Não obstante, após a análise de todas estas observações sistemáticas, acompanhadas ou não de apreciações críticas, acreditamos poder adiantar que o número de operários que se entregam a um trabalho complementar dito "bico", de duração e gênero variáveis (podendo ir de um "biscate remunerado" a uma segunda profissão), deve situar-se na maioria das sociedades industriais avançadas de tipo capitalista ou socialista, com variações importantes, em torno de uma média de 25%. Se esta hipótese é a mais plausível, os 3/4 dos operários utilizariam seu tempo liberado do trabalho profissional para outras atividades, exclusivas de todo trabalho remunerado.

Voltemo-nos agora para os *managers*; ouve-se dizer amiúde que eles não têm lazeres, que são candidatos a enfartes, etc. Quanto a este ponto, faltam-nos pesquisas sistemáticas de grande envergadura. Sabe-se apenas, através dos estudos médicos[28], que certos grandes responsáveis por empresas fazem semanas de 50 a 60 horas de serviço, que levam trabalho para casa e que para eles os lazeres são devorados pelas "obrigações sócio-profissionais". Mas sabe-se também — e quanto a este ponto existem numerosas pesquisas sistemáticas — que é entre os executivos que se encontra a maior proporção de praticantes, de esqui, equitação, barco à vela, longas viagens de férias, safaris, golfe, tênis, teatro, concertos, leitura, etc. Numa cidade como New York, é bem difícil encontrar um executivo em seu escritório na sexta-feira à tarde... Como conciliar estas observações contraditórias? Em nossa opinião, provavelmente

27. I. DE RIVA POOR, *4 Days, 40 Hours*, Cambridge (Mass.), Bursk and Poor, 1970.

28. Dr. BIZE, *Lé Surmenage des Dirigeants*, Paris, Ed. Entreprises modernes, 1961, 170 p.

são os *managers* mais importantes, mais carregados de responsabilidade ou os mais animados por uma vontade de poder que são privados de tempo livre, e a observação participante nos demonstra que são minoritários entre os executivos. A maioria destes são os privilegiados do lazer em *todas* as *enquêtes* sistemáticas sobre o lazer nos Estados Unidos, na França ou nas outras sociedades industriais avançadas; pode-se, em certo sentido, considerá-los como os sucessores da *leisure class* analisada no fim do último século[29]. Uma pesquisa de 1962 conduzida sob a égide da *Harvard Business Review* junto a cerca de 5 000 *managers* da indústria e da administração demonstrou que, na verdade, em média, estes *executivos* trabalham 43 horas na empresa e 7 horas suplementares em casa. Têm 4,30 horas por semana de semilazeres profissionais, mas dispõem ainda de 30 horas para o lazer pessoal[30]. Na *enquête* americana relativa às mudanças provocadas pelos três dias de fim de semana, 80% dos operários, empregados e executivos "usam seu tempo liberado para se dedicarem a atividades de lazer mais do que para ganhar uma renda suplementar"[31]. Na pesquisa de Leningrado (onde, como vimos, 16,9% dos trabalhadores escolheriam um trabalho suplementar se lhes fosse dado mais tempo livre) entre as dez atividades nas quais, nesta eventualidade, recaem de 40,3 a 78,7% das escolhas, foram recenseadas sete atividades de lazer[32]. O que é mais verossímil é que a *maioria* dos trabalhadores de todas as categorias invistam seu tempo liberado em atividades fora do trabalho e particularmente no lazer.

Assim, podemos, à luz destas pesquisas recentes, propor duas conclusões:

1. Omitir um quarto dos trabalhadores para os quais a duração do trabalho aumentou nos Estados Unidos e que este 1/4 (muitas vezes os mesmos) que transforma seu tempo liberado em um tempo de trabalho em "bicos" para tecer loas a diminuição uniforme do tempo de trabalho, é adotar uma concepção ideológica da situação, velar as desigualdades sociais, ignorar o desmesurado peso do trabalho sobre minorias desprovidas ou hiperativas.

29. T. VEBLEN, *La Théorie de la Classe de Loisir, Op. cit.*
30. *Enquête* realizada em 1962 dentro do quadro da Harvard Business School.
31. I. DE RIVA POOR, *Op. cit.*
32. Cinema, literatura, teatro, exposições, espetáculos esportivos, prática de esporte, televisão.

2. Porém, exagerar estes fatos, eliminar os outros (relativos à maioria), negar ou minimizar — em nome dos valores do trabalho — o movimento histórico de liberação do tempo que valoriza o tempo fora do trabalho, é fazer ainda uma ideologia do trabalho. É, para os metafísicos do trabalho, tomar seus desejos por realidades, permanecer prisioneiros de uma concepção anacrônica do trabalho, nascida das situações do século XIX, é desprezar a realidade observada na escala da maioria dos trabalhadores de todas as categorias nas sociedades industriais avançadas de tipo capitalista ou socialista[33].

c) *Equívoco das "atividades familiares"*

O tempo liberado pela redução do trabalho profissional seria ocupado pelos trabalhadores e trabalhadoras sobretudo com "atividades familiares"?

É a tese que sustentam N. Anderson[34] e numerosos sociólogos da vida familiar. Para alguns dentre eles o lazer seria um conceito menos útil que "a função recreativa da família"[35].

É certo, antes de tudo, que o tempo liberado do trabalho profissional foi amplamente ocupado por atividades familiares. E. Scheuch concluiu, numa pesquisa sobre a população de Colônia, que o lazer ou o semilazer tem sobretudo um caráter familiar e que ele contribui para aumentar a coesão da família através do desenvolvimento do automóvel, através da televisão, das férias, dos fins de semana, etc.[36].

Nas grandes cidades americanas, o tempo liberado para um trabalhador em proveito das obrigações domésticas e familiais[37] representa, em média, na *enquête* internacional sobre

33. Seria preciso evocar os sociólogos do trabalho que, ao reconhecerem que a lógica do trabalho industrial é produzir o não-trabalho colocam aprioristicamente que estas atividades de não-trabalho dependem da sociologia do trabalho: "a sociologia do trabalho vê assim expandir-se seu campo àquilo que é sua negação, o não-trabalho, esfera das atividades livres" (P. NAVILLE, *De L'Aliénation à la Jouissance*). Sem negar a evidente importância das relações, entre trabalho e lazer, por exemplo, vê-se mal como a sociologia do lazer poderia achar seus conceitos e suas dimensões *específicos* em outro campo que não o seu.

34. N. ANDERSON, *Work and Leisure, Op. cit.*

35. W. GOODE, "The sociology of family" in *Sociology to Day*, ed. by R. K. MARTIN, L. BROOM, L. S. COTTRELL JR., New York, Basic Books, 1959, 623 p.

36. E. K. SCHEUCH, Family cohesion in leisure time, *Sociological Review*, 1, nova série, julho de 1960.

37. O que chamamos de obrigações domésticas e familiares corresponde àquilo que a *enquête* internacional sobre os orçamentos-tempo designou como *housework, childcare, shopping, personal care, dating.*

os orçamentos-tempo (1966), 3,3 h[38] por semana (3,0 para a U.R.S.S., 4,4 para a Tchecoslováquia e 4,1 para a França). O desenvolvimento dos fins de semana de três dias nos Estados Unidos aumenta ainda o tempo dedicado a tais tarefas familiares em 23% dos casos: a viagem de visita aos parentes é praticada por cerca de um indivíduo sobre dois, e a taxa de crescimento desta atividade é de 121%[39]. Se tais fatos se generalizarem, poder-se-ia pois adiantar que o aumento do tempo livre favorecerá a prática das relações de parentesco (família extensa). Numa sociedade industrial avançada de tipo socialista (U.R.S.S.) uma *enquête* sobre "orçamento-tempo" numa empresa industrial (Kirovsky) prova que 96,4% do tempo livre (lazer e obrigações) é utilizado em família[40] e, na pesquisa realizada entre os jovens adultos das empresas de Leningrado, os valores da família dominam a orientação de 41,6% dos indivíduos (enquanto que apenas 7,7% dentre eles, é bom que o lembremos, são orientados para os valores do trabalho produtivo).

Cada vez que foram feitos estudos de orçamento-tempo sobre operários que não se beneficiam de nenhum auxílio familiar e assumem simultaneamente o trabalho em casa e o trabalho na empresa, o tempo de lazer profissional é ocupado principalmente por um segundo trabalho, o de casa: evocaram-se semanas de 80 horas de trabalho profissional e familiar... Neste plano, sabe-se que *aquela* que trabalha é muito mais dominada do que *aquele* que trabalha, mesmo nas sociedades socialistas que empreenderam um grande esforço político em favor da emancipação da mulher. Assim, em 1966, na U.R.S.S., o trabalhador urbano tem, em média, 5,10 horas de tempo livre e a trabalhadora apenas 3 horas e 8/10[41], quer dizer, cerca de *duas horas a menos*. Em nenhum lugar a defasagem é tão grande, segundo a *enquête* Internacional dos Orçamentos-Tempo. Mas em toda parte, sem exceção, a defasagem existe; apenas sua importância varia.

Esta situação traz em si novas possibilidades de diminuir as horas de trabalho profissional se as mulheres se organizassem em grupos de pressão. Ao observar as desigualdades de horário entre as empresas da região de Paris[42], W. Grossin pôde concluir

38. Os minutos são expressos em décimos de hora.
39. I. DE RIVA POOR, *Op. cit.*
40. V. BELJAEV, V. V. VODZINSKAIA, Estudo do orçamento-tempo dos trabalhadores como método de observação concreto sociológico, *Vestnik Lgu*, 23, 1961.
41. V. BELJAEV, V. V. VODZINSKAIA, *Ibid.*
42. W. Grossin, *Le Travail et le Temps: Horaires, Durées, Rythmes*, Paris, Anthropos, 1969, 250 p.

que o fator mais determinante da diminuição das horas de trabalho não é nem a pressão sindical nem o gênero de trabalho, mas a pressão do pessoal feminino. O peso desta dupla carga de trabalho familiar e profissional sobre as mulheres é que levou os sindicatos (CGT, CFDT), na França, a rever sua posição quanto à igualdade do trabalho masculino e feminino preconizando, sob certas garantias, uma extensão do trabalho de tempo parcial.

Entretanto, a conjunção dos progressos da ciência e do Movimento de Libertação Feminina, associada à revolta dos jovens, modificou a concepção daquilo que é chamado de "atividades familiais". Que expressão equívoca! Na verdade, o que significa ela? Quais, dentre estas atividades, são necessárias; quais são as facultativas? Algumas são impostas pelas funções e pelo funcionamento domésticos; quer se trate de uma pessoa solteira, de um casal ou de uma coletividade; as outras não serão lazeres ou semilazeres?

Uma recente *enquête* (1970) dirigida por E. Sullerot sobre uma amostra representativa nos permite distinguir em todas as classes sociais, em graus variados, uma "explosão" do trabalho doméstico antigamente concebido como uma necessidade e um dever indiscutíveis. Este trabalho explode em ocupações, diferenciadas pelo grau de necessidade que elas apresentam hoje: assim, fazer doces, arrumar armários não estão no mesmo plano que arrumar a casa ou lavar a louça[43]. Segue-se que todas estas tarefas não mais podem ser classificadas sob o título genérico de "trabalho". Uma parte das antigas tarefas domésticas tornada inútil pelo progresso da mecanização ou da fabricação em série, passou a ser lazer ou semilazer, a ser escolhida entre outros lazeres a partir de um certo limiar do consumo e do nível de renda. Também o trabalho educativo relativo às crianças não mais exige, exceto para as crianças de pouca idade, esta presença constante, baseada na obrigação pedagógica. A ação dos médicos, dos educadores, dos "colegas" substituiu, em parte, a ação dos pais[44]. Os jovens reivindicam cada vez mais cedo, fora das obrigações escolares ou familiares, autonomia no emprego de seu tempo e de seu dinheiro; trata-se, na verdade, daquilo que é necessário que se designe, realmente, com uma expressão mais forte do que "brincadeiras de criança", de uma vida lateral que se reveste das mesmas características que a do adulto e que se origina no lazer. Na sociedade ameri-

---

43. E. SULLEROT, *Comunicação apresentada no Congresso dos Sociólogos de Língua Francesa*, Hammamet, set. 1971.

44. D. RIESMAN, *La Foule Solitaire, Op. cit.*

cana onde, segundo uma recente sondagem nacional, dois terços dos jovens de 15 a 25 anos têm ideais de vida profissional, escolar, familial, idênticos aos de seus pais, a quase totalidade dos jovens reivindica esta crescente autonomia do lazer[45]. As atividades educativas da mãe dividem-se portanto num trabalho educativo talvez cada vez mais necessário e em atividades de lazeres ou semilazeres partilhados com as crianças em passeios, em férias, em fins de semana. A necessidade educativa e o lazer pessoal estão aí cada vez mais misturados[46]; a afeição necessária e a afetividade não-necessária devem ser aí distinguidas em cada caso.

Finalmente, o papel conjugal (particularmente sob a forma do "dever conjugal") foi também profundamente transformado para a mulher. A descoberta de meios de intervenção sobre o próprio processo da procriação é a causa científica disto, em interação com uma mutação de valores. O que passam a ser as obrigações conjugais com respeito aos lazeres dos parceiros?

Na sociedade americana, o Relatório Kinsey[47] já revelara que, em 85% dos casos, a vida sexual dos americanos e americanas não mais correspondia ao modelo ideal definido pela ética dominante. A descoberta da pílula acentuou e acelerou, para a mulher, esta dissociação entre a maternidade e a sexualidade: uma pesquisa sobre uma amostra representativa na Suécia (bem diferente do estudo Kinsey) dentro da população urbana evidenciou que, no mês da pesquisa[48], apenas uma relação sexual em 1 000 resultara em um nascimento, estando a imensa maioria ao abrigo de qualquer procriação. Doravante as relações sexuais se dissociam; uma pequena minoria destas liga-se às necessidades da reprodução da espécie, porém a imensa maioria tem como fim primeiro a partilha do prazer com o parceiro de sua escolha esposa ou esposo, amante, amigo ou amiga. O Movimento de Libertação Feminina reivindica a seguir, para as mulheres, o direito de não mais serem passivamente submetidas ao dever conjugal. As mulheres aspiram ao direito de levar uma vida sexual que as exprima perante si mesmas. A sexualidade liberta da maternidade passa a ser "fato individual e cultural" (E. Sullerot), torna-se "uma dimensão da liberdade humana"

45. D. YANKELOVICH, *A Study of the Generation Gap, Conducted for CBS*, New York, CBS, 1969.

46. M.-J., P.-H. *et al*. CHOMBERT DE LAUWE, *La Femme dans la Société*, Paris, CNRS, 1963, 441 p.

47. A. KINSEY *et al*., *Le Comportement Sexuel de L'Homme*, Paris, Éd. du Pavois, 1948, 1020 p.; *Le Comportement Sexuel de la Femme*, Paris, Amiot-Dumont, 1954, 764 p. (Trad. do inglês).

48. R. G. ZETTERBERG, *Enquête sobre uma Amostra Representativa da Cidade de Estocolmo*, primeira súmula em *Look*, 7, 1971.

(Jeanniere)[49], compreende-se a idéia, mas as palavras foram felizes? A prática conjugal é também "fato cultural" e "dimensão da liberdade humana". Melhor seria dizer que um conjunto de atividades, até então regido pelas leis da espécie e pelo dever institucional, entra no setor das atividades cujo fim é, primeiramente, a satisfação do próprio ser por si mesmo. Este tempo ganho ao trabalho doméstico, ao trabalho educativo, à lei da espécie ou da instituição, é uma forma de tempo liberado que pode aumentar, apesar das desigualdades, dos retardamentos, das resistências, o tempo de lazer ou de semilazer feminino.

Mas as práticas e as mentalidades atuais que dominam homens e mulheres permitem a todos uma tal liberação? Comentemos os números citados acima. Nas grandes cidades americanas, o homem trabalha em média 6,3 horas por dia e a mulher que exerce um trabalho profissional dedica-lhe, em média, 4,7 horas. Ele consagra, em média, 3,3 horas à obrigações familiais e domésticas (incluindo-se aí os cuidados pessoais)[50] e ela, 5,7 horas, o que deixa, a um, 5,6 horas de tempo livre por dia e a outra cerca de 5 horas. Na França, o homem trabalha 6,6 horas por dia e a mulher que tem um emprego profissional, 5,5 horas. Deste tempo fora do trabalho profissional o homem emprega 4,1 horas em obrigações familiais e domésticas, e a mulher 6,4 horas, o que deixa ao homem, em média, 4,3 horas de tempo livre por dia, e à mulher, 3,3 horas. A orientação socialista de uma sociedade industrial avançada reduz esta desigualdade? Vimos que não: na U.R.S.S. o homem trabalha, em média, cerca de 6,2 horas por dia e a mulher 5,7 horas; ele utiliza somente 3 horas de seu tempo extraprofissional para as obrigações familiais ou domésticas, ao passo que a mulher consagra a estas tarefas, 5,7 horas. Assim o tempo liberado deste duplo trabalho deixa ao homem 5,7 horas e à mulher apenas 3,8 horas[51].

Historicamente, o direito ao lazer é definido em relação ao trabalho profissional; os homens é que o reivindicaram: "o direito à preguiça é o grito de um homem erguido contra a redução do trabalhador ao papel de produtor". Para as que trabalham no lar ainda não soara a hora! Elas tinham tão-somente

---

49. A. JEANNIERE *et al.*, *Démocratie D'Aujourd'hui*, Paris, Spes, 1963, 191 p.
50. Veja-se a definição das obrigações familiais e domésticas à página 94.
51. F. GOVAERTS, *Op. cit.*

direito ao repouso indispensável à recuperação das forças destruídas pelos serviços dedicados à casa, às crianças e ao homem. Até uma data recente "as atividades femininas se exerceram num clima de dever moral, enquanto que seus lazeres muitas vezes são vividos numa semiculpabilidade" (E. Sullerot). O tempo que elas concediam a si mesmas não seria um tempo roubado às crianças, ao marido, à família?

Hoje, após os progressos das técnicas do trabalho doméstico, do controle da natalidade e da ação dos novos movimentos de libertação das mulheres e dos jovens, este direito ao lazer se afirma explicitamente em substituição a uma parte das antigas obrigações domésticas, conjugais, familiais; para muitos, o tempo em que o poeta podia escrever "o dever de uma esposa é parecer feliz" (Destouches) parece já estar distante. Uma parte do serviço de ontem imposto a todas tornou-se servidão, rejeitado por um número crescente de pessoas; uma parte da vida pessoal de ontem que era de bom grado chamada de "egoísmo" hoje chama-se "dignidade". É portanto com relação a este duplo trabalho profissional e familial, e para os dois sexos, que o lazer deve ser reavaliado.

Assim, a liberação do tempo profissional é acompanhada por um duplo modelo de destinação do tempo no que concerne às obrigações domésticas, conjugais e familiais. No primeiro, uma parte deste tempo liberado é dedicado de fato a um aumento do tempo devotado às obrigações institucionais para com a criança, o cônjuge, o lar. No outro, ao contrário, uma parte das obrigações institucionais de onte converte-se no lazer de hoje, dentro do grupo familial ou fora dele.

Assim, aqueles que, em nome de novos valores culturais que o lazer encerra (sobretudo nas gerações jovens), anunciam a regressão das obrigações familiais, a crise, até mesmo a dissolução da família, esquecem ou eliminam arbitrariamente a primeira série de fatos: sua "teoria" não passa da expressão de uma ideologia *a priori* abstrata, mais ou menos niilista, anarquista ou hedonista.

Em compensação, aqueles para quem o tempo liberado contribui para o reforço da "vida familiar" esquecem ou eliminam todos os fatos, o que prova que se uma parte das obrigações familiais se transforma em semilazeres familiais, outra se converte em lazeres extrafamiliais para os indivíduos, homens, mulheres e crianças que compõem a família.

Uma ideologia *a priori* anacrônica da vida familial encerrada em si mesma impede de discernir a significação dos movimentos femininos de libertação e da revolta dos jovens contra um domínio autoritário, e até mesmo totalitário, dos deveres

45

familiais. Através destes conflitos, não é a supressão dos deveres familiais, mas sua limitação que é reivindicada e a do controle da instituição familial sobre a vida pessoal de cada ser. Esta mentalidade se desenvolve cada vez mais sobretudo nos meios mais instruídos das novas gerações.

d) *Extensão e limitação das obrigações sócio-espirituais e das obrigações sócio-políticas*

Abordemos, para terminar, o problema das atividades sócio-espirituais e sócio-políticas. Tanto umas quanto outras estão incontestavelmente incluídas no tempo livre, porém podem elas ser colocadas entre os lazeres? Certos autores não hesitam em fazê-lo, como J. Pieper quanto às atividades espirituais, "A Contemplação"[52] e G. A. Prudenski, assim como a maioria dos sociólogos soviéticos atuais[53] quanto às atividades sócio-políticas. Este não é nosso ponto de vista. Parece-nos que distingui-los permite colocar três problemas, em nossa opinião de uma importância maior para o conhecimento do fenômeno do lazer.

1. A extensão do tempo liberado foi proveitosa do ponto de vista histórico sobretudo para as atividades sócio-espirituais e sócio-políticas, ou então para os lazeres?

2. No tempo liberado do trabalho profissional e familiar, o desenvolvimento de uma nova parte do lazer não provém precisamente de um retrocesso de certos modos de atividades sócio-espirituais e sócio-políticas do período anterior?

3. Quais seriam, neste caso, as novas relações possíveis entre as atividades de lazer e as atividades de engajamento sócio-espiritual e sócio-político?

Estas questões são primordiais para a apreciação das verdadeiras dimensões do lazer nas sociedades industriais avançadas, mas também das novas condições *concretas* do engajamento sócio-espiritual ou sócio-político.

Comecemos pelas atividades sócio-espirituais, notadamente religiosas. A redução do tempo de trabalho profissional e a limitação das obrigações familiais permitiram uma extensão da prática religiosa? Não conhecemos trabalhos histórico-empíricos acerca deste ponto específico, porém, a observação o revela, certas minorias especialmente de devotas aposentadas ou de jovens adultos, militantes da ação religiosa, reverteram em benefício de sua prática religiosa este tempo que se tornou

52. J. PIEPER, *Leisure, the Basis of Culture, Op. cit.*
53. G. A. PRUDENSKI, *Op. cit.*

disponível. No decorrer dos cinco últimos anos em Annecy, por exemplo, 300 catequistas militantes renovaram totalmente o ensino religioso destinado às crianças católicas. Numa *enquête* americana sobre o fim de semana de três dias, uma parte dos trabalhadores declarou que eles haviam aumentado suas atividades religiosas desde que dispunham de três dias livres em vez de dois; mas esta investigação diz respeito apenas a números reduzidos de casos: 14 em 138 ao invés de 9 em 118 na situação anterior. Entre os jovens estudantes ou empregados (americanos, holandeses ou franceses) que limitam ou cessam temporariamente o trabalho escolar ou profissional para centrar o essencial de sua vida no tempo livre, observa-se incontestavelmente um certo desenvolvimento de atividades coletivas, religiosas ou pára-religiosas, de inspiração mais ou menos oriental ou africana[54]. Mas até agora, como no passado, pelo menos desde o Renascimento, trata-se de pequenas minorias no seio de minorias. No passado, permaneceram marginais. Suas idéias estiveram em moda, depois uma outra moda as substituiu por outras idéias. E desta vez, será diferente?[55]

Até hoje, em todas as sociedades industriais avançadas, para a grande maioria da população, é fato que a extensão do tempo livre é acompanhada de uma regressão do tempo dedicado às atividades controladas pela autoridade religiosa. Mesmo nas sociedades em que a prática religiosa continuou por muito tempo particularmente forte, a taxa de participação mais ou menos regular diminuiu nestes últimos cinco anos: no Canadá, passou em média de 40% a 30% da população. Nos Estados Unidos, segundo a sondagem nacional a respeito da juventude evocada acima, 64% dos jovens fora das universidades consideram a religião *very important*, mas esta é a opinião de somente 38% dos estudantes. Sabe-se que, na França, a prática mais ou menos regular da missa não diz respeito, hoje, senão a cerca de 20% da população[56].

O movimento vem de longe. Segundo os analistas da sociedade tradicional francesa, desde os últimos cento e cinqüenta

---

54. E. A. TYRIAKIAN, "Remarques sur une sociologie du changement qualitatif", in BALANDIER (G.), *Sociologie des Mutations*, Paris, Anthropos, 1970, p. 83-84 – Comunicação ao Congresso dos Sociólogos de Língua Francesa, Hammamet, out. 1971.

55. E. MORIN, *Le Journal de Californie*, Paris, Seuil, 1970, 269 p., e C. REICH, *Le Regain Américain*, Paris, Laffont, 1971, 404 p. Trad. do inglês: *The Greening of America*, 1970.

56. A. LUCHINI, *La Fréquentation des Équipements Religieux, Étude Rétrospective sur le Comportement des Français*, Paris, Comitê Nacional de Construção de Igrejas, 63 p. + anexos.

anos, os jogos e as festas controlados pela autoridade religiosa da comunidade foram progressivamente reduzidos, sendo substituídos pelo que A. Varagnac chama de "lazeres" (bailes, esporte e, finalmente, televisão)[57]. Os lazeres doravante escapam a esta autoridade. Recentemente, após o Concílio Vaticano II (1962-1965), um dos vestígios desta organização tradicional desapareceu: a autoridade clerical a exercer-se diretamente sobre os patronatos e sobre os movimentos juvenis foi abolida após os movimentos sociais contestatórios cada vez mais vivos no próprio seio das Igrejas. Quanto a isto não há a menor dúvida, uma parte importante do tempo ocupado outrora pelas atividades religiosas, por jogos ou festas controlados pela autoridade religiosa da antiga comunidade local, transformou-se progressivamente em atividades de lazer escolhidas pelo próprio indivíduo.

Esta regressão do controle institucional do lazer dos fiéis foi acompanhada, em contrapartida, de uma progressão de atividades recreativas e culturais, organizadas às vezes nos próprios locais do culto, para o público dos fiéis e dos não-fiéis, jazz, concertos clássicos, exposições, viagens turísticas, etc. Mas esta influência dos motivos de lazer na utilização dos locais e dos quadros do culto não possui uma significação ambígua para a fé? Assim o pensam, hoje, muitos teólogos, sacerdotes e fiéis. Um humorista americano pôde escrever que nos Estados Unidos o Dia do Senhor passou a ser, para a maioria, o dia do "churrasco" e que a caça e a pesca tendem a substituir a prece ou que a prece tende a ser uma ocupação de mesma natureza que os lazeres do domingo. Uma parte dos lazeres nasceu portanto de uma laicização de uma parte das celebrações coletivas e da regressão de uma parte das obrigações religiosas ou pára-religiosas impostas pela comunidade.

Assim pois, um grande número de sociólogos de inspiração laica esquece o efeito da regressão das obrigações sócio-espirituais na dinâmica da produção do lazer para reter apenas o da revolução científico-técnica do trabalho. Eles mutilam esta dinâmica; ao mesmo tempo, esquecem ou calam o fato de que, para minorias ativas, uma parcela do tempo liberado do trabalho profissional é dedicada ao desenvolvimento de atividades sócio-espirituais antigas ou novas.

Do outro lado, aquelas que identificam *a priori* o conceito moderno, laico, de lazer, ao conceito tradicional e espiritual de contemplação[58] não se proíbem, em nome de uma ideologia

57. A. VARAGNAC, *Civilisation Traditionnelle et Genres de Vie*, Paris, Albin Michel, 1948, 404 p.

58. J. PIEPER, *Leisure, Basis of Culture, Op. cit.*

apriorística do engajamento sócio-espiritual, de analisar as propriedades específicas do fenômeno do lazer com respeito à contemplação?[59] Poder-se-ia dizer o mesmo daqueles que incluem atividades de lazer no "desenvolvimento comunitário"; eles muitas vezes recorreram a conceitos anacrônicos de origem tradicional (festa, fraternidade, comunidade) inadequados à análise das reuniões ou dos agrupamentos reais de esportistas, pescadores ou amadores de cinema. Eliminam, na maioria das vezes, o próprio conceito de lazer, privando-se assim de conhecer a especificidade do fenômeno global, suas dimensões ocultas e suas relações dialéticas com os engajamentos sócio-espirituais na crise das sociedades industriais. Eles vivem sobretudo da ilusão ou da nostalgia de uma comunidade de uma outra era.

E o que dizer das atividades sócio-políticas? Entendamos por este termo a parte do tempo livre investida em atividades orientadas para o serviço da coletividade, sob todas suas formas políticas e sociais. A questão é ainda mais difícil de ser formulada do que nos casos anteriores, tão fortes e freqüentes são os obstáculos epistemológicos. Para a maioria dos intelectuais, revolucionários, reformadores ou conservadores, um clima passional aprisiona o problema desde o ponto de partida, dentro de idéias preconcebidas. Se não evocamos a situação das sociedades industriais avançadas de tipo socialista, como a U.R.S.S. ou a Tchecoslováquia, é por falta de informação de sociologia empírica. F. Engels predizia que a redução das horas de trabalho permitiria ao operário participar mais ativamente dos assuntos da Cidade. Muitos de seus discípulos atuais, diante dos fatos, têm menos ilusões que o Mestre; como desejam ver aumentar a atividade política dos trabalhadores "liberados", temem o lazer como um possível fator de despolitização, um novo "ópio do povo"[60]. O perigo é real. Se as atividades de participação social e política não são mais encorajadas, os condutos de comunicações lúdicas ameaçam provocar seu declínio.

Outros sociólogos pensam, ao contrário, que, de maneira geral, a oposição da esquerda e da direita não mais é tão radical quanto há cem anos. Alguns chegam mesmo a anunciar o fim das ideologias[61]. As ideologias abstratas seriam substituídas por critérios de ação, a refletirem valores relativamente comuns

59. Poderíamos falar também daqueles que chegam até a identificar uma nova "religião do sol" entre os turistas estendidos nas praias. Talvez isto seja levar um pouco longe demais a definição de religião...

60. M. DOMMANGET, introdução a P. LAFARGUE, *Le Droit à la Paresse*, Paris, nova ed. Maspero, 1966 e P. NAVILLE, *Op. cit.*

61. D. BELL, *The End of Ideology*, Glencoe (Ill.), The Free Press, 1960, 416 p.

e ditados por uma consciência mais exigente daquilo que é provável em função dos recursos possíveis para uma situação definida. As atividades de lazer seriam substitutos felizes de certas atividades políticas puramente verbais.

Devemos ultrapassar provisoriamente o confronto destas duas teses gerais para colocarmos de modo concreto, novamente, as três questões que abrem este capítulo e tentarmos sondar os resultados da pesquisa histórico-empírica a fim de saber se é possível respondê-las. A tarefa não é muito simples... O sentido das respostas pode variar com os critérios e indicadores escolhidos.

Tomemos em primeiro lugar o indicador da abstenção nas eleições políticas. Como evoluiu este abstencionismo? Poder-se-ia imputar uma eventual flexibilidade de interesse à influência das atividades ou dos valores de lazer? Os trabalhos de A. Lancelot[62] sobre a evolução do abstencionismo nas eleições legislativas na França desde meados do século passado afirmam que esta flexibilidade é um mito: existe, ao contrário, uma notável constância de taxas cujas variações de 20 a 40% foram observadas em todas as épocas, conforme as circunstâncias.

Tomemos agora o critério de interesse para a informação e a formação políticas. Dispomos, para países diferentes, de resultados que convergem todos para uma mesma direção: através da televisão, as informações e debates políticos atingem uma população evidentemente muito mais extensa do que antigamente[63]. Mas o significado da recepção destas informações é ambígua: ela não incita à ação e sim transforma o acontecimento político em espetáculo. Incita menos ao estudo dos programas políticos do que expõe a transformar os políticos em vedetes simpáticas ou antipáticas. O moralista ativo do passado tende a tornar-se o colecionador passivo de anedotas[64]. Entre os 60% de americanos que exerceram atividades de "educação de adultos" durante seu lazer e entre os 20% que o fazem atualmente, os que estudam a fim de se preparar para uma atividade de lazer são cinco vezes mais numerosos do que os que estudam os problemas sócio-políticos[65]. A enquête nacional de D.

---

62. A. LANCELOT, L'Abstentionnisme Électoral en France, Paris, A. Colin, 1968, XIV + 290 p.

63. J. CAZENEUVE, Les Pouvoirs de la Télévision, Paris, Gallimard, 1970, 385 p.

64. D. RIESMAN, Op. cit.

65. J. W. C. JOHNSTONE e R. I. RIVERA, Volunteers for Learning, Chicago, University City Press, 1965. Cf. definição do campo sócio-político: formação política, iniciação às ciências políticas, conhecimentos

Yankelovich sobre os jovens de 15 a 25 anos demonstrou que os jovens trabalhadores americanos consideram o patriotismo muito importante, mas que esta porcentagem cai para 35% entre os jovens universitários[66]. Em Annecy (1956) em 20% dos entrevistados que teriam aceito uma licença de estudos pagos no decorrer de sua vida se ela lhes fosse oferecida, apenas 1% teria escolhido para esta licença de estudos o tema sócio-político. Mesmo nas sociedades industriais avançadas de tipo socialista, apesar de um esforço de informação e de intensa propaganda em favor de participação sócio-política do cidadão, observa-se uma progressão relativa inferior, uma estagnação ou um declínio das atividades de estudos políticos: na Tchecoslováquia, de 1950 a 1968, na Academia Socialista, de acordo com as estatísticas publicadas por aquela Academia, o número de cursos e conferências de formação política triplicou aproximativamente, enquanto que o dos cursos relativos a esportes e a atividades de lazer quintuplicava. Na U.R.S.S., graças aos estudos de orçamento-tempo desenvolvidos com 25 anos de intervalo (1924-1959) por S. G. Strumilin, sabemos que o número de horas dispendidas no estudo — incluindo-se aí os estudos políticos — pelos operários urbanos manteve-se quase constante, ao passo que o número de horas dedicadas aos espetáculos esportivos quadruplicou[67].

O que é que se constata ao tomar o indicador de *trabalho social* benévolo? Na França, o número de participantes das atividades dos partidos, inclusive o PC, diminuiu de cerca da metade de 1948 a 1971 (500.000 contra 1 milhão)[68]. Em compensação, há cinqüenta anos que o aumento de organizações sociais e culturais voluntárias de lazer é espetacular[69]. Em Annecy, onde a cidade triplicou a população no decorrer deste período, o número destas passou de uma trintena, em 1900, a mais de 300, em 1960, agrupando cerca de 40% dos chefes de família; um número crescente de grupos pratica mais a ação política, trata-se porém de ações mais limitadas, mais concretas e mais independentes da política geral dos partidos que anteriormente[70].

das ocorrências atuais, problema do comunismo, defesa civil, americanização e civismo, outros assuntos sobre os negócios públicos.

66. D. YANKELOVICH, *Op. cit.*

67. S. G. STRUMILIN, *Problemas da Economia do Trabalho, Op. cit.*

68. Origem da informação: Partido Comunista Francês, 1971.

69. M. HAUSKNECHT, *The Joiners*, New York, Bedminster Press, 1962, 141 p.

70. Nosso novo livro, *Le Loisir et la Ville*; t. 2: *Loisir et Société* (em fase de redação).

Com o aumento de um dia suplementar de folga no fim de semana nas empresas americanas, aqueles que exercem atividades políticas passaram de 2 a 4%[71], mas o trabalho social benévolo aumentou sobretudo para atividades de lazer[72].

Na sociedade soviética, mesmo antes da difusão da TV (1959)[73], o número de horas anuais dedicadas ao trabalho sóciopolítico dentro do orçamento-tempo de um operário baixou, em 25 anos, de modo espetacular, passando de 109 para 17 horas (S. G. Strumilin, 1924-1959). Segundo a mais recente pesquisa feita em Leningrado[74], apenas 12,9% de indivíduos escolheriam, na eventualidade de uma redução do tempo de trabalho, um trabalho social voluntário na localidade: é quase a porcentagem (12,3) daqueles cujos valores são dominados pelo "trabalho social" incluindo o trabalho político. Constatações deste gênero fazem brotar da pena de R. Richta um reparo muito importante a nossos olhos: "Se não forem desenvolvidas a tempo formas novas de participação, observar-se-á o surgimento de um certo vazio político, mesmo dentro das condições de uma sociedade socialista"[75].

Nos orçamentos-tempo dos trabalhadores de todas as sociedades industriais estudadas pela equipe de A. Szalai[76] aparece a parte limitada que as atividades sócio-políticas ocupam dentro do tempo livre. Um trabalhador dispõe em média de 4,7 horas (Bulgária) a 5,7 horas (Estados Unidos) de tempo livre por dia: a totalidade do tempo de participação em organizações de toda espécie (espirituais, sociais ou políticas) representa em média de 1/10 a 3/10 de horas por dia, ou seja, aproximadamente cinqüenta vezes menos do que o tempo dedicado aos lazeres (inclusa a autoformação voluntária: de 0,2 a 0,7 horas por dia).

O que concluir sobre as relações entre as atividades sócio-políticas e o lazer? Primeiramente, se a participação dos cidadãos na orientação e na gestão da cidade responde a uma exigência fundamental da sociedade democrática que se impõe enquanto

71. I. DE RIVA POOR, *Op. cit.*

72. D. DUNN, *Relatório sobre o Trabalho Voluntário nos Estados Unidos*, Department of Park and Recreation USA, 1971.

73. S. G. STRUMILIN, *Op. cit.*

74. *Idem*

75. R. RICHTA, *Op. cit.*

76. A. SZALAI, *Op. cit.*

tal à livre escolha de um cidadão consciente, não se poderia confundi-la em nossa opinião com uma atividade de lazer orientada antes de tudo para a satisfação do indivíduo. Há vantagem em distinguir claramente a atividade de engajamento político da atividade de lazer. Mesmo quando elas se imbricam, se quisermos estudar melhor sua evolução comparada e suas relações dialéticas, impõem-se a adoção de claras distinções sociológicas sobre o caráter de uma e de outra.

Uma parte do tempo liberado favoreceu pois incontestavelmente as atividades de engajamento político tal qual o desejava Engels, como o dissemos antes: no seio das minorias, a extensão do lazer não reduziu o exercício do dever político; entre elas, as lutas ideológicas continuam bem vivas. A vida política neste sentido permanece muito ativa e o fim das ideologias não virá amanhã, mesmo se as medidas concretas tomadas pelos governos de esquerda e de direita, face às instituições, possuem cada vez mais traços comuns. Porém, para a maioria, nas sociedades industriais avançadas, o tempo liberado é controvertido não em atividades políticas, como o previa Engels, mas em atividades de lazeres, e isto em *todas* as classes sociais[77]. O que passa a ser a atividade política neste novo contexto? Ela não pode mais ignorar os problemas específicos do lazer. Desde 1934, Wilhelm Reich pressentira a importância da incidência dos novos problemas dos lazeres sobre a consciência de classe, especialmente entre os jovens:

O trabalho nos meios jovens ensina que, contrariamente àquilo que habitualmente pretendem os partidos políticos, a inteligência da situação das classes é muito superficial e instável no adolescente em geral. A situação de aprendiz engendra apatia e indiferença mais do que uma atitude revolucionária. Ela só poderia tornar-se positiva em conexão com outros fatores específicos da situação de classe, como, por exemplo, as necessidades de melhores lazeres[78].

Mas o controle político sobre o lazer é o mesmo que o controle político em geral? Todas as tentativas de monopólio, de encampação dos lazeres por um poder político encontraram, nas sociedades industriais avançadas, êxitos provisórios mas

---

77. J. H. GOLDTHORPE, D. LOCKWOOD, *The Affluent Worker*, Cambridge, University Press, 1969. Este é um traço sobre o qual a maioria dos analistas da nova classe operária passa com rapidez surpreendente. Trad. francesa, *L'Ouvrier de l'Abondance*, Paris, Seuil, 1973.

78. W. REICH, *Qu'est-ce que la Conscience de Classe?*

dificuldades permanentes e numerosos fracassos, em todos os níveis do poder político, nacional e local. Na França, nestes últimos cinco anos, foram numerosos os conflitos entre os poderes municipais e os animadores das Casas de Cultura, das Casas de Jovens ou das associações sócio-culturais, sempre em nome da plena liberdade de expressão, de informação, de educação dentro das atividades de lazer, intelectual, artístico, social... Mesmo nas sociedades industriais avançadas de tipo socialista, afirma-se uma tendência para a autonomia relativa da esfera da ação cultural em face da esfera econômica e política. Esta tendência é vigorosamente sublinhada por Richta no livro coletivo mencionado mais acima: *La Civilisation au Carrefour*[79]. Uma política cultural busca-se na relação dialética de cooperação e de tensão com os poderes econômicos e políticos. Se por um lado os partidos políticos tendem a multiplicar a organização de festas, passeios, viagens, espetáculos, para adaptar-se aos modelos de lazer, reciprocamente a intromissão das organizações políticas e ideológicas nos lazeres esportivos ou artísticos da população é cada vez menos suportada, à medida que os efeitos sociais e culturais de uma industrialização avançada se desenvolvem. Cumpre distinguir "partidização" e politização. Em Annecy, de 1955 a 1971, observamos, no campo da ação cultural, a regressão da primeira e o crescimento da segunda[80].

Conclusão: nossa primeira análise dos resultados de pesquisas permitiu-nos afirmar que o tempo liberado pela redução do trabalho profissional foi ocupado, sobretudo para uma minoria, por um trabalho remunerado suplementar, por tarefas doméstico-familiais, por atividades de engajamento espirituais e sócio-políticos, mas para a maior parte dos trabalhadores não há a menor dúvida de que são sobretudo as atividades de lazer as que mais *aumentaram*.

e) *Dinâmica social do lazer: três componentes*

Pusemos em evidência que a dinâmica produtora do lazer no estado mais avançado da sociedade industrial é provavelmente mais complexa do que as pretensas "leis da história" ou as profecias sobre os tempos futuros deixam transparecer: em que consiste ela?

Antes de mais nada a produção do tempo livre, invólucro que contém o tempo de lazer, é, evidentemente, o resultado de um progresso da produtividade, proveniente da aplicação

---

79. R. RICHTA, *Op. cit.*
80. Cf. *Loisir et Société*, *Op. cit.*

das descobertas científico-técnicas; todos os economistas concordam quanto a este ponto, de Marx a Keynes. Mas este progresso científico-técnico é completado por uma ação dupla: a dos sindicatos que reivindicam às vezes simultaneamente e com mais freqüência alternadamente o aumento do salário e a diminuição das horas de trabalho e a das empresas que têm necessidade, para escoar seus produtos, de estender o tempo de consumo[81]. Todos esses fatos nem sempre estão em harmonia. Daí resultam, como já o observamos na sociedade americana com o advento do consumo de massa, possibilidades de greves mais longas, conflitos sociais mais extensos, integrando na ação dos trabalhadores, os aposentados, as donas-de-casa, etc. Entretanto, cabe notar que, no conjunto, *todas* estas forças convergem para a reivindicação de um aumento do tempo livre não só com respeito ao trabalho profissional, mas também com respeito aos trabalhos domésticos e familiais.

Sublinhemos que a componente científico-técnica, interveniente nos movimentos sociais, concerne não apenas à redução das horas de trabalho profissional, mas igualmente às horas do trabalho doméstico-familial: este é um fato freqüentemente esquecido nas análises da dinâmica técnico-econômica que produz o tempo de lazer.

J. Fourastié trouxe à luz a diferença de duração do trabalho doméstico decorrente da desigualdade de equipamento técnico das casas[82]. A *enquête* do orçamento-tempo de A. Szalai permitiu calcular a economia de tempo que a dona-de-casa americana, em idêntica situação social, realiza, graças ao equipamento superior dos lares em relação a outros países menos ricos.

Mas a componente tecnológico-econômica não explica tudo. Ela não permite compreender por que o tempo liberado é transformado principalmente em atividades de lazer. É preciso fazer intervir uma componente ético-social. Com efeito, nossa hipótese é que a produção do lazer é o resultado de dois movimentos simultâneos: a) o progresso científico-técnico apoiado pelos movimentos sociais libera uma parcela do tempo de trabalho profissional e doméstico; b) a regressão do controle social pelas instituições básicas da sociedade (familiais, sócio-espirituais e sócio-políticas) permite ocupar o tempo liberado principalmente com atividades de lazer. Esta regressão dos controles institucionais relaciona-se à ação de movimentos sociais dos jovens e das mulheres que se levantaram contra a onipotência

---

81. P. HENLE, *Op. cit.*

82. J. e F. FOURASTIÉ, *Histoire du Confort*, Paris, PUF, 1962, 128 p.

dos deveres familiais ou conjugais, dos movimentos dos fiéis que reivindicaram mais responsabilidades laicas em face aos antigos patronatos dirigidos pela Igreja, assim como nos outros setores da vida paroquial, daqueles dos cidadãos erguidos contra os totalitarismos políticos que ameaçam a liberdade e o que chamamos de "vida privada", que inclui o lazer.

Mas aí surge um novo problema; esta dinâmica econômica e social é, por assim dizer, negativa. Trata-se de liberar tempo em relação às antigas coerções, aos antigos deveres impostos pelas instituições mediadoras, constitutivas da sociedade global. Este tempo liberado não encontraria apenas o vazio? Não se poderia compreender bem uma atração tão forte pelo "vazio"! Não existiria, ao contrário, em todas as sociedades industriais avançadas, capitalistas e socialistas, uma força *positiva* que orientaria a maior parte do tempo liberado para o lazer? Qual poderia ser a principal fonte desta atração, cada vez mais essencial, exercida pelos lazeres à medida que as sociedades industriais evoluem para o estádio pós-industrial? Esta será a última questão que tentaremos considerar neste capítulo.

À primeira vista, é bem difícil apreender esta atração central, tal é a multiplicação de atividades aparentemente heterogêneas. Poder-se-á mesmo postular uma unidade sob esta crescente diversidade, a evoluir ao sabor das descobertas técnicas ou conforme a fantasia das modas? Alguns, como já o dissemos, diante desta variedade, chegam até a negar que o lazer seja conceito válido e operatório[83], digno de constituir um ramo da sociologia. Outros, ao contrário – e nos colocamos entre eles –, afirmam que uma realidade oculta é provavelmente comum a todas estas atividades; cabe a nós trazê-la à tona. A elaboração do conceito de lazer, de seus limites, de suas estruturas internas e de suas relações externas é o melhor caminho para tentarmos captar esta realidade profunda.

Onde reside a força central de *atração* deste fenômeno, quaisquer que sejam as formas de que ele se revista: férias, repouso, divertimento, recreação, entretenimento*, fins de semana, passeios, esportes, espetáculos, bate-papos, viagens de recreio, televisão, teatro, música, bailes, autodidaxia, bares, PMU, jogos de cartas, jogos amorosos e até mesmo "drogas de embalo", etc.? Esta força central de atração que se afirma através desta abundância de atividades é – conforme pensamos – uma nova

---

83. C. BUSCH, *Op. cit.* (a sair).

* No original, *divertissement*. Porém o termo é bastante amplo para permitir o uso destas três palavras em português. (N. dos T.)

necessidade *social* do indivíduo a dispor de si para si mesmo, a gozar de um tempo cujas atividades antigamente eram em parte impostas pela empresa, pelas instituições sócio-espirituais, sócio-políticas ou familiais. Como a necessidade de um trabalho prolongado se faz sentir menos, como o controle das instituições constitutivas da sociedade é menos extenso, um tempo marginal é liberado: sua razão de existir não é mais o funcionamento de uma instituição, mas a realização do indivíduo. Por isso é que R. Richta diz que na sociedade do lazer *a subjetividade do indivíduo torna-se em si mesma um valor social*.

Esta nova necessidade social, ainda que fortemente sentida por um número crescente de indivíduos, é sem dúvida difícil de ser conceituada em nível científico. Ela nasce no conflito com as éticas e estruturas da época passada[84]. Ela pode ser reduzida a quase nada, por falta de dinheiro, de tempo, para os deserdados. Pode ser desnaturada, passando a ser uma fonte de "evasão", de inadaptação, de delinqüência social. Pode ser a oportunidade de mistificações ideológicas em todos os sentidos. Pode tornar-se o objeto de novos controles institucionais cuja regressão lhe permitiu nascer e crescer[85].

Mas deve-se compreender os caracteres específicos deste fenômeno na dinâmica das sociedades industriais antes de criticá-lo. Do contrário, a crítica social perderia seu objeto. Esta crítica atacaria um mito fabricado pelas necessidades da causa; denunciaria taras, ilusões, ideologias suspeitas associadas ao lazer em nossa atual sociedade, esgotando o próprio assunto, ignorando ou eliminando o lazer enquanto tal. Sob a influência dos sociólogos da vida "séria" (trabalho, família, política, religião, educação...) o lazer é na maior parte das vezes recuperado conceitualmente por uma ideologia social que se esforça em cobrir uma parte de sua realidade por conceitos mais tranqüilizadores. Este lazer suspeito de delinqüência ou de anarquismo em potencial causaria temor?

---

84. W. KERR, *The Decline of Pleasure*, New York, 1965, 320 p.: "We are all of us compelled to read for profit, party for contracts, lunch for contracts, bowl for unity, drive for mileadge, gamble for charity, go out for the evening for the grester glory of the municipality and stay home for the week-end to rebuild the house".

85. J. BAUDRILLARD, *Le Système des Objets*, Paris, Gallimard, 1968, 288 p. (Trad. bras.: *O Sistema de Objetos*, São Paulo, Perspectiva, 1973, Debates 70). S. B. LINDER, *The Hurried Leisure Class*, New York e Londres, Columbia University Press, 1970, 183 p. O autor, um economista, demonstra que os objetos de consumo, assim como as atividades correspondentes, tornaram-se de tal maneira abundantes e variados que cada vez mais falta tempo para consumi-los.

Ao contrário, a observação sociológica revela que o lazer não corresponde apenas às necessidades autênticas da pessoa. Tais necessidades estão evidentemente em interação permanente com as condições subjetivas e objetivas que as favorecem ou as contrariam... São as do mercado econômico que as padronizam, tradições éticas que as censuram ou as canalizam, políticas que tentam manipulá-las, em função de objetivos muitas vezes estranhos às aspirações de livre expressão e comunicação da personalidade. Estas observações contradizem portanto as representações simplificadas, caricaturais, nas quais o lazer ou é confundido com a liberdade absoluta, ou é anulado sob o peso dos determinismos sociais. É evidente que o lazer não possui a miraculosa propriedade de anular os condicionamentos sociais, nem de instaurar o reinado da liberdade absoluta, mas a liberdade de escolha dentro do tempo de lazer é uma realidade, mesmo que limitada e em parte ilusória. A criança não confunde recreação e trabalho escolar; o adulto não pode absolutamente confundir seus lazeres com as obrigações do trabalho profissional ou doméstico, mesmo quando encontra prazer nestes últimos. Porém esta liberdade é sempre limitada, condicionada.

Dentro destas condições reais, equívocas, dialéticas ou conflituais é que se elaboram as novas possibilidades históricas de realização "lúdica" da pessoa. Esta conquistou pouco a pouco o direito e um certo poder (tempo) de escolher atividades orientadas prioritariamente para fins desinteressados, para a satisfação das necessidades individuais ou sociais, sem utilidade social direta, para a expressão, a criação ou a re-criação* da própria pessoa. A valorização do jogo, associada sobretudo à infância no período anterior, estende-se hoje, cada vez mais, à idade adulta. No campo do lazer as fronteiras entre as normas que regem as atividades das diferentes idades tornam-se cada vez mais tênues[86]. Na norma atual, o tempo de lazer não mais é apenas um tempo de repouso reparador, mesmo se continua a sê-lo para um grande número de trabalhadores fatigados; tornou-se um tempo de atividades que têm um valor em si. Alguns indivíduos que antigamente viviam para trabalhar ousam hoje trabalhar para "viver" ou ousam sonhar com isto...

Tudo ocorre como se esta valorização social da expressão de si mesmo através do lazer fosse uma nova etapa das conquistas históricas da pessoa. Nos confins da história e da psicologia,

---

* Em francês, *récreation*. Trata-se, evidentemente, de um trocadilho. Além da forma como a traduzimos, esta palavra significa também *recreação, passatempo, diversão*. (N. dos T.)

86. M. MEAD, *Le Fossé des Générations*, Paris, Denoel/Gonthier, 1971, 160 p. (Trad. do inglês).

I. Meyerson demonstrou como o que surge como atributos próprios de cada indivíduo (um modo de sentir, pensar e agir) está, na realidade, profundamente marcado pela história das sociedades que perturba os equilíbrios anteriores[87]. Acontece a mesma coisa quanto aos direitos da pessoa dentro do lazer. Tudo ocorre como se a ética do lazer tivesse relações com as outras éticas, as do trabalho, do dever familial, do serviço social, etc. Estas limitam, condicionam aquela, mas, por sua vez, são influenciadas por ela. A ética social e pessoal é mudada por ela. O que ontem seria preguiça em relação às exigências da empresa hoje é dignidade; o que ontem se chamava egoísmo em face das exigências da instituição familial chama-se hoje respeito às características de um de seus membros. Uma parte do que era pecado aos olhos da instituição religiosa hoje é reconhecida como arte de viver. Alguns falaram de uma moral do hedonismo. É um equívoco: a ética do lazer não é a da ociosidade que rejeita o trabalho, nem a da licença que infringe as obrigações, mas a de um novo equilíbrio entre as exigências utilitárias da sociedade e as exigências desinteressadas da pessoa. Se esta perspectiva for confirmada pela história, o lazer será menos uma compensação ou um complemento do trabalho profissional ou doméstico do que a causa e o resultado de uma nova aspiração da pessoa no tocante a uma nova etapa das sociedades tecnológicas. As necessidades de reduzir o tempo de produção para liberar um tempo suplementar, no qual os produtores possam melhor consumir, não seriam mais que um corolário desta mutação histórica, que todo sistema de produção e de consumo, qualquer que seja, tentaria açambarcar em proveito próprio, sem ser capaz de criá-la.

Assim tudo ocorre como se vivêssemos uma nova etapa da conquista da pessoa sobre todos os integrismos ou totalitarismos brutais ou pacíficos, manifestos ou ocultos das instituições sociais. No Renascimento, após um longo movimento de protesto e de contestação que deveria dar na Reforma, a Igreja começa uma mudança que deveria conduzir ao término dos processos de bruxaria, de ateísmo, de heterodoxia: o homem conquistara o direito de escolher seu Deus ou de não escolher nenhum. Dois séculos mais tarde, depois dos movimentos sociais contra o absolutismo, o arbítrio do soberano, seu poder discricionário perdem terreno: é a origem do *habeas corpus*: o súdito do rei passa a ser um cidadão mais livre. Um século mais tarde, é o direito todo-poderoso da instituição corporativista sobre o trabalhador que desaparece. Por um lado o surgimento da

87. I. MEYERSON, *Les Fonctions Psychologiques et les Oeuvres*, Paris, Vrin, 1948, 223 p.

nova lei[88] entrega sem defesa o trabalhador ao bel-prazer do empresário, mas ao mesmo tempo o indivíduo não está mais ligado à empresa e os trabalhadores tomam consciência de seus próprios interesses: a luta de classe pode ser organizada, apesar da lei repressiva, o assalariado conquista arduamente o direito de defender sua dignidade. Hoje, é a própria instituição familial que relaxa os controles sobre seus membros, mesmo quando continua a ser um quadro eficaz de trocas funcionais e afetivas. O poder absoluto do chefe de família sobre o lazer de seus membros abranda-se, torna-se negociável. O direito de cada um de escolher ou recusar os lazeres em grupo sob o controle direto da instituição familial aumenta; o de dispor mais livremente do próprio tempo em lazer com seres da própria escolha começa numa idade cada vez mais precoce. D. Riesman mostrou que, nas sociedades modernas, os valores do indivíduo mudaram[89]. Sua tese é que o individualismo do Renascimento não mais satisfaz a necessidade de sair do isolamento social próprio das grandes cidades anônimas. Pode-se verificá-lo na busca, pela população das cidades, de unidades de vizinhança mais próximas da natureza, onde os indivíduos se acham mais próximos uns dos outros[90]; mas cumpriria completar tal observação com uma outra: no lazer, os valores do individualismo devem ser igualmente reconsiderados num sentido oposto: jogos, viagens, relações afetivas ou estudos pessoais, ontem considerados por muitos como perda de tempo, uma diversão suspeita ou um atentado aos deveres familiais, sociais, tendem hoje, em certas condições ainda tênues e variáveis em cada situação, a se tornarem novas exigências da pessoa. Neste tempo prescrito pela nova norma social, nem a eficiência técnica, nem a utilidade social, nem o engajamento espiritual ou político constituem a finalidade do indivíduo, mas sim a realização e a expressão de si mesmo: tal é nossa hipótese central.

2. SOCIEDADE SOVIÉTICA. EVOLUÇÃO DO LAZER – 1924-1967

Sabemos que esta hipótese geral é contestada. Sua verificação exigiria um trabalho de grande fôlego conduzido conjunta-

88. Lei Lechapelier, 1791.
89. D. RIESMAN, *Individualism Reconsidered and other Essays*, Glencoe (Ill.), The Free Press, 1954, 529 p.
90. H. T. GANS, *The Urban Villagers...*, New York, The Free Press, 1962, 367 p.; *The Levittowners. Ways of Life and Politics in a Suburban Community*, New York, Pantheon Books, 1967, 474 p.

mente por sociólogos e historiadores, guiados por esta mesma hipótese. Veremos mais adiante que este trabalho é difícil não só de ser levado a bom termo, mas simplesmente de empreendê-lo. Devemos pois tentar responder às objeções por outros caminhos. Esta evolução da sociedade industrial para uma sociedade de lazer não é posta em dúvida unicamente por pensadores neoliberais, como J. Galbraith, mas por um grande número de pensadores de inspiração marxista. Somos muito sensíveis a suas reflexões. Para eles, lazer e consumo são uma mesma e única realidade. Esta realidade é um produto não da sociedade industrial avançada, mas do sistema capitalista de produção, de distribuição e de consumo. Estamos convencidos de que este sistema selvagem, orientado pela busca do lucro máximo, malgrado alguns setores protegidos, desenvolve certos tipos de bens e serviços de conforto ou de lazer onde o interesse dos empresários é melhor servido que a exigência da personalidade. Já falamos disso. Voltaremos ainda ao assunto. É um problema crucial para a orientação do conteúdo social e cultural do lazer de massa.

Mas se o lazer, enquanto tal, qualquer que seja seu conteúdo, fosse *produzido* (e não apenas influenciado) pelo sistema capitalista, deveria ser impossível observar um desenvolvimento comparável nas sociedades industriais avançadas de tipo capitalista, e nas de tipo socialista. Qual é ele? Existe apenas uma única sociedade industrial relativamente avançada de tipo socialista da cuja evolução possamos observar durante um meio século: é a U.R.S.S.

Não é por acaso que já tomamos de empréstimo à sociologia empírica russa alguns resultados de observação. Parece-nos útil observar de maneira mais aprofundada a evolução desta sociedade do ponto de vista dos problemas do lazer em suas *relações* com todos os outros, inclusive os do trabalho.

Procuramos pois saber se observações relativamente comparáveis haviam sido feitas na mais antiga das sociedades industriais de tipo socialista em diferentes períodos suficientemente espaçados. Pudemos utilizar[91] trabalhos relativamente comparáveis sobre o modo de vida do operário soviético com trinta e cinco anos de intervalo. Evidentemente não nos foi possível verificar todas as hipóteses que acabamos de evocar sobre a dinâmica

---

91. Com a ajuda de Janina Markiewicz-Lagneau. Ver nosso artigo Société soviétique, temps libre et loisir, *Revue française de sociologie*, XI, 2 abr.-jun. 1970, pp. 211-229.

histórica do lazer. Não obstante, pudemos observar, apesar das evidentes diferenças, algumas tendências comuns que, segundo acreditamos, é permitido atribuir à evolução do trabalho e dos trabalhadores nas sociedades industriais avançadas. Para que sejamos bem compreendidos, devemos efetuar algumas observações preliminares sobre a evolução da pesquisa social na sociedade soviética.

a) *A problemática evolui*

A recente publicação de um estudo empírico sobre o tempo livre dá-nos o ensejo de medir algumas mudanças simultâneas na sociedade soviética e na pesquisa social ou sociológica que ela inspirou[92].

Três períodos se esboçam nitidamente na história da pesquisa sociológica sobre o orçamento-tempo na U.R.S.S. Estes três períodos refletem, simultaneamente, o estado do desenvolvimento econômico na U.R.S.S. e as preocupações sócio-políticas sucessivamente prioritárias.

— A primeira fase situa-se na década de 1920 e continua até a extinção de toda pesquisa social na década de 1930. É marcada, no quadro de uma grande onda de pesquisa pós-revolucionária, sobretudo por trabalhos de equipe executados por estatísticos, economistas e sociólogos sob a direção de S. G. Strumilin[93]. Estes trabalhos tinham por alvo estudar a influência da revolução sobre todos os campos da vida econômica, política

---

92. B. GRUSCHIN, *Op. cit.*, 137 p. — Seu autor, embora se inscreva dentro de uma tradição de pesquisa especificamente russa (Strumilin, Prudenski, etc.) é um representante particularmente avisado dos problemas da sociologia empírica. Ele pertence a esta nova geração de sociólogos que ainda eram estudantes nos anos 1956-1957, quando os intelectuais poloneses começaram a introduzir os princípios e os métodos da sociedade empírica no estudo científico da sociedade socialista. Esta geração, apesar de numerosas dificuldades, lutou durante dez anos contra o dogmatismo e o academismo herdados do período stalinista e que ameaçavam esterilizar o pensamento marxista. Depois de induzido a desenvolver o estudo da opinião sob o patrocínio do setor de estudo de um grande jornal da juventude e, a seguir, de uma revista internacional publicada em Praga, Boris Gruschin está hoje encarregado da pesquisa de sociologia cultural mais aprofundada de que já foi objeto a cidade soviética (Tagenrog). Acaba de publicar um livro sobre *A Opinião Pública*. Gruschin é membro do Comitê Diretor do Comitê do Lazer e da Cultura da Associação Internacional de Sociologia desde o Congresso Mundial de Sociologia de Evian (1966).

93. S. G. STRUMILIN, *Problem y ekonomiki truda* (Os problemas da economia do trabalho), t. III, Moscou, 1964.

e cultural. A pesquisa acerca dos orçamentos-tempo em geral (e do tempo livre em particular) é inspirada antes de mais nada por uma preocupação prática; ela deve ajudar a resolver um certo número de problemas concernentes ao planejamento dos recursos humanos, do bem-estar dos cidadãos, da urbanização, do equipamento cultural, etc.

— O segundo período começa com o surgimento, muito tímido no início da pesquisa sociológica no período pós-stalinista[94]. Todos os estudos conduzidos durante estes anos estavam estritamente ligados aos problemas de trabalho, ao aumento da produtividade. As principais questões eram, antes de mais nada: "Como reduzir os tempos mortos, o tempo perdido no tempo fora do trabalho? Como recuperar os bilhões de horas dedicadas a um trabalho doméstico despido de interesse para consagrá-los à produção, primeiramente, e depois ao lazer?" Três nomes marcaram de maneira especial esse tipo de pesquisa: os de Maslov, de Pisarev (1957) e de G. A. Prudenski (1958)[95].

— Foi necessário esperar a década de 1960 para ver surgir uma pesquisa inteiramente consagrada ao lazer, à estrutura, à análise das condições do tempo verdadeiramente livre para o período, tempo definido como aquele que fica após a subtração do tempo de trabalho e do tempo fora do trabalho destinado às obrigações familiais e sociais da vida cotidiana[96]. Tais trabalhos

---

94. O leitor encontrará a bibliografia sobre à pesquisa relativa ao orçamento-tempo na U.R.S.S. no artigo de B. KOLPAKOV, V. VOLGOV, Izuceni bjudzetov vremin v SSSR (Os estudos sobre os orçamentos na U.R.S.S.), *Vestnik statistiki*, 12, 1968, p. 20-27. Eis algumas das mais importantes publicações: *V nerabocije vremija tradjascihsja* (O tempo fora do trabalho dos trabalhadores), sob a direção de G. A. PRUDENSKI, NOVOSIBIRSK, 1961; STRUMILIN, *A Jornada de trabalho e o comunismo. Os Problemas do Socialismo e do Comunismo na U.R.S.S.*, Moscou, 1959; G. S. PETROSJAN, *V neraboce vremija tradjascihsja SSSR* (O tempo fora do trabalho dos trabalhadores na U.R.S.S.), Moscou, 1965; G. A. PRUDENSKI, *Vremia i trud* (O tempo e o trabalho), Moscou, 1964; B. GRUSCHIN, *Svodbnoe vremje* (O tempo livre), Moscou, 1967. — Uma seleção foi feita em *La Sociologie du loisir* de J. DUMAZEDIER e C. GUINCHAT, Paris, Haia, Mouton, 1969, 128 p., p. 85-86.

95. P. P. MASLOV, I. S. V. PISAREV, *Sociologija v SSSR* (A Sociologia na U.R.S.S.), Moscou, ed. Mysl, 1965, 2 vols.: 533-504 p.

96. É nesta perspectiva que os sociólogos soviéticos da "nouvelle vague" participam da pesquisa comparativa sobre o orçamento-tempo lançada por A. Szalai. Szalai insiste, especialmente em seus primeiros comentários da *enquête*, sobre os limites que, em certos países e em certas categorias sociais, reduzem o lazer real. Mas a riqueza das informações assim recolhidas em doze países permite tratar uma problemática diferente, mais completa, inspirada por uma dialética das coerções e dos recursos do tempo.

constituem igualmente a verificação empírica de uma prática e de uma ideologia socialistas após 50 anos de construção do socialismo. Pela primeira vez desde 1920, graças à investigação de B. Gruschin, somos novamente informados sobre a vida dos soviéticos fora do trabalho, sobre suas práticas culturais ou materiais e sobre seus desejos.

Não se deve, porém, perder de vista que entre estes três períodos existe uma certa continuidade. O conceito marxista de "relação" entre trabalho e tempo livre continua sendo o fundamento maior de toda pesquisa soviética, mesmo quando se nota um crescente interesse pelos problemas do fora-do-trabalho, os do lazer. A segunda preocupação comum é a elaboração de um método de investigação do tempo livre. Observemos que a ênfase posta, desde os anos da década de 1930, na industrialização e urbanização encontra seu reflexo nestas pesquisas. Se na pesquisa de Strumilin de 1923 e ainda na de 1932 achamos um quadro completo do orçamento-tempo dos *kolkhozianos* e dos outros camponeses, tal problemática parece estar em regressão em 1964 na investigação sobre o lazer. Ela diz respeito, doravante, aos lazeres urbanos.

b) *O método evolui*

Tanto nas ciências como nas artes, a forma não é separável do fundo, o método não é separável do problema tratado. Esta relação não é mecânica. Um mesmo método (estudo dos orçamentos-tempo, por exemplo) é aplicável ao tratamento de problemas diferentes (os da U.R.S.S. por S. G. Strumilin e os dos Estados Unidos por Komarowsky, na mesma época). Um mesmo problema ("quais são as desigualdades sociais na apropriação do tempo de lazer?", por exemplo) pode ser abordado pelo método dos orçamentos-tempo (G. Prudenski, 1959) ou pelo da divisão dos interesses (B. Gruschin, 1967). Entretanto, muitas vezes, a evolução na problemática é acompanhada de uma evolução no método. Se considerarmos esta última como a criação de um sistema de técnicas e de conceitos necessário para tratar um problema numa situação dada em função da hipótese escolhida, qual vem a ser o método quando a situação muda e a hipótese varia (mesmo que a ideologia seja constante)?

A *enquête* de 1924 é marcada pela situação e pelas idéias dominantes da sociedade soviética de então. Trata-se, antes de tudo, de estimular as forças produtivas do nascente regime de planificação socialista. A economia, enquanto ciência das necessidades, dos recursos e das obrigações, impõe seu método objetivo e quantitativo; o tempo é tratado como o dinheiro. As diferenças sociais são levadas menos em consideração do que o progresso comum a todos. Os indicadores são expressos em volume médio de tempo consagrado a atividades pouco analisadas, para uma população global (por exemplo, os homens passam 453 horas por ano na leitura tanto de jornais quanto de livros). O estudo das diferenças subjetivas entre indivíduos e grupos de indivíduos, segundo as estratificações sociais, é negligenciado. Esta situação quase não varia de 1924 a 1959.

Após a década de 1960, os métodos evoluem. A sociologia não mais é reduzida à economia social. Conquista o direito de cidadania ao lado da filosofia. Os métodos objetivos se tornam mais exigentes. Eles são complementados por métodos *subjetivos* que permitem penetrar o conteúdo das atividades, os interesses, os sistemas de valores dos sujeitos. As diferenças sociais entre as categorias sócio-profissionais, categorias de sexo, de idade, de nível de instrução, de implantação urbana, etc., longe de serem esquecidas, simplificadas, camufladas, se tornam objeto de uma observação sistemática, segundo as regras da sociologia probabilista. É assim que a pesquisa de B. Gruschin (1963-1964) não se limita a relatar os resultados "concretos" de uma amostra maciça (mas não representativa de 10.393 pessoas), ela centra sua exploração científica em uma amostra estratificada de população urbana de 2.730 indivíduos. Por conseguinte, a generalização se torna cientificamente possível.

É certo que, até hoje, a imaginação conceptual e tecnológica é menos desenvolvida na sociologia russa do que na de outras sociedades socialistas[97]. Mas é incontestável que uma evolução à qual a sociologia do tempo livre trouxe uma contribuição positiva[98] está se esboçando neste sentido.

c) *Os resultados*

Estas sucessivas pesquisas empíricas trouxeram à luz um conjunto de fatos interessantes de serem comparados: ao passo que fazem falta as investigações a longo termo nas sociedades de todos os países, dispomos, graças a S. G. Strumilin e a G. Prudenski, de dois conjuntos de fatos relativamente comparáveis a dois momentos do desenvolvimento da sociedade soviética

---

97. J. SZCEPANSKI, *Problèmes sociologiques de l'enseignement supérieur en Pologne*, Paris, Anthropos, 1969, 330 p.; R. RICHTA, *La Civilisation au Carrefour, Op. cit.*

98. J. DUMAZEDIER, "Marxisme et sociologie", *Socialisme. Revue du socialisme international et québéquois*, jan.-mar. 1967.

1924-1959[99]. Por fim, os resultados da pesquisa de B. Gruschin, sem serem comparáveis aos fatos anteriores, dada a diferença dos problemas e dos métodos, podem no entanto ser aproximados deles. Todos dizem respeito, pelo menos, a uma amostragem nacional de operários urbanos. Sem dúvida, a porcentagem de operários dentro da população ativa, as condições de existência não eram as mesmas em 1924, em 1959 e em 1963. Mas nos parece tanto mais interessante estudar como as atitudes da população operária urbana se transformaram com o desenvolvimento da industrialização e de suas implicações sociais e culturais. O que nos ensina esta análise comparada sobre a evolução dos problemas de tempo livre de 1924 a 1959 ou 1967?

Limite do tempo livre: de acordo com os pesquisadores soviéticos, o tempo livre é evidentemente limitado pela duração do tempo de trabalho profissional, mas também pela duração do tempo consagrado a outras atividades improdutivas, ainda que ligadas à produção (higiene após o trabalho profissional, recolhimento ou devolução das ferramentas, etc.), do tempo utilizado para os deslocamentos entre o local de trabalho e o local de moradia e do tempo destinado às obrigações domésticas ou familiais: tarefas ligadas à casa, educação das crianças (afora a participação dos jogos) e arranjo das atividades de manutenção vital: sono, refeições, higiene pessoal.

Como evoluiu a duração do trabalho profissional? A duração legal do trabalho profissional foi reduzida várias vezes desde 1924, para chegar, em 1960, a uma duração legal de 7 horas (e, por fim, de 6 horas). Que é da duração real? O que é surpreendente, é que a duração cotidiana do trabalho e de suas sujeições (exceção feita ao domingo) teria antes aumentado durante quarenta anos, pelo menos para os operários das cidades.

Em 1924, a duração média do trabalho era de 7,83 horas[100] por dia, com 1,17 hora para o transporte. Em 1959, era de 7,17 horas, com 2,30 horas em média para o transporte. Em 1963-1964, a duração real do trabalho do operário urbano é de cerca de 7,30 horas por dia. Os tempos de deslocamento são quase tão longos quanto em 1959. Além disso, B. Gruschin tentou determinar pela primeira vez, ao que sabemos, na U.R.S.S., a porcentagem de operários que somam ao serviço regular outro labor, fora das horas legais de trabalho.

---

99. Ao que saibamos, é a primeira vez que se faz, em sociologia, tal comparação sobre um período de vinte e cinco anos, com tais dados sobre o orçamento-tempo.

100. Os minutos são expressos em centésimos de hora.

Já dissemos que esta cifra se eleva a 28,7%. Segundo o autor, a extensão das cidades, a insuficiência dos meios de transporte mecânicos individuais, o desejo de obter recursos suplementares para o consumo, podem explicar tal situação.

Obrigações extraprofissionais: vimos que os trabalhos domésticos e familiais estavam na origem da segunda limitação do tempo livre; a duração destes labores tem diminuído para os operários? Apesar do desenvolvimento das comodidades domésticas e das organizações coletivas de manutenção, ela continuou a ser, para o homem, sensivelmente a mesma: 1924, 1,72 hora por dia; 1959, 1,70 hora por dia.

Por conseguinte, em 1924, a duração do tempo livre se elevava a 3,54 horas por dia e, vinte e cinco anos depois, a 3,39 horas, ou seja, sensivelmente a mesma duração. Para 1963-1964 não possuímos dados comparáveis, mas B. Gruschin avalia que doravante o aumento da duração do tempo livre deveria vir menos da diminuição legal do trabalho do que do alívio das sujeições do transporte e do trabalho doméstico... No congresso do Partido Comunista de 1961 (12º Congresso) são previstas, dentro do plano de desenvolvimento da economia soviética (1961-1980), medidas destinadas a proporcionar 45 horas semanais a duração do tempo livre. Estas medidas prevêem não apenas o encurtamento do tempo de trabalho profissional, mas também uma economia do tempo das sujeições extraprofissionais: aumento da energia elétrica destinado à redução do tempo de transporte, à redução da metade do tempo consagrado às obrigações doméstico-familiais, ao aumento das possibilidades de toda espécie pelo desenvolvimento do consumo de equipamento, etc.

Atualmente (escreve B. Gruschin), a solução do problema do acréscimo do tempo livre não se encontra na diminuição do tempo de trabalho, mas na liberação do tempo fora do trabalho, que, para o momento, é em grande parte consumido pelos trabalhos cotidianos que não servem ao desenvolvimento geral do homem. A criação dos serviços de creche para as crianças, a melhoria dos transportes, etc., liberarão milhões de horas para *os lazeres*[101].

Tempo livre: ele inclui, por um lado, atividades espirituais, atividades sócio-política e, por outro, lazeres. Observemos em primeiro lugar que os pesquisadores soviéticos, de Strumilin até Gruschin, definem com maior boa vontade o tempo livre por aquilo que ele não é do que por aquilo que ele é. Com efeito, as relações entre dois tipos de atividades dessemelhantes

101. B. GRUSCHIN, *Op. cit.*

ainda não foram claramente analisadas na nova sociedade soviética. Mas todas as atividades do tempo livre têm sido mais ou menos inventariadas desde 1924. Como evoluíram elas? Passaremos rapidamente sobre a prática religiosa feita de observações sistemáticas acerca deste domínio em nossa amostra de operários urbanos. Limitar-nos-emos a lembrar uma indicação relativa ao meio rural. Em 1924, os camponeses dedicavam individualmente por mês, 8,85 horas a práticas religiosas. Em 1934, os *kolkhozianos* observados por S. G. Strumilin não devotavam a tais práticas religiosas mais do que 0,52 hora. Em que medida são as amostras e as condições rigorosamente comparáveis? Em que medida é possível extrapolar, hoje, esse gênero de resultados para os meios operários urbanos? Em geral, as informações disponíveis não nos permitem oferecer respostas a tal pergunta.

Para aquilo que os pesquisadores soviéticos chamam de "atividades sociais", possuímos, em compensação, dados de grande interesse. Esta rubrica corresponde à totalidade das atividades de participação nas reuniões espirituais, cívicas, políticas, nas manifestações correspondentes às festas coletivas ou nos acontecimentos sociais de toda espécie. Já sabemos que, em 1924, o operário lhe dedicava cerca de 109 horas por ano. Em 1959, ele não consagrava a isto mais do que 17 horas, ou seja, seis vezes menos. Em 1963-1964, Gruschin não calculou o tempo correspondente; limitou-se a contar o número de operários que se devotavam a apenas uma atividade social qualquer, "cerca de uma vez por mês". O resultado foi que, 72,3% o faziam considerando o fato que a participação na maioria das reuniões sindicais ou políticas é obrigatória, vivamente aconselhada sob a pressão da Organização. Parece pois que, desde 1924, a evolução da sociedade soviética levou a uma diminuição da intensidade na participação naquilo que chamaremos de obrigações sócio-políticas. Infelizmente, Gruschin não julgou possível isolar as atividades sócio-políticas propriamente ditas. Acrescentemos que 44,6 dos operários seguem cerca de uma vez por mês uma instrução política, quer imposta quer facultativa; esta porcentagem cai à medida que a urbanização se desenvolve: 45,8% nas cidades menores e 29,3% somente em Moscou[102].

---

102. O autor não comenta estes dados; entretanto, podemos pensar, baseando-nos na imprensa e em outras pesquisas, que existem para isto duas razões: a) o controle social (político) é maior nas cidades pequenas do que nas grandes (assim como a participação dos cidadãos na vida da coletividade); b) dadas as menores possibilidades de ocupar

Lazeres e estudos: não nos é dado separar, nas informações disponíveis, a parte dos estudos que é integrada, principalmente nas atividades profissionais, sindicais ou nas do Partido, e a parte que corresponde a uma atividade de lazer tão livre quanto a de pescar ou de assistir a um espetáculo de variedades. Também não nos é possível distinguir, dentre os temas dos cursos ou círculos de estudos, aqueles que preparam para uma promoção profissional ou para uma responsabilidade familial, sindical ou política, daqueles que dizem respeito a assuntos de curiosidades menos utilitárias ou mais desinteressadas, orientados para, apenas, a satisfação do corpo, da imaginação ou do intelecto. Trataremos então apenas dos estudos do adulto tomados em seu conjunto. Como evoluiu esta parte da atividade em relação aos esportes, aos espetáculos e "outros divertimentos"? Conhecemos o amplo esforço do governo soviético para aumentar os equipamentos socioeducativos: o que resultou disto para a vida da população?

Em 1924 os operários dedicavam cerca de 168 horas anuais aos estudos e, vinte e cinco anos depois, 175 horas, ou seja, 4% a mais[103]. Em compensação, como já vimos, a prática dos esportes, tomada num sentido amplo, isto é, inclusive provavelmente os jogos ao ar livre (mas não os passeios e o turismo) elevou-se de 18 para 74 horas por ano, ou seja, um aumento de cerca de 400%. É no campo do espetáculo que a taxa de crescimento foi mais acentuada: 1924, 42 horas; 1959, 373 horas, ou seja, um aumento de 900%.

Acrescentemos que, ao mesmo tempo, a prática dos outros divertimentos subiu de 210 para 257 horas por ano.

Em 1963, a televisão já havia penetrado em cerca de um terço dos lazeres (Zvorikin, 1967); 37,5% dos soviéticos (36,1% para os homens, 38,7% para as mulheres) assistiam à televisão diariamente e, 78,9% dentre eles escutavam rádio. Não conhecemos a distribuição de seus interesses de conformidade com os gêneros de emissões, mas sabemos que 73,3% (74,4% para os homens, 73,3% para as mulheres) iam ao cinema várias vezes por mês e que 42,2% iam ao teatro, 36,6% aos espetáculos de variedades, 24% ao museu, e 17,8% aos concertos, sem indicação de freqüência[104]. Pode-se pois estimar que em vinte

---

o tempo livre nas cidades pequenas, as reuniões e as manifestações sociais podem aí substituir parcialmente os entretenimentos sociais.

103. Tal diferença estatística corresponderá a uma variação significativa de um real progresso ou a uma variação aleatória? O cálculo das probabilidades, se reconsideradas as possíveis margens de confiança, não permite solucionar a questão.

104. Na França, as cifras correspondentes para o teatro e o concerto

e cinco anos a prática do esporte, o comparecimento aos espetáculos e a outros divertimentos têm sido crescente entre os operários soviéticos, ao passo que a prática dos estudos permaneceu antes estacionária e que a intensidade da prática das "atividades sociais" regrediu grandemente.

Desigualdades culturais de conformidade com as categorias sociais[105]: evidentemente, estamos particularmente atentos às diferenças sociais que podem subsistir, apesar da vontade do Estado socialista de suprimi-las. O estudo desta experiência de cinqüenta anos tem probabilidades de ser mais fecundo do que os devaneios sobre um socialismo ideal que corre o risco de naufragar na quimera por sua indiferença ao real e à experimentação do possível.

Infelizmente não dispomos de informações diacrônicas para tratar deste problema capital da sociologia do lazer, que S. G. Strumilin negligencia. Ao que sabemos o problema não foi abordado nesta perspectiva antes de 1960. É a análise comparada das atividades de tempo livre, conforme o rendimento em Krasnoiarsk, feita por G. A. Prudenski, que nos permitiu conhecer melhor as disparidades culturais segundo os proventos[106]. E é graças ao estudo de B. Gruschin, publicado em 1966, que podemos observar tais disparidades conforme a categoria sócio-profissional e os níveis de instrução[107]. Utilizamos alternativamente estas duas fontes segundo a informação disponível para cada um dos problemas.

Em 1963-1964, na época em que a jornada de trabalho de 6 ou 7 horas foi decretada, quais as categorias sociais que mais trabalham, aquelas pois que têm provavelmente menos tempo livre?

Teria sido interessante conhecer as diferenças entre as categorias de operários (serventes de obra, operários especializados, operários qualificados), mas Gruschin tratou dos operários em seu conjunto. Em troca, sua *enquête* nos fornece adicionalmente informações sobre o trabalho dos empregados,

são nitidamente menores. É lamentável que as informações destas pesquisas soviéticas não permitam dissociar leitura de livros e leitura de jornais.

105. Ofício, rendimentos, nível de instrução. Será difícil, no estado atual da pesquisa, discernir as influências relativas do nível econômico, do estatuto sócio-profissional e do nível de instrução. Strumilin (1959) observa que aqueles que percebem um maior rendimento têm, ao mesmo tempo, um nível de qualificação mais elevado que implica uma instrução mais desenvolvida. Numerosos sociólogos soviéticos sustentam que a qualificação é o fator principal da hierarquia soviética de hoje.

106. G. A. PRUDENSKI, *Op. cit.*

107. B. GRUSCHIN, *Op. cit.*

da *intelligentsia* "técnica" e dos intelectuais. É pois possível comparar a duração de seu trabalho com a do trabalho dos operários. Em média, empregados e *intelligentsia* trabalham mais do que os operários. Isto é particularmente claro no caso da *intelligentsia* técnica, da qual 43,2% trabalham 8 horas a mais, assim como 60,5% "dos intelectuais". Estaria a sociedade soviética exposta ao problema da estafa de certos *"managers* e intelectuais" como os outros tipos de sociedade industrial?

Já fizemos alguns reparos sobre a evolução das "atividades sociais" de 1924 a 1959. Outros fatos não menos interessantes são revelados pela pesquisa de Prudenski em Krasnoiarsk. A despeito do considerável esforço da sociedade soviética em prol de uma educação cívica e política de massa, não parece que tenha conseguido provocar uma participação dos operários na vida cívica e política igual àquela de outras categorias sociais relativamente privilegiadas pelo nível de rendimentos ou de instrução. Com efeito, em 1960 em Krasnoiarsk os que recebem os salários mais baixos (menos de 300 rublos mensais) dedicam apenas 6,2 horas por ano a "atividades sociais" contra 15,6 horas da faixa salarial entre 501 e 1 000 rublos. Esta última categoria de trabalhadores participa portanto sete vezes mais das atividades orientadas para a gestão da cidade.

Em 1963-1964, B. Gruschin observa, por seu lado, que a instrução política é seguida por 38,2% dos operários, mas por 70,4% da *intelligentsia*.

No campo dos lazeres, os que percebem menos de 300 rublos passam cerca de 36,4 horas por ano a passear, contra 83,2 horas despendidas por aqueles que ganham mais de 1 000 rublos. Os primeiros não dedicam mais do que 197,6 horas por ano a ler jornais ou livros, contra 332,8 horas devotadas pelos últimos para o mesmo fim. Os primeiros desenvolvem quatro vezes menos atividades artísticas que os segundos. Enfim, estes passam 395,2 horas visitando museus ou seguindo cursos, enquanto que os menos ricos não dedicam a isto senão 46,8 horas, ou seja, quase *nove* vezes menos.

Em 1963-1964, B. Gruschin contentou-se em perguntar "quem praticava o quê" nos diferentes meios sociais, sem indicação de freqüência. Ele verificou que 21,9% dos operários vão ao museu[108] contra 31,9% da *intelligentsia* e 41% dos estudantes. Mais pessoas seguem cursos noturnos (durante o lazer e fora do lazer) entre os operários (29,8%) do que entre os empregados (25,2%) e é entre a *intelligentsia* que o autoditatismo está mais difundido: 58,8% contra 27,5% entre os operários. Por fim,

---

108. Na França, 2 ou 5% de acordo com as sondagens.

a porcentagem de presença em concertos é de 13,2% entre os operários e de 30,2% entre a *intelligentsia* técnica.

Tais são, pois, simultaneamente, os êxitos e os limites de uma ação escalonada dentro de um período de quarenta anos em favor da elevação do nível cultural das atividades que a população pratica durante seu tempo livre e, particularmente, a população operária.

Apesar do caráter incompleto das informações diacrônicas de que dispomos, apesar das categorias de análise muitas vezes grosseiras que não permitem isolar com precisão os fatos relativos aos problemas por nós colocados, pode-se sustentar que a tendência geral da evolução é clara: ela revela não apenas um aumento do tempo livre, porém uma vontade coletiva de grupos sociais ativos de aumentá-lo mais ainda. O beneficiário principal do tempo liberado é o lazer, quando comparado às atividades sócio-políticas incluídas nas atividades sociais e aos estudos mais ou menos obrigatórios do adulto. No lazer, a maior taxa de aumento afeta as atividades de entretenimento de toda espécie. Sua preponderância é tanto maior quanto se trata de meios operários.

Na verdade, a participação destes meios em atividades artísticas e intelectuais de um nível elevado é maior que a dos meios correspondentes da sociedade francesa ou americana. Estará tudo na mesma quando não mais 30% mas 90% dos lares urbanos possuírem televisão, quando o nível de vida tiver aumentado mais, quando a duração dos fins de semana e das férias houver atingido o nível americano ou francês? Nenhum raciocínio crítico, nenhuma proposição ideológica pode substituir as observações sistemáticas sobre as tendências hodiernas e as previsões probabilísticas sobre a situação de amanhã. Apesar das dificuldades ainda encontradas -para o progresso neste quadro de uma sociologia empírica livre, esperamos possuir logo informações novas sobre uma amostragem representativa[109], que nos permitirão tratar melhor dos problemas do lazer, do trabalho e do engajamento sócio-político no futuro das sociedades industriais avançadas de tipo socialista.

3. SOCIEDADE FRANCESA. UMA HIPÓTESE SOBRE O PERÍODO DE 1955-1965

Encontramos outras objeções relativas à evolução da sociedade francesa, principalmente após os anos de 1966-1967.

---

109. Particularmente os resultados da primeira grande *enquête* moderna de sociologia urbana sobre a cidade de Taganrog (200 000 habitantes).

O choque provocado pelos acontecimentos de maio-junho de 1968 reforçou tais objeções. A crescente politização de uma parte da ação pública e privada (poderes públicos ou associações voluntárias) suscitada pelos novos problemas sociais e culturais do lazer levou a esquecer o caráter *específico* daquilo que começou a ser chamado de política cultural. Esta política se desenvolve ao nível da nação ou das coletividades locais, do Estado e das municipalidades. No entanto, afirmamos que o período de 1955-1965 foi para a sociedade francesa o período em que as rupturas tenderam a levar vantagem sobre as continuidades, de modo particular no plano do lazer e da política cultural que a ele corresponde. Certamente, as resistências a esta mutação são ainda muito fortes no plano das estruturas, assim como no das mentalidades. Nossa sociedade está bloqueada, nossa escola está bloqueada, nossa cultura também, etc. Mas tais bloqueios, confrontados com a nova situação, são muito mais manifestos do que antes. Mudanças no plano do tempo, dos serviços, das organizações, dos valores do lazer têm sido dissimuladas por detrás de outros problemas que causam estardalhaço na atualidade política. Tais mudanças foram, em nossa opinião, subestimadas em todas as análises deste período. Talvez, elas carreguem em si uma profunda possibilidade de renovação cultural cujas implicações ainda estão longe de serem analisadas.

a) *O período de 1955-1965*

O período de 1953-1955 enceta uma mudança provavelmente muito importante para a evolução não só econômica, mas também social e cultural da França. O aparelho produtivo é então reconstruído pouco a pouco graças aos esforços coletivos do pós-guerra, sustentados pelo Plano Marshall. Como reação ao malthusianismo dos anos 30, o espírito de modernização ganha terreno, como já o demonstra, em numerosos pontos, o Segundo Plano Nacional dito "de modernização e de equipamento". O Tratado de Roma (1957), concebido com o fito de criar um Mercado Comum de amplas dimensões, está preparado desde 1955. Fenômeno talvez mais significativo: as empresas industriais francesas, estimuladas pela perspectiva do comércio europeu, mas colocados diante de um mercado de trabalho restrito, e notadamente de uma escassez de mão-de-obra qualificada, acentuam a necessidade de um rápido aumento da produtividade. Foram precisos setenta anos (1880-1953) para que o índice da produtividade industrial dobrasse. Somente dez novos anos (1954-1963) bastarão para que este índice dobre novamente[110]. Economistas chegam mesmo a prever que ele triplicará antes de 1985. O consumo por cabeça elevou-se de 49% em 1950 até 1959, apesar de um crescente aumento demográfico; ele seria multiplicado por 2,5 entre 1960 e 1985[111]. Se tais hipóteses se confirmarem, malgrado a morosidade atual, estaríamos a ponto de entrar nesta era do consumo e do lazer de massa, que, segundo D. Riesman, poderia exercer uma influência determinante sobre a transformação do "caráter social", qualquer que seja o regime[112].

Antes de retomarmos, partindo da experiência de nosso país, aos grandes problemas da evolução da sociedade pós-industrial, que Riesman formulou a partir da experiência do seu país, propomo-nos a uma tarefa mais modesta: observar algumas mudanças características que intervieram na França, depois de 1953-1955, na demanda de bens e serviços culturais pelos indivíduos e na da oferta dos bens e atividades pelas organizações comerciais e não comerciais.

b) *Evolução da demanda de bens e serviços culturais pelos indivíduos*

Evidentemente é no tempo liberado pelo trabalho e em especial no lazer, que o adulto pode, acima de tudo, consumir os bens e serviços culturais. Certamente, no curso do período de 1953-1965, a duração hebdomadária do trabalho (com exceção da agricultura) aumentou ligeiramente, mas a prática do fim de semana completo estendeu-se e a duração do lazer anual dobrou sob a pressão dos sindicatos: ela passou, para a maioria dos assalariados urbanos, em seis anos (1957-1963), de 18 dias para 30 dias, apesar da oposição do patronato e da opinião desfavorável dos peritos do Comissariado para a Programação. Acrescentemos que, por outro lado, a parte mais importante do tempo liberado redundou principalmente em proveito dos estudos dos jovens. Com efeito, a idade de ingresso na produção foi retardada por um prolongamento da escolaridade[113]. Após este período, a maioria dos jovens prossegue

110. J. FOURASTIER, Prévision et Évolution, *La Table Ronde*, out. de 1962, p. 9-19.

111. Grupo 1985 do Commissariado para a Programação, *Réflexions pour 1985*, Paris, Documentation Française, 1964, 156 p.

112. D. RIESMAN, *La Foule solitaire, Op. cit.* — Veja-se análise crítica por J. DUMAZEDIER, David Riesman et la France, 1963-1985, *Revue française de Sociologie*, VI, 1965, p. 379-382; J. TOURAINE, *La société post-industrielle*, Paris, Denoel, 1969, 319 p. (Médiations 61).

113. L. CROS, *L'explosion scolaire*, Paris, CVIP, 1961. Ver, também, *Etudes statistiques*, 1964.

seus estudos depois dos 14 anos (71,3% em 1964 contra 57,7% em 1954). Mas, de nosso ponto de vista, o fato mais duradouro do decênio de 1955-1965 é duplo: *a*) uma rápida valorização das atividades e das despesas de lazer em todos os meios urbanos e mesmo rurais[114] da população e, *b*) uma tomada de consciência generalizada da existência de um problema específico do lazer no equilíbrio da vida social e cultural, presente e futura de nosso país.

Tentemos especificar algumas dimensões e modalidades destes dois fenômenos recentes:

As despesas de lazer nos orçamentos das famílias não representam o 8% como aparece nas contas da nação (1960), porém muito mais. Com efeito, o item "Lazer e cultura" que foi extraído da rubrica "diversos" a partir de 1953, não compreende todas as despesas reais de lazer. Graças a um estudo do INSEE e do CREDOC (1957-1961), sabemos que 51,7% dos quilômetros percorridos de automóvel, a cada ano, são relativos às atividades extraprofissionais: saídas de recreio, fins de semana e férias, etc.[115]. Ora, esse item global conta igualmente com 8% nos orçamentos das famílias daquele ano. Do mesmo modo, as despesas de bar, ainda classificadas sob a rubrica "Hotel-Restaurante-Bar" (6,7%), correspondem para a maioria das pessoas, não às necessidades da vida profissional ou política, mas às de uma sociabilidade de lazer. Ora, as despesas de bar são excluídas daquilo que é chamado de "despesas de lazer" (CREDOC). Cumpriria do mesmo modo levar em conta as despesas de habitação (residências secundárias e residências assimiladas aos fins de semana), do vestuário (vestuário esportivo, de verão ou de inverno), dos cuidados e de higiene (creme protetor para o sol, acidentes de esporte...) e da alimentação (despesas suplementares decorrente de recepções e de saídas de recreio). Em tais bases, estimamos pelo menos 16% o montante atual das despesas das famílias, dedicadas ao lazer. Mesmo que seja difícil para o economista reagrupá-las, sua significação *comum* com respeito ao lazer não deixa nenhuma dúvida. Neste período, o conjunto das despesas de lazer cresceu mais rapidamente do que o conjunto das despesas das famílias.

Mas o que nos parece ser mais significativo neste novo gênero de vida é a mudança e talvez a mutação dos interesses

---

114. Primeira *enquête* JAC sobre o lazer (20 000 respostas), 1961; H. MENDRAS, "L'agriculture et l'avenir de la société rurale", *Bulletin SEDEIS "Futuribles"*, 20 de dezembro de 1964, suplemento 2, 22 p.

115. H. FAURE, "Une enquête par sondage sur l'utilisation des voitures particulières et commerciales", *Consommation, Annales du CREDOC*, 1, jan.-mar. de 1963, p. 1-81.

culturais que os acompanham. Tomemos alguns exemplos: em 1950, cerca de 10% das famílias possuem um automóvel, em 1965, é o caso de quase 50% da população total e de 40% dos lares de operários qualificados. Conta-se no total 8 milhões de carros particulares. O Grupo 1985 avaliava que o número seria de 19 milhões em 1985[116]. Este advento do automóvel nos lares de todas as classes modifica as mentalidades. De 1950 a 1963, o número de partidas para férias nas cidades de mais de 50 000 habitantes passou de 49% para 63%. Em 1964, 40% dos franceses com mais de 14 anos viajaram durante suas férias, a maioria de automóvel (65%). Entre eles, 14% foram para o estrangeiro, ou seja, 3 780 000[117]. Não é mais possível dizer que o francês atual é "caseiro".

O êxodo dos urbanos rumo à natureza assume formas cada vez mais "naturistas". A França é, depois da Holanda, a nação européia que reserva ao *camping* o lugar maior em todos os meios sociais, qualquer que seja o nível de recursos (em 1964, cerca de 21% dos operários e 11,3% dos executivos de nível superior). O total dos pescadores de vara, que era de 308 000 em 1950, é agora de 1 120 000, ou seja 41% dos pescadores. Este gosto pela natureza plena é crescente, a despeito das concentrações que provoca (praias). Estende-se cada vez mais nos fins de semana. Conta-se cerca de 900 000 residências secundárias[118]: se se lhes acrescenta as barraquinhas improvisadas, certas casas de jardineiros do fim de semana, os sítios falsamente produtivos, as caravanas estacionadas nos terrenos dos arrabaldes, seria provavelmente preciso, no mínimo, duplicar a cifra. Observam-se residências secundárias reais. O Grupo 1985 prevê que haverá, dentro de vinte anos, 1 250 000 novas residências secundárias, levando-se em conta o provável desenvolvimento (apenas encetado) da construção de pavilhões com o que sonha a maioria dos franceses (68% em Paris, em 1962). O francês das cidades antigas e novas está, talvez, em vias de inventar um novo estilo de relações com a natureza.

Apesar do aumentado atrativo das saídas para a natureza, o interesse tradicional pela *bricolage* em casa e pela jardinagem junto à casa persiste. Por certo, a prática do artesanato doméstico parece mais fraca entre os franceses do que entre seus vizinhos: somente 21% dentre eles declaram que se dedicam a tais trabalhos

116. *Réflexions pour 1985, Op. cit.*

117. C. GOGUEL, Les vacances des Français en 1964, *Études et Conjoncture*, 6, jun. de 1965, p. 65-102.

118. INSEE, *Recensement de 1962, population légale*, diversos fascículos.

pelo menos uma vez por semana, contra 29% dos italianos, 37% dos holandeses e 41% dos britânicos[119]. Mas seu interesse é grande: 60% dos *bricoleurs* de Annecy declaram que se devotam ao *bricolage* unicamente por prazer (sobretudo entre os operários)[120]. Geralmente o fazem com alegria, compensando deste modo a despersonalização do trabalho parcelar. É também um meio de expressão no qual Levi-Strauss vê mesmo uma persistência durável do "pensamento selvagem" na época da racionalização científica[121]. Ainda que carecêssemos de indicadores seguros para medir a extensão deste interesse e sua significação, nossa hipótese é que ele está em crescimento. Será provavelmente cada vez menos utilitário e cada vez mais psicológico, à medida que a racionalização da produção e a padronização dos produtos de consumo de massa aumentar. É possível antecipar que a cultura manual já é e será, ao que tudo indica, cada vez mais um dos aspectos maiores da cultura popular, isto é, vivida pela maioria da população. Se o artesanato está em regressão no setor produtivo, ele prospera no do lazer, assim como no da jardinagem.

O camponês do domingo é um produto das sociedades industriais e pós-industriais. Apesar da construção, desde 1954, de mais de três milhões de apartamentos em grandes e pequenos conjuntos privados de jardins, os franceses continuam sempre sendo amadores de jardins: 42% jardinam pelo menos uma vez por semana contra 34% dos holandeses e 11% dos italianos; preocupação de economia com certeza, mas acima de tudo desejo de dispor de uma produção mais "sadia" do que a do mercado, e o prazer que se experimenta ao contato das coisas da terra e no retorno periódico à natureza. Seja como for, esta relação tradicional com a terra a ser explorada ou com o material a ser transformado, corresponde a uma necessidade cultural que nem a elevação do nível de vida nem a do nível de instrução diminuíram.

No campo artístico e intelectual, o acontecimento maior deste período foi o aparecimento da televisão. A progressão do equipamento dos lares foi a princípio lenta (53 000 aparelhos em 1953), mas depois, rápida (1 milhão por ano, a partir de 1º de janeiro de 1962). Em setembro de 1965, havia mais de 6 milhões de aparelhos. Assim, cerca de um lar sobre

---

119. SOFRES, *221 750 000 consommateurs*, sob a direção de A. Piatier, Paris, Seleções do Reader Digest, 1963, 250 p.

120. J. DUMAZEDIER, A. RIPERT, *Loisir et culture, Op. cit.*

121. C. LEVI-STRAUSS, *La Pensée sauvage*, Paris, Plon, 1962, 397 p.

dois apresenta-se equipado (35% entre os executivos, 21% entre os operários em 1961). A média de audição é de 16 horas semanais[122]. Sabe-se que a audição de rádio em família é de duração menor. Sabe-se também que desde 1957 a freqüência ao cinema diminuiu: 27% somente dos proprietários de um aparelho de tevê vão ao cinema pelo menos uma vez por mês contra 42% entre os outros[123]. Mas no mesmo período (1956-1963) a venda dos transistores passou de 150 000 para 2 610 000, a dos discos *long-playings* foi multiplicada por dez de 1954 a 1963 e um terço das casas estão equipadas com vitrolas. A venda dos periódicos continuou a crescer durante este lapso de tempo (11,7 quilos por cabeça em 1955; 15,4 em 1962). O CREDOC prevê que ela se manterá no período de 1960 a 1970. Quanto à expansão do livro, ela foi de dez milhões de exemplares vendidos em 1960 para trinta e um milhões em 1963[124].

Até o momento, o conteúdo das transmissões da televisão francesa não foi invadido pelas "variedades" da publicidade comercial, como nos Estados Unidos, onde ocupam 75% das horas de emissão. O conteúdo das transmissões francesas é mais equilibrado (25% de variedades de um nível médio mais elaborado). O gosto do público divide-se entre os jogos fáceis e as reportagens de grande qualidade como "Cinq colonnes à la une" (Cinco colunas a uma), entre os folhetins (ou novelas) (de um nível médio mais elevado do que nos Estados Unidos) e as peças como *Macbeth* (J. Vilar) ou como *Os Persas* que, numa única noite, teve mais espectadores na França do que em dois mil anos de representações teatrais! É o hebdomadário de televisão mais próximo das normas do meio mais instruído (*Télé 7 jours*) que possui a maior tiragem (mais de um milhão). Ele não tem equivalente nos Estados Unidos. São as canções que alcançam o maior sucesso radiofônico, mas os cantores "literários" têm, no final das contas, tanto êxito quanto os outros[125] e, em 500 horas de transmissão das emissoras nacionais, há 150 dedicadas

---

122. J. CAZENEUVE, J. OULIF, *La Grande Chance de la télévision*, Paris, Calmann-Lévy, 1963, 242 p.

123. Sociedade de economia e de matemáticas aplicadas (SEMA), "Perspectives du cinéma français", *Bulletin d'information du Centre national de la cinématographie*, número especial 91, fevereiro de 1965.

124. Sindicato Nacional dos Editores, *Monographie de l'édition*, Paris, Cercle de la Librairie, 1965, 160 p.

125. Se tomarmos os 15 principais cantores escolhidos por uma amostragem nacional de franceses e francesas entre 15 e 24 anos, em 1963 (IFOP), descobriremos que entre os quinze, J. Halliday (21), C. François (19), R. Anthony (14), T. Rossi (6), não são mais os mais votados (ou antes, o são um pouco menos) do que cantores que, em geral, dão maior importância à qualidade de suas palavras ou de suas melodias:

à música clássica e moderna (1961). O cinema francês está muito próximo das exigências de uma literatura de qualidade do que, em seu conjunto, o cinema de Hollywood. Em 1964, os gêneros de filmes preferidos são *Os Miseráveis* (75%) e *Os Canhões de Navarone* (70%), mas *Quai des brumes* recolhe ainda 43% dos votos e *Hiroshima meu amor*, 37%[126]. Os livros de bolso favoreceram a expansão dos romances policiais mais fáceis, mas também a das grandes obras. Após o *Larousse de poche* (1 300 000 exemplares vendidos) vêm *O diário de Anne Frank* (750 000 exemplares), *A Peste* (650 000 exemplares) e trinta títulos de obras que, até 1964, lograram uma tiragem superior a 300 000 exemplares. Ainda que o livro de bolso esteja menos difundido do que nos Estados Unidos, pode-se começar a falar de uma produção e de uma distribuição "maciças" da literatura geral (ainda não de um consumo de massa)[127]. Assim, em dez anos, esta situação cultural evoluiu para uma crescente complexidade. Ela se caracteriza na maioria dos meios sociais de uma cidade[128] por uma confusão de gêneros e de níveis culturais variados que se interpenetram em combinações muitas vezes originais. Nem os refinados conceitos da cultura acadêmica e da cultura de vanguarda, nem os conceitos simplificados de uma cultura de massa que domina nos Estados Unidos nos parecem aptos a explicar os caracteres particulares dos conteúdos culturais do lazer das diferentes classes e categorias sociais na França, apesar de certas tendências comuns.

c) *Tomada de consciência coletiva*

Diante desta situação cultural, uma tomada de consciência geral dos problemas específicos do conteúdo cultural do lazer das massas ocorre na França. Nosso país, com certeza, não esperara por este recente período para valorizar o lazer. Há longo tempo, os estrangeiros apreciam na França aquilo que chamam de *la douceur de vivre**. Ela é bem diferente do

---

Aznavour (21), G. Brassens (13), J. Brel (12), G. Bécaud (11), M. Amont (7), L. Escudéro (7), Y. Montand (6), C. Nougaro (4): 74% contra 81%.

126. *Perspectives du cinéma français, Op. cit.*

127. Os livros de bolso da literatura geral são comprados sobretudo por aqueles que já liam livros, ou seja, 42% dos franceses (segundo a sondagem efetuada em 1960 pelo Sindicato Nacional dos Editores).

128. J. DUMAZEDIER e A. RIPERT, *Loisir et Culture, Op. cit.*

* Não traduzimos a expressão, já que aqui ela é comparada a uma outra expressão que se convencionou não ser traduzida (American way of life). Seu significado corresponde a uma maneira calma de viver. (N. dos T.)

american way of life. Desde a época em que foi redigido na França o primeiro manifesto em favor do lazer dos trabalhadores[129], o lazer tem sido uma reivindicação freqüente e importante dos sindicatos, principalmente em 1936. Mas nestes últimos dez anos, ele se tornou, como já o dissemos, um problema geral que se tornou objeto de um número sem precedentes de congressos, colóquios, jornadas de estudos, números especiais de revistas, não apenas por iniciativa dos sindicatos operários, mas também das organizações patronais, dos organismos de publicidade, dos agrupamentos de assistentes sociais, dos organismos pedagógicos, dos agrupamentos culturais, dos organismos religiosos, das administrações públicas, etc. O lazer se converteu num problema realmente nacional, estando na ordem do dia de todos os gêneros de organismos; é uma preocupação de uma dimensão e de uma significação novas.

Esta reflexão coletiva, malgrado sua diversidade, apresenta uma unidade. Quatro são os problemas que a dominaram:

a) Por que e como afirmar o direito ao lazer como um aspecto novo da felicidade, contra a sobrevivência dos moralismos anteriores do trabalho, da família, da política ou da religião?

b) Por que e como reduzir as sujeições (horários de trabalho, gênero de trabalho ou gênero de habitação e extensão do trajeto, etc.) que, para os meios mais desfavorecidos, limitam as possibilidades de lazer?

c) Por que e como evitar que os valores do lazer não contrariem os valores autênticos do engajamento familiar, escolar, profissional, sindical, político ou espiritual?

d) Por que e como favorecer no lazer um equilíbrio entre o prazer e o esforço, entre a evasão e a participação, o divertimento e a cultura elevada?

Para responder a tais problemas, constatemos antes de mais nada que todas as organizações da vida social se transfomaram ou aceleraram, durante este período, sua transformação. Em primeiro lugar, os organismos de distribuição comercial modificaram sua publicidade que se tornou, no conjunto, mais informativa, mais educativa ou mais humorística. Pela primeira vez (em 1964), a Feira de Paris organizou uma "aldeia de lazer" que reagrupava todos os comércios de bens e de serviços culturais numa perspectiva comum em que a vontade de educação do público estava associada à promoção das vendas (colaboração de pesquisadores, escritores, educadores). Agrupamento nacionais

---

129. P. LAFARGUE, *Op. cit.*, p. 10.

de publicidade se reuniram num seminário (1963) para estudar os meios de fazer com que o conteúdo e a forma da publicidade contribuíssem para o desenvolvimento, nas massas, de uma vida equilibrada de lazer. O bazar tradicional que vende de tudo e não conhece nada está em retrocesso. À margem do desenvolvimento dos supermercados, muitas vezes providos de seções especializadas para os lazeres, os novos comércios especializados de bens culturais (vendedores de artigos de esporte, livreiros, vendedores de música...) tendem a ser geridos por animadores competentes, formados no decurso de estágios. Estes "vendedores animadores" estão integrados na vida das sociedades locais não como benfeitores tradicionais, mas como técnicos qualificados de uma atividade de lazer. Esta tendência, embora muito limitada, é, a nosso ver, um dos fatos marcantes da recente evolução dos comércios de bens culturais.

Um número crescente de empresas industriais que foram construídas neste período não mais se parecem, absolutamente, com as antigas fábricas; certamente, seu número é bem reduzido em face do conjunto das empresas. Mas assinalam uma nova tendência e criam um novo quadro de referência. A evolução das fontes de energia e dos métodos de trabalho impõe construções mais semelhantes a edifícios administrativos ou escolares que a antigas fábricas, e o desejo de suavizar a vida leva a empresa a construir estádios, quadras de jogos, salas de espetáculos, salas de reuniões, salas de aulas e a prever jardins. As comissões de empresas desenvolveram suas atividades de lazer num estilo mais técnico. Em 1960 os principais responsáveis pela formação das grandes empresas se reuniram para estudar "a cultura geral na formação industrial"[130].

Esta nova cultura concede amplo lugar às novas relações dos valores do trabalho e dos valores do lazer no equilíbrio cultural dos quadros de funcionários. Por certo a maioria das empresas ainda conserva condições anacrônicas de trabalho, porém a empresa mais moderna assemelha-se cada vez menos à imagem da fábrica que domina a literatura francesa, de Zola até Aragon.

Durante este mesmo período, já o dissemos, foram construídos mais de 3 000 000 de alojamentos. Bairros, cidades inteiras nasceram. A proteção e o arranjo de um espaço de lazer é um dos principais problemas na ordem do dia: espaços verdes,

---

130. Pode-se situar neste período a origem ou o reforço de um movimento social que deveria expandir-se mais tarde e desembocar em negociações entre sindicatos e patronato e depois em um conjunto de leis 70/71 sobre a formação permanente na empresa.

quadras para jogos, Casas da Juventude, centros sociais e culturais... Os centros sociais consagraram uma parte crescente de sua atividade às atividades recreativas e informativas. A partir de 1956, uma verdadeira reconversão do papel da assistente social é encetada. Ela se prepara para tornar-se uma "animadora" formada nas técnicas de ação cultural. A tradicional "porteira" tende a ser substituída, nos novos conjuntos de imóveis, por um complexo sistema de guardas, de delegados, de assistentes e de animadores de centros culturais de todos os gêneros para os locatários jovens, adultos e idosos.

Em outro plano, acontece o mesmo no tocante ao tradicional cura da paróquia. Ele foi o precursor da organização do lazer. Mas o quadro das "obras sociais da Igreja" revelou-se muito acanhado para responder às novas necessidades. Foi após um "congresso nacional sobre a ação pastoral e o lazer" (1965) que a secularização geral destas obras foi decidida pela Igreja. A participação dos cristãos em todas as novas organizações de lazer viu-se encorajada. A ação pastoral se orienta para formas muito mais adaptadas aos lazeres de fins de semana ou de fim de ano e à "nova mentalidade" dos fiéis. Afora as exigências tradicionais do sacerdócio, o papel de guia de uma equipe de animadores culturais é que está na ordem do dia.

Por fim, as municipalidades mais dinâmicas começaram a se propor o problema do lazer de sua população em termos novos. Antigamente as comissões dos esportes, das belas-artes e das associações tinham uma política fragmentária, sem perspectiva de conjunto. Há uma dezena de anos, a exemplo das municipalidades inovadoras como Rennes, Estrasburgo, Metz, Rouen, Bourges, Avignon, Annecy ou Grenoble, uma política mais coerente de desenvolvimento cultural extra-escolar a curto e longo prazo começa a ser elaborada em algumas cidades com a ajuda do Estado. O número de piscinas, de ginásio e de estádios está aumentando muito. Apesar do atraso em que caíram há cinqüenta anos[131], as bibliotecas municipais tendem a organizar-se em centros culturais. Cum um retardo da mesma ordem, os conservadores de museus são encorajados a tornar-se animadores culturais (Congresso do Conselho Internacional da Organização dos Museus — Paris, 1964). Um grande número de centros dramáticos nascidos de uma iniciativa da IV República se transfor-

---

131. Por exemplo, em Paris, as bibliotecas municipais emprestam quatro vezes menos livros por habitante do que as de New York e cerca de dez vezes menos do que as de Londres, V. J. HESSENFORDER, "Le retard des bibliothèques françaises", *Expansion de la recherche scientifique*, XXII, 1965, p. 46-48.

maram ou estão se preparando para se transformar em casas de cultura — seis foram concretizadas durante o IV Plano e cerca de cinqüenta estão sendo projetadas. Os centros sociais, as Casas da Juventude e da Cultura e os centros de jovens trabalhadores aumentaram em mais do que o dobro em dez anos (há atualmente mais de 1 200). As tradicionais prefeituras são cada vez mais inadaptadas para resolver estes problemas novos, culturais, a curto e longo termo.

Na verdade, repetimos, todas estas realizações inovadoras são ainda limitadas. Elas se deparam com a hostilidade dos conservadores e a força da inércia que caracteriza toda administração pública ou privada. Mas é incontestável que um movimento de renovação cultural foi desencadeado ou acelerado durante este período. Ele favoreceu realizações e muitos projetos circunstanciados que têm possibilidades de se efetivar progressivamente dentro dos próximos dez ou vinte anos, caso se verifiquem as hipóteses dos economistas. Tais projetos podem estar entre os indicadores mais concretos das realizações de "1985".

Não descrevemos, evidentemente, de maneira exaustiva os traços da evolução cultural das famílias e dos organismos sociais no decurso deste período. Não era o nosso propósito. Escolhemos alguns fatos significativos que evidenciam o aparecimento de novos interesses na população e de novas iniciativas nas organizações de nosso país em relação com a valorização desigual, porém geral, das despesas e atividades de lazer. Podemos falar, com D. Riesman, do desencadeamento de uma "segunda revolução" no caráter nacional? Ainda não sabemos. Nossa hipótese, todavia, é que estas transformações culturais já são bastante extensas e profundas para exercer um efeito duradouro na mentalidade geral da França, incluindo-se aí suas atitudes sindicais, sócio-políticas ou sócio-espirituais. Apesar da modificação do clima político em relação àquele período, apesar do efeito dos movimentos de maio-junho de 1968, tais tendências se mantêm. Nenhuma observação nos permitiria prever uma mudança. Ao contrário, todas as estatísticas disponíveis desde o período de 1955-1965 prolongam-nas ao nível de lazer[132]. A reivindicação da redução da semana de trabalho para 40 horas e a diminuição da idade de aposentadoria para 60 anos arriscam estender estes problemas a um público novo num futuro próximo[133].

132. J. DUMAZEDIER, *Vers une civilisation de loisir?* Paris, Seuil, coleção "Points", nova edição, 1972. Coronio e Muret, *Le Loisir*, CRU, 1973.

133. Ver mais adiante: "Lazer e terceira idade",

Assim a análise comparada das atividades de lazer e de outras atividades da vida cotidiana, em diferentes tipos de sociedades industriais avançadas, nos leva à seguinte conclusão: a tendência para o aumento do lazer é, a longo prazo, um fato geral para a maioria dos trabalhadores. Mas esta tendência não existe para todos e ela se choca e se chocará com muitos obstáculos. Importantes minorias não se beneficiam com esta evolução geral. A doutrina oficial do trabalho numa sociedade industrial avançada, onde a propriedade dos meios de produção é coletiva, pode orientar de modo diferente os conteúdos do lazer, mas não modifica o movimento no sentido do incremento e da valorização do lazer, para a maioria da população ativa. O mesmo se dá nos outros tipos de sociedades industriais avançadas. A sociedade francesa, a partir dos anos de 1955-1965, parece, ela própria, entrar numa fase de mutação em que os problemas de lazer se tornam cada vez mais prementes com respeito a todos os outros setores da vida social e cultural. Não mais se trata somente de uma reivindicação operária como em 1936, hoje o lazer se converteu num problema que se ampliou à escala da sociedade e da cultura global.

Acreditamos ter mostrado que a dinâmica produtora deste fenômeno não se reduz ao fator econômico. De fato, é justamente a diminuição da duração do trabalho profissional que permite o aumento maior do tempo de lazer; mas não devemos omitir a redução dos trabalhos domésticos e familiais, bem como o dos transportes entre o local de serviço e o *habitat*, como condições da produção do lazer. Do outro lado, a confusão entre tempo liberado e lazer oculta, freqüentemente, a ação de dois outros fatores importantes: uma regressão dos controles institucionais dos organismos de base da sociedade e uma valorização social da expressão do eu em todos os possíveis sentidos do termo, em todos os níveis e malgrado todas as forças econômicas, políticas e culturais que se lhe opõem.

Esta dupla dinâmica sócio-cultural do lazer falta nos ensaios teóricos ou especulativos orientados por uma concepção mecanicista dos determinantes econômico-sociais nascidos do trabalho. Isto ocorre amiúde no recente estudo de M. F. Lanfant sobre as teorias do lazer. Levada ela própria pela lógica de sua representação ideológica da dinâmica do lazer, a autora taxa de "ideologia" todo esforço de pesquisa empírica para inserir os determinantes econômicos do lazer numa relação dialética com os outros determinantes sócio-culturais. Sem atentar ao movimento histórico da redução das obrigações institucionais na produção social do lazer, confunde ou subestima as diferenças das significações sociológicas da ociosidade, do tempo liberado, do tempo livre e do lazer. Ela ignora o movimento histórico da valorização social da expressão do eu através do lazer, conquanto, muito logicamente, imagine que entre os sociólogos, marxistas ou não, sensíveis às relações dialéticas entre o indivíduo e a sociedade, a conduta de lazer "não é mais analisada como o produto de um determinismo" e que "o lazer se refugia no universo impressionável da subjetividade individual"[134]

Entretanto as análises críticas de M. F. Lanfant são as mais pertinentes até há pouco escritas sobre a fragilidade de certas "previsões" aparentemente científicas e sobre o plano de fundo ideológico de certas éticas apolíticas do lazer.

---

134. M. F. LANFANT, *Op. cit.*, p. 241.

3. A QUERELA DAS DEFINIÇÕES

Acabamos de examinar as dificuldades suscitadas pela análise diacrônica do lazer. Abordamos agora aquilo que poderíamos chamar de querela das definições. Ainda aí os progressos do conhecimento científico esbarram com dificuldades epistemológicas e metodológicas que são objeto de incessantes debates no seio das assembléias sociológicas. Tentaremos apresentar o ponto de vista que elaboramos no decorrer de uma série de trabalhos que estão longe de estarem terminados. A nosso ver, uma definição sociológica deveria apresentar ao menos as quatro propriedades seguintes: lógica, ela deve permitir situar seu objeto no gênero mais próximo em que este se insira e distingui-lo dos outros objetos do mesmo gênero pela diferença específica menos ambígua possível. Deve ser válida em relação aos problemas maiores da sociedade. Deve esforçar-se por ser operatória com respeito aos comportamentos sociais correspondentes. Deve igualmente ter em conta a divisão do trabalho sociológico entre os diferentes ramos especializados: trabalho, política, etc., definindo seu objeto da maneira mais clara possível em relação ao dos outros.

Examinemos, à luz dessas proposições, as *quatro definições* correntes do lazer na sociologia de hoje. Distinguimos no conjunto das atividades:

a) o trabalho profissional; b) as obrigações familiais; c) as obrigações sócio-espirituais e as obrigações sócio-políticas; d) as atividades exteriores às obrigações institucionais evocadas acima e orientadas prioritariamente rumo à realização pessoal.

1. DEFINIÇÕES

Definição nº 1

O lazer não é uma categoria definida de comportamento social. Todo comportamento em cada categoria pode ser um lazer, mesmo o trabalho profissional. O lazer não é uma categoria, porém um estilo de comportamento, podendo ser encontrado em não importa qual atividade: pode-se trabalhar com música, estudar brincando, lavar a louça ouvindo rádio, promover um comício político com desfiles de balizas, misturar o erotismo ao sagrado, etc. Toda atividade pode pois vir a ser um lazer. D. Rieman foi talvez o primeiro (1948) a ter desenvolvido esta concepção; esta acha-se amplamente difundida na sociologia, reencontramo-la muitas vezes em H. Wilensky ou M. Kaplan[1]. Oferece a vantagem de mostrar que os modos de lazer tendem a penetrar todas as outras atividades, que o lazer pode ser a origem de um estilo de vida e que seus modelos contribuem para mudar a qualidade da vida ("quality of life"). Mas esta definição é mais psicológica que sociológica: ela diz respeito à atitude de alguns nos comportamentos comuns a todos. Confunde lazer e prazer, lazer e jogo. Não permite definir um campo específico entre as diferentes atividades que assumem diferentes funções na sociedade. Lança a confusão sobre uma relação capital na dinâmica da produção do lazer, entre a redução do tempo das obrigações institucionais e o aumento do tempo liberado para a atividade pessoal dentro das novas normas sociais.

Definição nº 2

A segunda definição, explícita ou implícita, situa o lazer somente com respeito ao trabalho profissional em oposição

1. Pelo menos em seus escritos anteriores a 1973.

a este último, como se nada mais existisse contiguamente, como se o lazer resumisse inteiramente o não-trabalho. Esta definição é, na maioria das vezes, a dos economistas, sobretudo depois de Keynes, que via no lazer o grande problema das economias avançadas. Achamo-la também na maioria dos escritos de Karl Marx[2]. Os sociólogos do trabalho, seguidos pelos sociólogos do lazer (Meyerson, Parker) utilizaram-na muitas vezes nas comparações entre trabalho e lazer. Tal definição apresenta a vantagem de situar o prazer relativamente à principal fonte de criação e de limitação do tempo de lazer. Mas ela permanece demasiado marcada com respeito às categorias da economia, e depois da sociologia do trabalho. Ela permite cada vez menos tratar os problemas específicos do lazer nas sociedades industriais avançadas. Apresenta também o inconveniente de confundir, por detrás da palavra lazer, realidades sociais heterogêneas. Parece-nos lamentável particularmente para a clareza do conceito, confundir sob uma mesma palavra atividades que correspondem a um tempo liberado de obrigações profissionais e atividades que correspondem a um tempo sobrecarregado de obrigações familiais. A redução destas últimas condiciona também a possibilidade de atividades de lazer principalmente para as donas-de-casa e as mães de família, com demasiada freqüência esquecidas na sociologia do lazer. Este setor do tempo fora do trabalho profissional onde se exercem as obrigações parentais, conjugais, familiais, dependem não da sociologia do lazer, mas da sociologia da família. Mas na relação entre lazeres familiais e lazeres individuais ou coletivos, a sociologia do lazer poderia cooperar utilmente com a sociologia da família.

Definição nº 3

Esta definição do lazer, que exclui do lazer as obrigações doméstico-familiais, tem a vantagem de fazer parecer que a dinâmica principal da criação e da limitação do tempo de lazer para o homem e para a mulher, é dupla: simultaneamente na redução do trabalho profissional e na do trabalho familial. Mas tal definição apresenta, a nossos olhos, um inconveniente. A diferença específica que caracteriza o lazer é confusa, polissêmica. Com efeito, o vocábulo lazer inclui as obrigações sócio-espirituais e sócio-políticas, cobre, portanto, ao mesmo tempo as obrigações sócio-espirituais cuja regressão permite a progressão de atividades de tipo novo e estas mesmas atividades. Vimos

2. Com a ajuda de um marxólogo (M. Rubel) recenseamos em Marx cinco definições do "lazer", mas todas o definem em relação ao trabalho profissional.

com efeito que a regressão das festas e dos ritos controlados pelas instituições sócio-espirituais tradicionais liberou tempo ocupado daí por diante por atividades puramente hedonísticas que dependem da escolha variada dos próprios indivíduos e não da instituição sócio-espiritual.

Por outro lado, mesmo quando diminui o controle das instituições religiosas sobre o tempo livre, observa-se, principalmente em certos meios e grupos de jovens, formas de atividades ambíguas de caráter religioso ou pseudo-religioso, de inspiração muitas vezes oriental, onde se mesclam o ideal e a mística, o sonho e a metafísica, o erotismo e o transnatural, etc. Tais atividades são exercidas dentro de pequenos grupos ou de grandes ajuntamentos em fins de semana ou em férias: a celebração, a festa, o lazer coletivo aí se imbricam em proporções variadas: semiculto, semilazer. Não nos parece cômodo reunir sob o vocábulo lazer fenômenos que devemos separar e que precisamos analisar ora com a sociologia religiosa, ora com a sociologia do lazer. Esta análise é da maior importância para o futuro das atividades sócio-espirituais dentro desta sociedade em que os modelos culturais do lazer são invasivos.

Esta mesma definição inclui ao mesmo tempo as obrigações sócio-políticas necessárias ao funcionamento de uma democracia e as atividades que alguns qualificam como evasão, na medida em que podem desviar o cidadão de suas obrigações sócio-políticas. Parece-nos que colocar sob um mesmo conceito realidades que são heterogêneos do ponto de vista das relações entre o direito da pessoa e o dever institucional e que são conflituais do ponto de vista da dinâmica social é um erro.

Acrescentemos que tal definição do lazer, descobrindo as obrigações sócio-espirituais e as obrigações sócio-políticas, terminaria por confundir a sociologia política e a sociologia religiosa com a sociologia do lazer, por confiar às duas primeiras o tratamento de problemas no tocante aos quais elas seriam incompetentes. Para designar a parcela do tempo liberado deste duplo trabalho profissional e familial, incluindo as obrigações sócio-espirituais e sócio-políticas, preferimos adotar, como A. Szalai e seus colegas de equipe, a expressão *tempo livre*. Não julgamos oportuno dar a esta expressão um sentido normativo. Ela significa apenas tempo liberado de um duplo trabalho, quer estes trabalhos permitam ou não o florescimento da personalidade, quer o tempo livre seja ou não limitado pelo condicionamento social. Assim definido, o tempo livre não permite fundar, a nosso ver, um ramo definido da sociologia[3].

3. Aprovamos, sobre este ponto, a análise crítica de C. Busch.

Uma variante da precedente exclui do tempo livre as atividades de engajamento sócio-espiritual. Tais fenômenos não aparecem nas definições do tempo livre, de autores como G. A Prudenski e mesmo B. Gruschin. Os sociólogos desta escola se contentam em confundir num mesmo vocábulo as atividades de engajamento sócio-político e as atividades de expressão pessoal. Já dissemos por que esta confusão torna difícil o tratamento de um problema capital para o futuro da participação nas atividades sócio-políticas no âmbito das sociedades industriais avançadas. Especifiquemos nosso ponto de vista: que isto lhe agrade ou não, a necessidade institucional do engajamento sócio-político se impõe como um dever democrático à livre escolha do cidadão. Com certeza, a tomada de responsabilidade sócio-política pode lhe trazer uma satisfação profunda; ela pode efetuar-se numa atmosfera de festa, mas pode exigir, ao contrário, uma disciplina, um sacrifício penoso. Seja como for, é *em primeiro lugar* uma exigência institucional da sociedade política, não do indivíduo. A participação nas responsabilidades sócio-políticas de que a sociedade necessita, não poderia portanto ser tratada como um lazer entre outros lazeres. Se quisermos facilitar a tarefa do estudo científico das imbricações e das relações dialéticas entre estes dois tipos de atividades, é de nosso interesse em separar sob duas expressões diferentes as atividades de engajamento sócio-político e as atividades que chamaremos de lazeres. Nos estudos de orçamento-tempo, elas ocupam, por outro lado, cerca de cinqüenta vezes mais tempo do que as atividades sócio-políticas tomadas numa acepção ampla, tanto na U.R.S.S. quanto nos Estados Unidos, tanto na Tchecoslováquia quanto na França.

Definição nº 4

Acreditamos ser a um só tempo mais válido e mais operatório destinar o vocábulo lazer ao único conteúdo do tempo orientado para a realização da pessoa com fim último. Este tempo é outorgado ao indivíduo pela sociedade quando este se desempenhou, segundo as normas sociais do momento, de suas obrigações profissionais, familiais, sócio-espirituais e sócio-políticas. É um tempo que a redução da duração do trabalho e a das obrigações familiais, a regressão das obrigações sócio-espi-

---

Significa isto que o lazer não pode estar na dependência de um ramo especial da sociologia, como é afirmado pelo pesquisador? Ao confundir tempo livre e lazer, ela se justifica. Mas achamos que se trata, aí, de uma confusão que enfraquece a análise conceitual.

rituais e a liberação das obrigações sócio-políticas tornam disponível; o indivíduo se libera a seu gosto da fadiga descansando, do tédio divertindo-se, da especialização funcional desenvolvendo de maneira interessada as capacidades de seu corpo ou de seu espírito. Este tempo disponível não é o resultado de uma decisão de um indivíduo; é, primeiramente, o resultado de uma evolução da economia e da sociedade. Como já dissemos mais acima, é um novo valor social da pessoa que se traduz por um novo direito social, o direito dela dispor de um tempo cuja finalidade é, antes, a auto-satisfação. Como já vimos, segundo a pesquisa internacional sobre os orçamentos-tempo, este tempo corresponde, para um trabalhador, a quatro ou cinco horas, em média, para cada dia da semana, sábado e domingo incluídos.

Como o tempo se define primeiro — mas não de modo exclusivo — com respeito ao trabalho profissional, propusemos, a partir de 1960, distinguir quatro períodos de lazer: o lazer do fim do dia, o do fim de semana (*week-end*), o do fim de ano (férias)[4] e o do fim da vida (aposentadoria); estes períodos de tempo livre são ocupados por numerosos dias de atividade, mas são, segundo os estudos de orçamento-tempo, cada vez mais dominados pela dinâmica do lazer. As estreitas relações que mantêm uns com os outros só foram trazidas à lume, em todas as suas conseqüências, em época recente e de maneira ainda muito imperfeita. Por ocasião destes períodos, o lazer concerne a um conjunto mais ou menos estruturado de atividades com respeito às necessidades do corpo e do espírito dos interessados: lazeres físicos, práticos, artísticos, intelectuais, sociais, dentro dos limites do condicionamento econômico social, político e cultural de cada sociedade. São tais atividades que iremos chamar de lazeres. Seu conjunto constitui *o lazer*. Este conjunto é determinado pelo trabalho e pelas outras obrigações institucionais, mas veremos que, com a aproximação do estádio pós-industrial, ele tende cada vez mais a atuar sobre as próprias instituições que os determinam.

Certos filósofos (Marcuse e seus discípulos) tendem a negar a existência destas atividades pessoais chamadas de "lazer". O lazer seria uma alienação, uma ilusão de livre satisfação das necessidades do indivíduo, porquanto estas necessidades são criadas, manipuladas pelas forças econômicas da produção e do consumo de massa, conforme os interesses de seus donos. Vale a pena considerar o argumento. A sociologia empírica mostra

---

4. Para as "deslocações de recreio", ver F. CRIBIER, *La Grande Migration d'été des citadins en France*, CNRS, 1969. MARC BOYER, *Le Tourisme*, Seuil, 1972.

que, pelos bens e serviços de lazeres (férias), as agências comerciais vendem o sol, a aventura, a expatriação sob as formas mais padronizadas possível a fim de atrair o máximo de clientes, com uma despesa mínima e um benefício máximo. Os bens e serviços de lazer estão pois submetidos às mesmas leis do mercado que os outros bens e serviços. Ocorre mais ou menos o mesmo na nascente organização turística das sociedades socialistas (Mamaia, Sotchi, Varna) pelas organizações estatais ou cooperativas. Esta padronização de origem comercial ou política traz ou ameaça trazer graves problemas para o desenvolvimento social e cultural da sociedade; estes comportamentos sociais e culturais padronizados limitam a criatividade e a autenticidade da comunicação dos indivíduos e dos grupos. Mas é abusivo confundir estandardização e supressão pura e simples da possibilidade de realização pessoal. É abusivo confundir um *condicionamento* econômico-social que limita as possibilidades de escolha pessoal e a *coação* familial, espiritual ou política, que é normativa e pode desembocar, sob pena de sanção, na repressão da escolha pessoal das atividades de lazer. Enfim, a concepção geral da alienação defendida por Marcuse tem nossa simpatia. Mas por que faz ela completa abstração da *subjetividade* dos indivíduos? Não nos parece defensável falar *igualmente* de alienação para caracterizar ao mesmo tempo aqueles que passam suas férias em Las Vegas ou em Cannes, segundo os prospectos do *business* turístico e aqueles (mais numerosos) que decidem passar com a família suas férias "num cantinho não muito caro" ou aquele que, com um amigo ou uma amiga, vai sonhar a seu gosto numa ilha solitária.

Agora, precisemos os caracteres específicos do lazer na sociedade de hoje. Numerosas *enquêtes* efetuadas há trinta anos permitiram estabelecer a extensão, os limites e a estrutura do conceito. Chamaremos de lazer toda atividade que apresenta as seguintes quatro propriedades: duas "negativas", que se definem em relação às obrigações impostas pelas instituições de base da sociedade, e duas "positivas" que se definem em relação às necessidades da personalidade. Estas quatro propriedades se revelaram como ligadas umas às outras na quase-totalidade das respostas de uma pesquisa sobre a representação do lazer numa população de 819 operários e empregados urbanos[5]. Com certeza, o lazer pode ter muitas outras propriedades, assumir muitas outras funções, pode ter as propriedades de um

---

5. "Os lazeres na vida cotidiana", in *Encyclopédie française*, t. XIV: *La civilisation quotidienne, op. cit.*

objeto a ser consumido, de um serviço educativo, de um tema de propaganda, etc. Ele é, evidentemente, um fato social total, ligado a todos os outros. Mas tais propriedades não são específicas do lazer; elas não são constitutivas de sua realidade social. O sistema de caracteres que vamos expor é específico, é constitutivo do lazer; em sua ausência, ele não existiria. Tal é nossa proposição.

Caráter liberatório: o lazer resulta de uma livre escolha. Certamente seria falso identificar liberdade e lazer, excluir do lazer toda obrigação. O lazer é liberação *de um certo gênero de obrigações*. Será preciso repetir que está evidentemente submetido, como todos os fatos sociais, aos determinismos da sociedade? Do mesmo modo, ele depende, como toda atividade, das relações sociais, das obrigações interpessoais pois (contratos, encontros). Acha-se do mesmo modo sujeito às obrigações que nascem dos grupos e organismos necessários a seu exercício (disciplina de uma equipe esportiva, regulamento de cineclube...). Mas implica a liberação de um gênero de obrigações que chamamos de *obrigações institucionais*, porque são impostas por organismos constitutivos da própria sociedade: instituições profissionais[6], familiais, sócio-espirituais, sócio-políticas. Em face destas obrigações institucionais primárias, as obrigações provenientes dos organismos de lazer, mesmo quando são severas, apresentam um caráter secundário, do ponto de vista da sociedade. O lazer implica dialeticamente estas obrigações fundamentais. Ele se lhes opõe, mesmo supondo-as. Para que tenha início, cumpre que elas terminem. É em relação a elas que ele se define. Assim, o lazer é primordialmente liberação do trabalho profissional que a empresa impõe. Para a criança, é liberação do trabalho imposto pela escola. O lazer é liberação das obrigações fundamentais primárias impostas pelos demais organismos básicos da sociedade: instituição familial, instituições sócio-políticas, sócio-espirituais. Reciprocamente, quando a atividade do lazer se torna obrigação profissional (o campeão de esporte amador que se torna profissional), obrigação escolar (a sessão de cinema obrigatória), obrigação familial (passeio imposto), obrigação política ou religiosa (quermesse de propaganda), muda de natureza, do ponto de vista sociológico, mesmo quando seu conteúdo técnico não muda, mesmo quando a atividade proporciona ao indivíduo as mesmas satisfações.

Caráter desinteressado: esta propriedade é o corolário da anterior no plano da finalidade. O lazer não está fundamen-

---

6. Ou instituições escolares para os jovens que ainda não trabalham na vida ativa.

talmente submetido a fim lucrativo algum, como o trabalho profissional, a fim utilitário algum, como as obrigações domésticas, a fim ideológico ou proselitístico algum, como os deveres políticos ou espirituais. No lazer, o jogo, a atividade física, artística, intelectual ou social não se acham a serviço de fim material ou social algum, mesmo quando os determinismos materiais ou sociais pesam sobre eles, mesmo quando é objeto de tentativas de integração por parte das instituições profissionais, escolares, familiais, sócio-espirituais, sócio-políticas.

Segue-se daí que, se o lazer obedece parcialmente a um fim lucrativo, utilitário ou engajado, sem se converter em obrigação, não é mais inteiramente lazer. Torna-se lazer parcial: chamá-lo-emos então de *semilazer*. Tudo ocorre como se o círculo das obrigações primárias interferisse com o círculo das obrigações do lazer, para produzir, na intersecção, o semilazer. O semilazer é uma atividade mista em que o lazer é misturado a uma obrigação institucional. É o que sucede quando o esportista é pago por uma parte de suas atividades; quando o pescador de vara vende alguns peixes; quando o jardineiro apaixonado pelas flores cultiva alguns legumes para nutrir-se; quando o aficionado pelo *bricolage* faz reparos em casa, quando alguém vai à festa cívica por divertimento mais do que pela cerimônia em si, ou quando um empregado lê um romance para mostrar ao chefe de serviço que ele o leu...

Caráter hedonístico: de início definido negativamente com respeito às obrigações institucionais e às finalidades impostas pelos organismos de base da sociedade, o lazer se define positivamente no tocante às necessidades da pessoa, mesmo quando esta as realiza dentro de um grupo de sua escolha. Na quase-totalidade das pesquisas empíricas, o lazer é marcado pelas busca de um *estado de satisfação*[7], tomado como um fim em si.

Esta busca é de natureza hedonística. Certamente, a felicidade não se reduz ao lazer, ela pode acompanhar o exercício das obrigações sociais de base. A alegria não é o resultado automático deste artifício social que "deveria servir para gerar a alegria": o jogo[8]. Mas a procura do prazer, da felicidade ou

---

7. Preferimos esta expressão a felicidade ou prazer ou alegria. É menos carregada de conotações incontroladas. Entretanto às vezes também usamos estas palavras precisando-as o mais possível!

8. J. CAZENEUVE, *Psychologie de la joie*, Presses littéraires de France, 1952, 86 p. O livro abre um importante caminho para uma cooperação entre a sociologia e a psicologia da alegria, ainda que o autor não utilize o conceito de lazer.

95

da alegria, é um dos traços fundamentais do lazer da sociedade moderna. M. Wolfstein falou, a seu respeito, de um *fun morality*. Quando este estado de satisfação cessa ou se deteriora, o indivíduo tende a interromper a atividade. Ninguém é ligado à atividade de lazer por uma necessidade material ou por um imperativo moral ou jurídico da *sociedade*, não ocorrendo o mesmo no que tange à obrigação escolar, profissional, sócio-política, cívica ou sócio-espiritual. Embora uma pressão social ou um hábito possam contrariar a decisão de libertar-se, esta, no lazer, depende do indivíduo mais que em qualquer outra a atividade. A busca de um estado de satisfação é de fato a condição primeira do lazer: "isso me interessa". Tal estado pode ser a rejeição de toda tensão, de todo cuidado, de toda concentração. Pode também ser o esforço voluntário, a alegria diferida. No jogo contra os elementos, contra um homem ou contra si próprio, a busca do desempenho ou da sabedoria pode levar a um esforço mais intenso do que o trabalho profissional, igual a uma ascese religiosa. Um grupo de alpinistas, uma equipe esportiva, pode implicar uma disciplina severa. Mas o esforço, a disciplina são livremente escolhidos na expectativa de uma alegria desinteressada, não de fins utilitários. Este caráter hedonístico é tão fundamental que, quando o lazer não proporciona a alegria, a fruição esperada, seu caráter é traído: "não é interessante", "não foi engraçado". O lazer não é então mais, totalmente, ele mesmo, é um lazer empobrecido.

Caráter pessoal: todas as funções manifestas do lazer expressas pelos próprios interessados respondem às necessidades do indivíduo, face às obrigações primárias impostas pela sociedade. O lazer está diretamente ligado à possível deterioração do indivíduo (por exemplo: alcoolismo) ou à livre defesa de sua integridade contra as agressões de uma sociedade industrial e urbana cada vez menos natural, cada vez mais cronometrada e organizada. Ele está ligado à realização, encorajada ou contrariada, das virtualidades desinteressadas do homem total, concebido como um fim em si, em relação ou em contradição com as necessidades da sociedade.

1. Ele oferece ao homem as possibilidades da pessoa libertar-se das fadigas físicas ou nervosas que contrariam os ritmos biológicos da pessoa. Ele é poder de recuperação ou ensejo de flanação.

2. Ele oferece a possibilidade da pessoa libertar-se do tédio cotidiano que nasce das tarefas parcelares repetitivas, abrindo o universo real ou imaginário do divertimento, autorizado ou interdito pela sociedade.

3. Ele permite que cada um saia das rotinas e dos estereótipos impostos pelo funcionamento dos organismos de base; abre o caminho de uma livre superação de si mesmo e de uma liberação do poder criador, em contradição ou em harmonia com os valores dominantes da civilização. Conforme o gênero e o nível das atividades, conforme as situações e as pessoas, tais necessidades são mais ou menos satisfeitas. A nosso ver, o lazer mais *completo* é aquele que poderá satisfazer estas três necessidades do indivíduo e estas três funções fundamentais irredutíveis entre si, mas em estrita inter-relação. Todo lazer que não oferece a alternância possível destes três gêneros de escolha é incompleto do ponto de vista das exigências específicas de realização da personalidade por si mesma, fora da rede de obrigações institucionais que a sociedade moderna propõe ou impõe.

2. PROBLEMAS DE CLASSIFICAÇÃO

Como a definição do lazer, a classificação das atividades de lazer é objeto de controvérsias. Toda classificação é, antes de mais nada, resposta a um problema. Ela não é dada, ela é construída. De nosso ponto de vista, toda classificação científica reveste, pelo menos, três propriedades formais:

a) *Ela é orientada*. É feita a partir "de um ponto de vista determinado"[9]; um critério de seleção transforma os elementos em duas categorias: pertinentes e não-pertinentes. Critérios sucessivos separam, em seguida, tais categorias em subcategorias. A ilusão positivista, segundo a qual as classificações possuem um valor em si, independente de um ponto de vista, foi abandonada há muito tempo.

b) *Ela é finita*. O critério de seleção reúne a totalidade dos elementos pertinentes sem omissão nem repetição. Ele cria um subconjunto exaustivo. Os elementos não pertinentes não são esquecidos, porém relegados a segundo subconjunto igualmente exaustivo. É o resto, no sentido matemático do termo. A exaustividade é indispensável para evitar o processo apologético da ilustração pelos casos favoráveis. Assim a aplicação do cálculo das probabilidades permite estabelecer se a diferença de distribuição dos casos favoráveis com respeito aos casos desfavoráveis, entre todos os casos possíveis, se deve ao acaso ou a outros fatores.

9. A. MARTINET, *Éléments de linguistique structurale*, Paris, A. Colin, 223 p.

c) *Ela é coerente*. Cada classe inclui uma classe menor e é incluída numa classe maior. O todo constitui um conjunto coerente.

Iremos examinar rapidamente as principais classificações que a socilogia do lazer nos oferece. Examiná-las-emos do ponto de vista que as inspira e do ponto de vista dos problemas dos quais tratamos.

Ao abordarmos nosso assunto na perspectiva do desenvolvimento cultural, somos tentados, logo de início, por uma classificação genética. Desde o estudo de Middletown (Estados Unidos, 1935)[10] ao que Trovje (Iugoslávia, 1957)[11], este modo de classificação genética foi amiúde adotado pelos sociólogos. No primeiro estudo, Lynd distingue os lazeres tradicionais (conferências, leitura, música, arte), os lazeres modernos consecutivos às invenções (o automóvel, o rádio, o cinema...), enfim, a organização dos lazeres (grupos, clubes). Esta classificação é orientada para os problemas do controle social, compatível com a evolução. Trinta anos após R. Lynd, V. Ahtik envereda por um caminho igualmente histórico, à luz dos progressos na pesquisa sobre a cultura de massa; os efeitos desta cultura já são sensíveis na Iugoslávia, país socialista cujo desenvolvimento econômico ainda é fraco. V. Ahtik ordena os conteúdos do lazer conforme eles tenham sua origem na cultura tradicional (vida familial, passeios locais, bares...), na cultura humanística (conferências, círculos de educação popular, etc.) e na "cultura de massa" (programas radiofônicos, cinema, publicações periódicas). Estas classificações apresentam um grande interesse. Seria bom prosseguir as pesquisas neste sentido a fim de adiantar ainda mais os critérios de seleção, a coerência do conjunto e dos subconjuntos cuja origem histórica é diferente. Entretanto, para resolver nosso problema principal, dominado pela defasagem existente *hoje* entre a cultura de origem erudita e a cultura vivida pelas massas, as classificações diacrônicas se adaptam menos do que as classificações sincrônicas. Estas, com efeito, contêm categorias de elementos de origem histórica diferente, porém dotadas de propriedades mais significativas para nós. Do nosso ponto de vista, a origem dos conteúdos culturais importa menos do que seus gêneros (físico ou mental, técnico, estético ou científico, etc.) e do que seus níveis (rudimentar, médio, superior) segundo diferentes critérios do desenvolvimento cultural.

Para tratar de nossos problemas, o exemplo da lingüís-

10. R. S. e H. M. LYND, *Middletown in transition, Op. cit.*
11. V. AHTIK, *Op. cit.*

tica é fecundo. A lingüística moderna defendeu vigorosamente o ponto de vista sincrônico contra a preponderância geral do ponto de vista diacrônico. Não que ela subestime a importância da evolução. Jakobson e C. Levi-Strauss explicaram-se quanto a este respeito. Mas, como veremos mais adiante, este é o único caminho para tentar uma descrição exaustiva do conjunto dos elementos que apresentam as mesmas propriedades do ponto de vista do desenvolvimento cultural, qualquer que seja a origem histórica de tais elementos.

No plano sincrônico que escolhemos, encontramo-nos diante de numerosos ensaios de classificação. Limitemo-nos aos principais. No estudo do lazer efetuado em Kansas City (1955)[12], R. Havighurst distingue onze categorias:

1. participação em grupos organizados;
2. participação em grupos não organizados;
3. viagem de recreação;
4. participação nas atividades esportivas;
5. assistência a espetáculos esportivos (não incluindo TV);
6. televisão e rádio;
7. caça e pesca;
8. "jardinagem" (flores, legumes e passeios ao campo);
9. trabalhos manuais (costura, marcenaria, *bricolage*);
10. atividades de imaginação (leitura, música, arte);
11. visitas a parentes e amigos.

Esta classificação tem o mérito de agrupar, sob o conceito único de lazer, atividades muitas vezes dispersadas sob diferentes conceitos isolados uns dos outros. Mas ela constitui antes uma nomenclatura que apresenta o interesse de comportar vários pares de atividades contrárias (grupos organizados e não organizados, etc.) e o autor, evidentemente, remeteu a um tratamento ulterior a elaboração de seus elementos do ponto de vista de um critério de seleção capaz de construir um ordenamento coerente de unidades. Trata-se antes de uma nomenclatura provisória do que de uma classificação propriamente dita. Enfim, pode-se falar no caso de exaustividade?

Foote e Cottrel (1956)[13] trabalharam no mesmo plano, evitando contudo, um esforço mais rigoroso para efetuar uma classificação coerente. Eles distinguem no lazer:

12. R. HAVIGHURST, *Op. cit.*
13. N. N. FOOTE e L. S. COTTREL, *Identity and interpersonal competerie. A new direction in family research*, Chicago, The University of Chicago Press, 1955, 308 p.

1. os jogos físicos (*physical play*) destinados a explorar e a exercer as faculdades e as capacidades do corpo (formação, função, sensação);
2. os trabalhos manuais (*crafts*). Estes trabalhos manuais vêm depois dos jogos físicos;
3. o devaneio;
4. os jogos intelectuais, conhecimento para a própria pesquisa;
5. os jogos artísticos.

Tal classificação se coloca em um nível mais geral de elaboração. Ela extrai sua unidade da noção do jogo e parece mais lógica. Perguntamo-nos, entretanto, se a análise comparada do devaneio e dos jogos artísticos não mereceria ser empurrada para mais longe, antes de ser dissociada e se certas lacunas, principalmente nas formas de sociabilidade, não deveriam ser preenchidas!

Finalmente, Kaplan, num ensaio geral[14] tenou reduzir as atividades de lazer a seis tipos maiores, por sua vez ligados a seis centros de interesse acoplados pelo autor.

Tipos de lazer	Centros de interesse
1. sociabilidade	as pessoas
2. associação	os interesses
3. jogos	as regras
4. artes	as tradições
5. exploração	ir para o mundo
6. imobilidade	receber o mundo

Esta classificação é mais sistemática do que as precedentes. Responde a certos problemas que preocupam o educador. Como completar a sociabilidade espontânea orientada para a atração das pessoas por uma sociabilidade organizada (associação) orientada para certos interesses? Como podem as atividades físicas ser desenvolvidas de modo a incitar o indivíduo a descobrir o mundo indo a ele através de passeios, de exercícios, de viagens, de preferência a esperar que o mundo venha a ele (através do rádio ou da televisão em particular)? Finalmente, a arte, que é, segundo os etnólogos, de mesma natureza que o jogo, obriga a um esforço de criação alimentado de tradições. Aproximar jogo e arte para opô-los em seguida, apresenta um interesse evidente. Mas, ainda que a pesquisa do esforço (nível) seja o principal critério subjacente nesta classificação, não se pode dizer que ela se tenha mostrado operatória: a classificação com-

14. M. KAPLAN, *Leisure in America*, op. cit.

porta categorias que não derivam diretamente deste critério. Sua coerência interna é fraca, ela não é exaustiva.

Adiantemos alguns princípios de classificação dos lazeres do ponto de vista de uma sociologia do desenvolvimento cultural. Mantemos o ponto de vista sincrônico. Nossa classificação não é pois, evidentemente, cronológica. Utilizamos a história unicamente para mostrar a origem da importância assumida, hoje, pelas categorias de análise que propomos.

a) Os problemas gerais fornecidos pela história atual da cultura em suas relações com o lazer se constituem em fatores de coerção com respeito ao procedimento lógico. Uma classificação deve, por certo, ter determinadas propriedades lógicas (disjunção, coerência, etc.), mas tais propriedades estão subordinadas à significação que elas têm em relação aos problemas que a história nos impõe e que nós decidimos tratar. Nossa classificação será pois "relativizada" explicitamente com respeito aos problemas confusos mais importantes, suscitadas pelas relações da cultura do corpo e daquela do espírito, e dentro da cultura do espírito, por aqueles que se ligam às atividades práticas, estéticas ou intelectuais. Enfim, trataremos dos problemas que os conteúdos das relações sociais organizadas ou não organizadas colocam à cultura, qualquer que seja o gênero de atividade do corpo ou do espírito ao qual se vinculam.

b) No quadro'destas coerções históricas, como pode nossa classificação gozar das *propriedades lógicas* necessárias a toda classificação? Primeiramente para identificar com precisão do que está se falando, para comparar elementos comparáveis, etc., a coerência do plano de análise se impõe. Propomos uma redução de todos os elementos concretos em interesses pelos conteúdos culturais das atividades de lazer, ou, para simplificar, em "interesses culturais". Logo, quer se trate de comportamentos efetivos ou de opiniões sobre estes comportamentos, etc., estudamos os interesses culturais explícitos ou implícitos enquanto denominadores comuns a todas as reações. Assim obteremos a homogeneidade necessária, considerando a sociologia do lazer como uma parte da sociologia cultural.

c) Para ordenar os diferentes interesses associados a um grande número de conteúdos de atividades de lazer dentro das categorias que correspondem aos problemas por nós definidos, devemos reagrupá-los em cinco conjuntos de interesses: físicos, manuais, estéticos, intelectuais, sociais, correspondentes a nossas categorias de problemas culturais. É uma necessidade lógica. Ela levanta dificuldades operatórias. Com efeito, o interesse suscitado pelos conteúdos das atividades de lazer é *pluridimensional*. Vários conteúdos de atividades podem corresponder a um mesmo interesse. Por exemplo, o interesse intelectual pela aquisição de conhecimentos pode nutrir-se da leitura de um romance, do espetáculo de um filme ou do estudo de um dicionário. Ao contrário, um mesmo conteúdo de atividades é capaz de suscitar interesses diferentes, físicos ou mentais, estéticos ou cognitivos; por exemplo, uma corrida atlética ou um passeio pelos bosques. Estamos pois diante de um problema clássico de taxionomia: como ordenar uma coleção de elementos pluridimensionais em classes homogêneas? Uma solução pode ser encontrada na hierarquização das propriedades e na determinação das classes exclusivamente pelas propriedades dominantes. Chamaremos de propriedade dominante aquela que representa o papel de propriedade constitutiva da classe. Mas por meio de qual método é possível descobrir esta propriedade dominante? Há vários métodos possíveis.

Não podemos utilizar a apreciação subjetiva dos indivíduos para constituir as categorias de base. Ela é por demais incerta do ponto de vista do caráter intrínseco de cada grupo de interesses. Julgamos preferível, neste plano, tomar um caminho objetivo, exterior aos indivíduos. Assim, mesmo se, para determinado indivíduo, o aspecto do passeio por ele sentido é o seu caráter poético, sabemos que o passeio se distingue da leitura de um poema, por exemplo, porque implica *necessariamente* um deslocamento *físico*, quer o indivíduo seja sensível a isto, ou não. Chamaremos de propriedade dominante de uma atividade *aquela cuja presença é logicamente necessária à existência desta atividade*, dentre as que retemos para definir o campo de nossa problemática: propriedades físicas, manuais, estéticas, intelectuais e sociais das atividades de lazer.

Resta-nos ainda definir estas diferentes propriedades que correspondem aos diferentes grupos de interesses: interesses físicos em relação aos interesses mentais. Nestes, cumprirá definir os interesses manuais, estéticos e intelectuais, *uns com respeito aos outros*. Finalmente, no plano das relações com as pessoas, será necessário definir os interesses associados aos lazeres em vista dos interesses ligados aos conteúdos das atividades. Poderemos distinguir as propriedades constitutivas das categorias do lazer com mais facilidade, graças a esta aproximação sistemática.

a) Para que tais categorias de interesses assim relativizados, reduzidos, disjuntos e definidos uns com respeito aos outros, permitam colocar os problemas gerais dos conteúdos culturais do lazer, é preciso que sua configuração possa *corresponder* às configurações significativas dos problemas gerais do desenvolvimento cultural. Daí o problema da *estrutura formal* destes grupos de interesses em função de problemas maiores relativos aos *valores culturais* inclusos no lazer. (Estes valores relacionam-se com a livre expansão da personalidade física e mental dentro de uma participação ativa na vida cultural da sociedade.) É importante que tentemos aplicar alguns planos de análise correspondentes aos diferentes conteúdos das atividades de lazer. Podemos assim verificar em que medida é realmente possível estabelecer problemas culturais comuns em setores de atividades diferentes. Ainda aí, a aproximação lógica precisa a aproximação experimental, e permite situar os resultados desta, do mesmo modo que a análise combinatória situa a inferência empírica e permite julgar os limites desta última. As categorias vazias ou preenchidas de um único elemento encontram-se sempre na origem de um conhecimento superior ao do elemento isolado. Como diz o lógico Peano: "um fósforo só não é a mesma coisa que um fósforo só dentro de uma caixa".

Em primeiro lugar, os interesses culturais podem traduzir-se por operações diferentes: produtiva (realização, invenção, descoberta, expressão, etc.) ou não produtiva (observação, contemplação, assistência). Por exemplo, invenção de um objeto técnico ou criação de um papel dramático, e observação do local ao ar livre de um bar ou assistência a um espetáculo, visita a uma exposição.

O interesse pelas operações produtivas ou não produtivas pode ser de nível variável conforme os critérios adotados; pode representar um nível baixo, médio ou alto em fase dos valores de uma cultura acadêmica, de vanguarda, ou de outro tipo. Estes mesmos níveis não devem ser confundidos com os *gêneros*. O interesse pela canção ou pela música clássica corresponde a dois gêneros distintos que comportarão, um e outro, resultados brilhantes ou medíocres. Sejam eles considerados maiores ou menores, tais gêneros de interesses correspondem a gêneros diferentes de conhecimentos, por hipótese não hierarquizados (na diferença dos níveis culturais). Por fim, cada gênero corresponde aos *setores* básicos de atividades nos quais se traduzem os interesses físicos, manuais, estéticos, intelectuais e sociais. São comparáveis aos setores de interesses exteriores ao lazer associados ao trabalho, às obrigações familiares, aos deveres sócio-políticos, etc. Esta estrutura possui propriedades lógicas que permitem pesquisar se existe coerência entre os conteúdos culturais dos vários setores. Especifiquemos bem que esta coerência de estrutura não deve conduzir a uma realidade artificial para se obter falsas simetrias. Deve ao contrário, permitir identificar e medir as diferenças reais na estrutura (gêneros e níveis) dos setores de atividade de lazer. Ela torna solúveis, por meio das categorias comuns, alguns dos problemas mais gerais do desenvolvimento cultural que é mister colocar em *todos* os setores de interesse, a fim de se saber se recebem *uma* ou *várias* respostas: por exemplo, o da "atitude ativa ou passiva" no lazer ou o da *qualidade* em geral dos conteúdos culturais do lazer, etc.

b) Estas unidades significativas complexas, recobrem elas a totalidade das unidades concretas reunidas pela observação sistemática? Uma resposta negativa é altamente provável. É grande o risco de não se reter da realidade senão o que convém à pesquisa e se negligenciar o "resto". Se cedêssemos a tal perigo, cairíamos na confusão que já denunciamos entre a ilustração e a demonstração, a atitude apologética e a atitude experimental. Para evitá-lo, incumbe aplicar as regras da *análise de pertinência* à classificação geral de nossos dados, mesmo quando não nos é dado aplicá-los em certos setores particulares, por falta de informação. É esta a condição para se conhecer o valor relativo do interesse cultural que estudamos no tocante ao conjunto dos interesses manifesto em nossos dados. Podemos mesmo tentar tratar este conjunto ou um de seus subconjuntos (interesses plásticos, por exemplo) como uma lexicologia trata o *corpus* de signos verbais que correspondem ao critério escolhido[15].

c) Obteremos assim uma classificação formal que permite abordar problemas reais; para além de seu interesse lógico e epistemológico, ela pode fornecer um quadro de referência a dois outros gêneros de classificação: a) para uma classificação fundada não mais sobre propriedades lógicas, mas sobre ligações vividas por nossa população entre as diferentes classes ou subclasses dos interesses culturais; b) para uma classificação fundada sobre as correlações estatísticas; assim, poderemos ordenar nossas informações segundo um outro princípio de classificação: a redução de nossas classes *a priori* a elementos binários de dimensões variáveis (interesses corporais/interesses não corporais; interesses manuais/interesses não manuais; interesses estéticos/interesses não estéticos) a fim de calcular as ligações estatísticas entre os setores. No próprio interior destas classes de interesses, poderemos dicotomizar as categorias (interesses pelos passeios e o resto, interesses pelos esportes e o resto, etc.). Assim, poderemos tornar manifestas as *relações estatísticas* entre os diferentes subsetores, gêneros ou níveis de interesses culturais. Deste modo surgirão novas configurações culturais semelhantes ou opostas

---

15. J. DUMAZEDIER, Structures lexicales et significations complexes, *Revue française de sociologie*, 1, jan.-mar. 1964, p. 12-26.

às precedentes. Poderemos comparar a classificação *a priori* que propomos em função dos problemas, com aquela que liga estatisticamente os interesses desta população.

3. IMPLICAÇÕES

Tal definição e tal classificação têm implicações na maneira de conceber certos campos de pesquisa aparentemente exteriores ao lazer. A sociologia do lazer permite uma conceitualização de certos gêneros de atividades, de certos períodos da vida que até agora estavam na dependência de outros quadros de referência, de outras categorias de análise. Todavia, propomo-nos a demonstrar que as propriedades e as relações divulgadas pela sociologia do lazer correspondem melhor aos caracteres e à dinâmica mais específicas destes fenômenos. Se nossas análises são justificadas, então as representações mais divulgadas destes problemas correspondem verossimilmente cada vez menos à realidade. Poderíamos tirar de nossos trabalhos numerosos exemplos que analisamos; iremos assinalá-los um pouco mais adiante. Contentemo-nos aqui com dois exemplos particularmente importantes na vida social de nosso país: a da freqüentação dos bares e o deste período que, cada vez mais, é chamado de "terceira idade".

Os bares e o lazer. Sabe-se que na França as vendas de bebidas constitui um terço das empresas comerciais[16]. O café é considerado como um quadro de consumo de álcool segundo um regime regulado por quatro tipos de licenças conforme o grau dos álcoois vendidos. É uma legislação de tendência repressiva (lei sobre os perímetros protegidos) que rege a implantação dos cafés-bares. Gostaríamos demonstrar que na verdade — se a minoria dos cafés podem ser locais de embriaguez — os cafés são na maioria dos casos *instituições de lazer* encarregadas de importantes funções sociais e culturais que admintem uma legislação, uma política totalmente diferentes das reinantes hoje em dia[17]. Tal é a hipótese que tentaremos demonstrar.

16. S. LEDERMANN, *Alcool, Alcoolisme, Alcoolisation; Données scientifiques de caractère psychologique, économique et social*, Paris, PUF, 1956, *Cahier de l'INED*, n. 29, 315 p.

17. Os resultados que se seguem procedem de uma *enquête* realizada em 1957 em Annecy, que abrangeu a totalidade dos 244 cafés (em 650 pontos-de-venda) locais e uma amostragem tomada ao acaso da população adulta (um chefe de família em 20). Ver: "Fonction sociale et culturelle des cafés dans une ville", por J. DUMAZEDIER e A. SUFFERT, *L'Année sociologique*, 1962, p. 197-249.

O fato dominante é o seguinte: 17% da população masculina nunca vai ao café; os assíduos (várias vezes por semana) não passam de 15%; mais *de dois terços da população freqüentam o café pelo menos de duas vezes por semana* (27%) *ou quando se oferece uma ocasião* (41%). A freqüentação dos cafés é uma atividade que tem todas as propriedades do lazer ou do semiazer, para a maioria dos consumidores.

Procuramos antes de mais nada saber em que oportunidade e com quem as pessoas vão ao café. A quase totalidade dos indivíduos procura na freqüentação dos cafés não o consumo de bebidas, mas antes de tudo contatos, trocas que ornem, completem ou compensem as relações cotidianas impostas pelo trabalho, deveres familiais ou sociais: o café é, em primeiro lugar, um *quadro de relações sociais livremente escolhidas*.

Algumas grandes empresas instalaram distribuidores de bebida no local de trabalho. Pesquisamos, com entrevistas, os cafés próximos a tais empresas: parece (mas o fato deveria ser controlado ao cabo de um tempo mais longo, após a instalação dos distribuidores, há três anos) que a taxa de freqüência dos cafés não mudou; de um lado, os operários apreciam a possibilidade que lhes é oferecida de matar a sede durante o serviço, recorreram a ela em grande número. De outro, continuam a encontrar-se à saída da fábrica, no café. Trata-se pois exatamente de duas necessidades distintas que são satisfeitas em situações distintas: uma no trabalho, a outra no lazer.

Claro está que, à saída da fábrica, das oficinas ou das empresas comerciais, alguns cafés exercem um papel particular com respeito às pessoas que trabalham. Reencontramos esta relação com o trabalho em 35% das respostas. Vimos que muitas vezes o local de serviço impõe relações determinadas pelo imperativo da produção ou da distribuição. O café permite relações mais seletivas, mais flexíveis, mais conformes às necessidades e aos desejos das pessoas. Estas relações podem ser consideradas e determinadas pelo próprio trabalho, com conteúdos mais amplos; ou então são exteriores às necessidades do trabalho propriamente dito e se situam exclusivamente no plano das trocas humanas, amigáveis. Elas prolongam relações profissionais, dando-lhes um caráter novo de semi-obrigação, de semilazer.

São os comerciantes que evocam muito amiúde o trabalho ou os negócios como motivo da freqüentação dos cafés (59% das respostas). Os artesãos, também, vão ao café em função de seu trabalho (53% das respostas).

O sentido destas respostas sobre os motivos de freqüentação é reforçado por um exame do conteúdo das conversações mantidas no café. A freqüentação pode estar ligada ao ritmo do trabalho, sem que este seja no entanto evocado quando da estadia no café; entretanto, o trabalho e os negócios ainda são os assuntos mais usuais de conversação: 29% das respostas os mencionam. São os operários os que menos falam de seu trabalho (22% entre OE — operários especializados — e os serventes de pedreiros, 10% entre os contramestres e os operários qualificados). Em compensação, os industriais e os altos executivos, quando se dirigem ao café, falam mais do trabalho (36%).

A idade dos participantes desempenha um papel. É entre os 41 e os 50 anos que mais se vai ao café por causa dos negócios e do trabalho (44% das respostas). Entre os 21 e os 30 anos, 22% somente das respostas evocam o trabalho como motivo de freqüentação. Tais diferenças reaparecem nos temas de conversação. Fala-se mais de "negócios" entre os 30 e os 50 anos do que antes ou depois.

Assim, o café representa um importante papel neste domínio do semilazer, na fronteira entre o trabalho e o lazer, é como um traço de união entre duas atividades de conteúdos e de ritmos diferentes, tão opostos que situações de transição parecem ser muitas vezes procuradas, em graus diversos, por todas as categorias de trabalhadores.

Uma parte mais reduzida do público (de 5 a 18% conforme as categorias sociais, 11,5% para o conjunto) freqüenta o café *com a família*, especialmente aos domingos. É um antigo costume. Um "velho" nos dizia: "levava-se a criança para tomar uma granadina, quando tirava boas notas". Certos cafés, particularmente na rua principal e na periferia da cidade, são muitas vezes pontos de parada, dentro da cidade ou fora dela, nas proximidades do lago ou do rio. É na categoria dos *quadros** médios que a família é um fator maior na freqüentação do café. A idade representa um papel importante e os jovens entre os 21 e os 30 anos praticam este lazer e este semilazer tanto quanto as outras gerações.

Por fim, as motivações dominantes na freqüentação dos cafés concernem às relações extraprofissionais e extrafamiliais. Uma parte do público freqüenta o café, antes de mais nada, para prolongar as relações e as trocas estabelecidas por ocasião de uma partida esportiva, de um espetáculo de cinema, de um encontro entre amigos, ou de uma reunião social, cívica ou

---

* *Cadres:* assalariados com funções diretivas. Na falta de um correspondente exato em português, utilizamos a tradução "quadros", que às vezes também é empregado neste sentido. (N. dos T.)

política, etc. (de 2 a 21% segundo as categorias sociais, 9% para o conjunto). São, como era de se esperar, os cafés situados nas proximidades das salas de cinema, de teatro, de estádio, das sedes de associações, da Bolsa do Trabalho e das outras salas de reunião que recebem mais amiúde a clientela que alimenta tais preocupações.

Um grande número de indivíduos (27%) vai ao café a fim de se encontrar com os amigos. É provável que esta resposta geral encubra uma parte do conteúdo das respostas precedentes: a amizade não é estranha às relações de trabalho, às saídas com a família, às relações pessoais nascidas de uma participação no mesmo tipo de agrupamentos. As entrevistas exprimiram espontânea e maciçamente esta característica principal de todas as formas de participação social nos bares: o entretenimento ou o desenvolvimento de relações pessoais livremente escolhidas que exprimem todos os graus e todos os matizes da camaradagem e da amizade.

São os comerciantes que fazem menos alusões a este fenômeno: 5% somente de suas respostas evocam tais relações amigáveis no café. É provável que a atividade profissional dos comerciantes, restringente no plano dos horários mas frouxa no da atividade, permita-lhes encontrar os amigos no próprio local do trabalho. São, ao contrário, os membros das profissões liberais e os professores os que dão a maioria das respostas relativas à amizade (42% indicam os contatos de amizade como razão principal para a freqüentação do café). Para eles, sem dúvida, é mais difícil encontrar os amigos no âmbito do trabalho.

Finalmente os encontros amigáveis no café aumentam regularmente com a idade (23% das respostas entre os 21 e os 30 anos, 26% entre os 30 e os 40 anos e 29% entre os 40 e os 50 anos, 31% acima dos 50 anos). Entretanto, ainda aí as diferenças entre as idades permanecem mínimas e, em cada categoria de idade, um quarto ou um terço dos indivíduos é que procuram no café trocas amigáveis.

O café fornece portanto o quadro de relações espontâneas interpessoais, mas também de relações organizadas para reuniões e manifestações de agrupamentos e de associações. É, este, um papel antigo. Antes da guerra de 1914, os primeiros sindicalistas se reuniam nos cafés, que também eram a sede dos principais partidos políticos: "Havia os botecos (*bistrots*) vermelhos e os botecos brancos, o que provocava ódios e divisões políticas; é o espírito de partido" (palavras de um antigo empresário). Este gênero de agrupamento continua se reunindo nos cafés, mas as discussões são menos vivas e os participantes menos numerosos. Em compensação, os cafés são também sede de um número crescente de associações de lazer. Por volta de 1900 existia na cidade por nós estudada uma trintena de associações de lazer. Hoje, enquanto que a população triplicou, há mais de 250 associações de jogos de bolas*, de pesca, de esportes, de música, de leitura, de ação social, etc. Mais de 80 cafés dos 244 são sede ou local de reunião para as associações.

Alguns cafés são indiferentes ou hostis a este papel social. Mas outros são, se é que se pode assim dizer, especializados em acolher *associações*: 36 estabelecimentos da cidade abrigam as sedes de 66 associações onde dominam as associações de lazer. As associações se repartem da seguinte maneira: 25 associações esportivas, 18 associações de jogos de bolas (boliche) e de peteca, 10 associações de antigos combatentes, sendo as outras (13), associações de jogos (bilhar, xadrez, etc.) ou de relações sociais (grupos regionais, de amizade, profissionais, etc.). Como mostram estes algarismos, certos estabelecimentos são sede de várias associações. Neste caso, o ambiente do café é determinado profundamente pelo ambiente das associações. Estes cafés são locais de propaganda para as atividades de agrupamentos cujos cartazes, convocações, documentos são aí afixados. Eles ajudam-nas a realizar suas tômbolas e suas festas. Auxiliam no mais das vezes à existência destas associações. É justo que eles sejam classificados na mesma categoria, sujeitos ao mesmo regime financeiro dos outros? Por exemplo, há na cidade de Annecy 15 associações de jogos de bolas e 15 associações de peteca. Destas 30 associações, 18 têm a sede num café. Elas praticam, salvo 7, seu esporte num terreno dependente do bar.

Os cafés desempenham pois um papel no desenvolvimento da participação na vida social. Constituem o quadro de livres relações espontâneas que prolongam, variam, aliviam, completam ou compensam as relações impostas pelo exercício das responsabilidades profissionais, familiais ou cívicas. Não é possível pôr no mesmo plano todos os cafés, do ponto de vista das relações sociais que neles se travam. Cumpre distinguir aqueles que assumem um papel realmente positivo na luta contra o isolamento social que aflige muitas vezes "a multidão solitária" das cidades e que militam em favor do desenvolvimento das relações e dos grupos sociais que humanizam a vida urbana.

Tais seriam as relações sociais que o café favorece; qual é pois seu conteúdo? Ele será estudado através do gênero de atividades e de conversas que se desenrolam nestes estabele-

---

* *Jeu des boules:* jogo em que uma bola é atirada em direção a outra, menor, que lhe serve de alvo. Aqui e nas páginas seguintes a expressão pode abranger outros jogos desta natureza, inclusive o boliche. (N. dos T.)

cimentos. A questão é de extrema importância! Estas trocas intra e extrafamiliais entre as pessoas das cidades constituem um dos elementos fundamentais da cultura vivida por massas urbanas[18]. Sabemos que as telecomunicações são, em si mesmas, insuficientes para fazer com que sua mensagem, fútil ou séria, penetre na massa do público; elas sofrem antes de tudo a concorrência das diferentes atividades de lazer (jogos, conversações, etc.). Por outro lado, os conteúdos que são comunicados pelo rádio, cinema, imprensa ou televisão informam sobretudo os líderes dos grupos dos diversos meios sociais. É por meio de trocas diretas entre eles e seus parentes, amigos ou vizinhos, que estas mensagens penetram. Deste ponto de vista, o conteúdo das atividades e das conversações que ocorrem nos cafés pode exercer uma grande importância, positiva assim como negativa, sobre a cultura popular das cidades.

Antes de mais nada, como aliás era de se esperar, as ocupações que se processam no café ficam resumidas ou implicadas nas funções que assumem enquanto instituições de lazer. Entre as motivações referentes às relações sociais ou às atividades que acompanham a escolha das ocasiões de freqüentação dos cafés, um grande número se vincula às funções gerais do lazer de que falamos acima. Uma constatação surpreendente é que, num total de 148 motivações explicitamente ligadas às razões pelas quais se freqüenta o café, apenas 32 invocam as necessidades de ordem fisiológica às quais o café corresponde de maneira específica (beber e comer) ao passo que 116 evocam as funções gerais do lazer: o descanso (24), o repouso (77) ou a informação desinteressada (15).

Dentre as ocupações preferenciais dos clientes, o espetáculo oferecido pela rua ocupa um grande lugar. O gosto por este gênero de espetáculo não encontra confirmação na preferência maciçamente expressa pelos cafés com mesas dispostas ao ar livre, na calçada? (85,5% contra 14,5%). O jogo de cartas sobreviveu. Resiste aos novos modos sucessivos de jogos (belote — uma espécie de bisca — ou bridge), e continua sendo o passatempo favorito de um chefe de família em dois no conjunto da população.

Mas seria falso associar os jogos de cartas à simples freqüentação do café. Nos lazeres modernos, os jogos e, particularmente os jogos de baralho, têm um grande destaque. Somente 1/5 (21%) dos jogadores escolhem de preferência, para seus jogos, a moldura do café. Esta escolha é muito diferenciada conforme as categorias sócio-profissionais: com efeito, dentre aqueles

18. E. KATZ e P. LAZARSFELD, *Personal influence, op. cit.*

que vão ao café para jogar há 49% de operários, 33% de artesãos, 7% de "quadros" médios, mas pouquíssimos altos dirigentes e professores. São as pessoas de mais de 50 anos que, ao lado dos jovens, praticam mais o jogo de cartas no café.

Enfim, os jogos novos, que substituíram os boliches e tomaram uma extensão muito mais considerável nos cafés e fora deles são os de bolas, de peteca, jogos estes preferidos por 1/5 do conjunto dos chefes de família de Annecy. Enumeram-se 28 associações de bolas e de peteca que congregam mais de 2 500 jogadores para competições mais ou menos esportivas. Ora, as sedes destas associações, como já dissemos antes, se localizam muitas vezes nos cafés: 38 cafés da cidade, ou seja, 16%, acolhem os jogadores de bolas.

Segundo os "velhos", a expansão dos jogos de bolas e de peteca contribuiu muito para a melhoria do ambiente dos cafés. Dizem os donos de cafés, por sua vez, que os clientes ficam sentados à mesa menos do que antigamente. Caminham mais ao ar livre. Consomem menos bebidas alcoólicas. "Suprimi as bolas e as cartas", diz um dos patrões, mais interessado no lucro que na função social do café, "as pessoas ficavam aqui horas e não tomavam nada". São mais disciplinados. O jogo introduz uma regra coletiva que dá aos indivíduos normas e a busca da perícia é uma fonte de temperança. Nem todos os jogadores de bolas ou de peteca são abstêmios... Longe disso, sobretudo no dia em que é celebrada uma vitória! Mas conforme os testemunhos dos velhos, a atitude geral em um sem-número de cafés melhorou, em grande parte sob o efeito dos jogos de bolas e de peteca.

Os jovens é que se sentem, aparentemente, menos atraídos pelos jogos ao ar livre. Entre os que se dedicam aos jogos de bolas e de peteca, figuram 21% de pessoas com menos de 30 anos, 30% entre os 40 e os 50 anos e 26% com mais de 50 anos. Mas aí ainda não há diferença muito significativa entre estas porcentagens; todas as categorias sociais praticam o jogo de peteca; os operários jogam mais: 29% contra 22,5% para os empregados e os "quadros" médios.

Certos cafés têm *juke-boxes*, o rádio, a televisão. Procuramos conhecer as preferências dos indivíduos neste ponto. Na realidade, a opinião está dividida. As maiores variações provêm, não da idade como seria de se esperar, mas das categorias sociais.

Quanto às vitrolas automáticas ou *juke-boxes*, as rejeições vão de 47% a 63%. A diferença entre a faixa com menos de

30 anos (47%) e com mais de 40 anos (62%) é significativa, porém não é tão importante quanto se poderia esperar. As escolhas vão de 53% a 38% segundo as idades. Cabe notar que, entre os mais jovens, a opinião está mais ou menos dividida em duas partes iguais a favor ou contra os *juke-boxes*. Estas máquinas apresentam-se, aliás, bastante localizadas encontrando-se em 8 cafés, particularmente freqüentados por uma população muito jovem.

As diferenças por categorias sócio-profissionais são mais consideráveis: as rejeições vão de 41% para os operários qualificados a mais de 70% para os artesãos, os executivos superiores e as carreiras liberais.

O rádio está, na maioria dos bares, à disposição do público, ou do pessoal. Quem o escuta? Quem procura não ouvi-lo? Ainda aí a opinião está dividida. A rejeição prevalece ligeiramente. Ela aumenta regularmente com a idade: de 51% para as pessoas com menos de 30 anos, passamos a 64% para as de mais de 50 anos e 54% e 57% para as idades intermediárias. Nos cafés, o rádio transmite principalmente música; seria ela considerada demasiado barulhenta pelos mais velhos?

É surpreendente constatar que, apesar de ausente na maioria dos lares de Annecy *naquele ano* (1957), as opiniões são opostas no tocante à *televisão* no café. Contrariamente àquilo que vimos no caso do rádio, não há diferenças significativas entre as idades. As pessoas com menos de 30 anos e as com mais de 50 anos exprimiram a mesma opinião em proporções quase idênticas; as aceitações vão de 49% a 53% e as rejeições de 46% a 51%.

O problema que mais nos interessa é o da qualidade dos conteúdos (canções, concertos ou reportagens...) selecionados para o público ou pelo público e a qualidade dos conselhos ou comentários que os responsáveis ou os freqüentadores assíduos do estabelecimento podem ser levados a dar. A passividade ou a ignorância dos responsáveis pelo estabelecimento podem encorajar os piores hábitos de certos públicos pouco evoluídos. Ao contrário, um certo nível de exigência ou de conhecimento de sua parte influi sobre o nível cultural dos clientes. A maioria dos proprietários de café se situa na primeira categoria, mas há também os inovadores. Citemos o exemplo de um café situado nas proximidades de um lar para a juventude e cujo proprietário, que vivia em perfeita inteligência com seus animadores, soube atrair uma clientela jovem pela qualidade da música moderna que ele introduziu ou desenvolveu na cidade. Este bar foi, com efeito, um dos focos de iniciação ao jazz autêntico.

Assim, nossa análise do conteúdo das relações sociais dos cafés trouxe à luz o atrativo de certas atividades e de certos assuntos de conversação para o conjunto das categorias etárias ou profissionais. Este conteúdo é estentido, é variado, corresponde às diferentes funções do lazer, aos diferentes interesses recreativos ou documentários que se lhe vinculam. Dirige-se a um público amplo, pode favorecer neste público preocupações fúteis ou sérias. Deste ponto de vista, existem grandes diferenças entre o ambiente social e cultural dos diferentes cafés. A legislação e a fiscalização não levam isto absolutamente em conta. Nenhuma política foi esboçada a fim de favorecer os cafés que poderiam cooperar, em ligação com as associações, para o desenvolvimento das atividades esportivas, das atividades ao ar livre, das exigências musicais ou cívicas nas massas urbanas. Não se poderia imaginar critérios de seleção e de apreciação para uma nova legislação orientada pelas necessidades do desenvolvimento social e cultural, em vez de uma regulamentação exclusivamente baseada no grau de alcoolização das bebidas vendidas?

4. LAZER E TERCEIRA IDADE

A análise que acabamos de efetuar a propósito de um gênero de atividade pode ser reproduzida a propósito de um período. Como vimos, a aposentadoria corresponde, para o adulto, a um dos quatro períodos que resultam da redução da duração do trabalho profissional. Poder-se-ia acrescentar que muitas vezes esta redução foi sacrificada em benefício dos jovens cuja escolaridade foi prolongada. Tornaremos a falar disto mais adiante. B. de Jouvenel observa que, se a quantidade de tempo livre for aumentando, estas duas grandes massas irão situar-se entre os jovens porque eles ainda não trabalham e entre as pessoas de idade porque elas não trabalham mais. Com a condição de que ela seja situada, não podemos senão estar de acordo com esta proposição simplificada. O mesmo autor se espanta, por outro lado, que estes dois períodos não tenham a mesma "visibilidade"; é um fato psicológico a ser mencionado, diz ele, que a primeira destas duas massas atraia a atenção e que existam políticas de emprego do lazer, ao passo que o mesmo não ocorre no tocante à segunda; o contraste depende sem dúvida de uma diferença de visibilidade[19].

Na França, há cerca de 7 milhões de aposentados. Todas as previsões demográficas anunciam um rápido aumento desta

19. B. de JOUVENEL, Le langage des heures, *Analyse et prévision* XIII, 4, 1972, p. 437-469.

categoria nos vinte próximos anos. Eis aqui a proposição que tentaremos demonstrar: a participação ativa dos aposentados nas atividades de diferentes instituições de base (profissional, familial, sócio-cultural ou sócio-política) só diz respeito a minorias. Para a maioria, é o lazer que constitui o conjunto de atividades mais extenso e mais significativo desta idade, mesmo quando a doença ou a miséria erguem seus obstáculos[20].

É através da prática destas atividades, através dos valores correspondentes que as probabilidades de realização pessoal da terceira idade são mais fortes.

Ora, até hoje, este conjunto de atividades passou parcialmente sob silêncio nas análises de gerontologia social. É um dos menos bem observados e um dos piores interpretados: certas análises disfarçam os lazeres naquilo que é chamado de "atividades" em geral ou "atividades familais"; outras, encobrem-nas sob a pretensa nostalgia generalizada dos aposentados com respeito ao trabalho, nostalgia que nenhuma pesquisa representativa conseguiu demonstrar. Outras análises ainda dividem o fenômeno global do lazer numa multiplicidade de atividades atomizadas (descanso, férias, passeios, televisão, etc.), tratadas como resíduo em face às atividades "nobres" de engajamento no trabalho ou nas obrigações familiais. Quando as atividades de lazer são interpretadas, elas são muitas vezes associadas negativamente ao tédio, ao vazio, à espera de alguma coisa que "poderia compensar" o desengajamento profissional e social da "segunda idade" (a idade do trabalho). Não são interpretadas em relação às possibilidades de criação de valores novos específicos da terceira idade e às condições necessárias para favorecê-las.

Tal desvalorização do lazer, que não corresponde ao modo de vida da maioria dos aposentados, é acompanhada, no pensamento dominante dos gerontologistas, por uma *supervalorização*

---

20. Faltam estatísticas exatas para medir a distribuição de rendas na população idosa na França; mas se nos basearmos nas estatísticas fornecidas pelos fundos da assistência social, em cerca de 7 milhões de aposentados, podemos contar com 2 300 000 velhos trabalhadores amparados. Pode-se avaliar em mais de um terço os aposentados, amparados ou não, que têm preocupações financeiras mal resolvidas ou não resolvidas e uma sondagem nacional revelou que 7% dos aposentados não gozam de boa saúde (Paillat). Mas mesmo para eles, assistência econômica ou assistência sanitária não bastam mais: apesar da prioridade das necessidades materiais, suas necessidades de distração, conversação, leitura, passeios, espetáculos, viagens, etc., são cada vez mais numerosas, urgentes. Nas casas de retiro, nos lares, nos clubes, descobre-se cada vez mais que a maioria dos aposentados, válidos ou não, abastados ou pobres, está principalmente em situação de lazer e que as atividades novas se desenvolvem apesar da insuficiência do interesse ou dos preconceitos.

do trabalho e das obrigações familiares. Esta desvalorização e esta supervalorização complementares traduzem representações ideológicas, sobrevivências de uma sociedade em vias de desaparecimento. Uma intensa cooperação entre a gerontologia social e a sociologia do lazer permitirá uma observação e uma interpretação mais científica do lazer dos diferentes meios de aposentados em suas relações vividas com o trabalho, as obrigações familiares, a participação nas atividades sócio-espirituais e sócio-políticas. Esta é a hipótese central que tentaremos demonstrar.

Sabemos que, em sociologia científica, os fatos são sempre relativos aos métodos que permitiram interpretá-los. Mas diante da moda atual da especulação social, sob disfarce de "teoria sociológica", preferimos ainda aí privilegiar o método indutivo[21]: tomamos nossos exemplos à dezena de *enquêtes* ou sondagens que foram efetuadas acerca dos aposentados, da velhice ou da terceira idade na França, de 1961 a 1970. Completamo-las com observações científicas colhidas a respeito da terceira idade na sociedade americana. Com efeito, é aí que as transformações dos comportamentos e dos valores desta população em relação ao advento de uma sociedade pós-industrial são mais avançadas.

A observação destas transformações é de interesse maior para toda reflexão previsional no tocante às pessoas de idade na sociedade francesa. O que aconteceu nos Estados Unidos não acontecerá automaticamente na França. Certos traços são *específicos* da cultura americana. Mas outros prefiguram sem dúvida o modo de vida que se deve sobretudo aos caracteres pós-industriais da sociedade tecnológica. Daí por que, como veremos detalhadamente mais adiante, é útil uma reflexão crítica sobre os dados americanos.

a) *O trabalho dos aposentados*

A idade da aposentadoria não é acompanhada, em todos os casos, de uma interrupção de todo trabalho profissional. Observa-se que quanto mais a sociedade alcança um nível de industrialização e de urbanização avançada, menos as pessoas com mais de 65 anos continuam trabalhando. Na França, as taxas mais elevadas de trabalho profissional, depois dos 65 anos, se encontram nos quadros executivos: 33%[22].

---

21. Ver mais acima, p. 14.
22. Caixa interprofissional de previdência para os executivos, *Les Cadres retraités vus par eux-mêmes*, 1965.

A significação do prosseguimento de uma atividade profissional é, conforme as pesquisas, para estas minorias, não apenas de ordem pecuniária, mas também de ordem ética: a permanência na vida profissional pode ser deliberada e não forçada por necessidades financeiras para uma pequena minoria cuja vida profissional é dominada por um alto nível de responsabilidade ou de criação. Ao lado desta minoria restrita (de 10 a 20% do conjunto dos trabalhadores), desenvolve-se um certo número de ocupações de tipo profissional, quer ocasionais, quer regulares, de tempo parcial, de forma múltipla, que podem ser interpretadas seja como um semilazer (com objetivo, antes de mais nada, de distração) seja como um semitrabalho (com objetivo, antes de mais nada, remunerativo). Mas é muito mais importante frisar que, pelo que sabemos, todas as pesquisas empíricas[23] constatam ser a aposentadoria desejada pela grande maioria. Contrariamente às idéias correntes, ela não é algo à maioria, que esta tem de suportar. Nos Estados Unidos, dois terços das aposentadorias são efetivados por decisão dos trabalhadores. A interrupção do trabalho não é acompanhada do desejo de voltar à vida ativa senão por uma minoria: na França, a taxa mais elevada de retorno ao trabalho situa-se na classe dos executivos. Aliás, manifesta-se uma forte pressão de parte dos assalariados para que a idade da aposentadoria baixe de 65 para 60 anos: este ponto figura à testa das atuais reivindicações dos sindicatos. Uma das mais importantes dinâmicas da aposentadoria é pois o desejo da maioria dos trabalhadores de poder beneficiar-se dela.

b) *Tempo extraprofissional e lazer*

Qual é a nova divisão do tempo liberado do trabalho profissional entre as diferentes atividades das pessoas de idade? Possuímos alguns dados sobre os "orçamentos-tempo" nos Estados Unidos.

A parte do tempo ocupada pelas atividades de lazer aumenta: 80% das pessoas idosas, com pelo menos 65 anos, têm cinco horas ou mais de lazer por dia durante a semana e de cinco a seis horas durante os fins de semana e as férias. Entre as pesquisas de "orçamento-tempo" nos Estados Unidos, examinemos aquela que foi efetuada sobre uma amostragem de cinco mil beneficiários do Seguro Social, com 65 anos de

---

23. Entre as quais pode-se citar: E. SHANAS *et al.*, *Old people in three industrial societies*, Atherton, 1966, 478 p.

idade e mais, excluindo-se as pessoas ainda em atividade. Para 6,7 horas de tempo coactado, consagrado às obrigações domésticas, familiais (refeições, trabalho caseiro, cuidados pessoais, compras, cuidados com os outros), conta-se em cada dia 8,3 horas de tempo livre em que as atividades fora do lazer (atividades religiosas e sócio-políticas em sentido amplo) não ocupam senão 0,2 hora em média por dia.

Não dispomos de estudos de "orçamento-tempo" na França. Mas sem dar indicações sobre a duração média das ocupações, a *enquête* da IFOP[24] fornece informações sobre o emprego do tempo pelos aposentados. Pode-se notar que durante os dias da semana, fora das obrigações domésticas e familiais, a quase totalidade do tempo é dedicada a atividades de lazer; as atividades religiosas são praticamente nulas entre os homens, mais difundidas entre as mulheres. Quanto às "reuniões diversas" que poderiam reagrupar as atividades sócio-políticas do tempo livre, elas não aparecem no caso das mulheres e envolvem apenas 4% dos homens.

O âmbito limitado desta pesquisa proporciona tão-somente indicações muito gerais, das quais entretanto é possível reter o fato de que é ínfima a parcela do tempo livre devotado a atividades *outras* além das atividades de lazer. Quanto às pesquisas de "orçamento-tempo", em geral, elas permitiram constatar que os lazeres ocupam a maior parte do tempo livre das pessoas idosas e preenchem mesmo *mais tempo* que as atividades obrigatórias de manutenção da pessoa e da família. Verificou-se que só uma minoria de pessoas idosas prosseguem no trabalho profissional; é preciso interrogar-se sobre as outras possibilidades de ocupação do tempo livre.

c) *Obrigações sócio-espirituais e lazer*

O que se tornam, no tempo livre, as atividades de engajamento sócio-espiritual após os 65 anos? Ocorre, no fim da vida, uma recrudescência das atividades espirituais, a vida religiosa em particular é mais encarecida?

Na França: a *enquête* da INED[25] constata que as atividades religiosas têm uma relevância menor no conjunto das atividades dos citadinos idosos — mais freqüentes entre as mulheres (10%),

---

24. "As pessoas idosas e a opinião na França", sondagem efetuada em 1961.
25. P. PAILLAT, C. WIBAUX, *Les Citadins âgés*, prefácio de Alfred Sauvy, Paris, PUF, 1959, *Cahier de l'INED*, n. 52, 292 p.

raramente são mencionadas entre os homens (de 2 a 5%) em resposta à pergunta:

Entre as atividades que se seguem, há uma à qual você dedica uma parte importante de seu tempo?

Esta diferença entre homens e mulheres surge igualmente na pesquisa sobre os operários da construção e das obras públicas: a taxa de inexistência total de prática de religião é de 18% entre as mulheres, mas de 31,5% entre os homens[26].

Graças a estudos mais desenvolvidos, efetuados nos Estados Unidos, sabemos de fato que a aposentadoria não afeta fundamentalmente o grau de participação nas atividades sócio-espirituais: a tendência majoritária é a continuidade. Se, comparando-se as diferentes gerações adultas, não se notam diferenças sensíveis no comparecimento aos ofícios religiosos, manifesta-se entretanto, segundo as investigações[27] realizadas entre pessoas com 60 anos de idade e mais, uma tendência para a regressão da prática comparativamente ao passado pessoal. Esta regressão se deve provavelmente à diminuição geral da influência religiosa nas sociedades industriais avançadas.

Existem de fato dois modelos; uma importante minoria de criaturas idosas pratica menos a religião e uma minoria mais reduzida a pratica mais[28]. É no seio desta pequena minoria que as organizações religiosas ou ligadas à Igreja recrutam a mais forte participação. Esta participação vem imediatamente, em intensidade, após a das fraternidades, a das sociedades secretas e a das sociedades de ajuda mútua social. É possível que a diminuição da freqüência das igrejas com a idade possa ser imputada à má saúde. Com efeito, um estudo de pessoas idosas que gozam de boa saúde indica maior freqüência entre os indivíduos com mais de 75 anos do que na geração entre 65 e 74 anos[29]. De outro lado, a audiência das transmissões religiosas pelo rádio, que não exige nenhum esforço de deslocamento, aumenta com a idade.

---

26. CAIXA NACIONAL de Aposentadoria dos Operários da Construção e das Obras Públicas (CNRO), *Réalités du troisième agé*, pesquisas efetuadas sob a direção de Y. Pergeaud, Paris, Dunod, 1968, XIII, 233 p.

27. E. SHANAS *et al.*, "Panel on: Social Attitudes toward Retirement and support of Older People", in *Aging and the economy*, H. L. Orbach e C. Libbits eds., Ann Arbor, University of Michigan Press, 1963, XII + 237 p.

28. W. C. MCKAIN, *The social participation of old people in a California Retirement Community*, não publicado, Harvard University, 1947, citado por H. WILENSKY in *Aging and Leisure, op. cit.*, p. 217.

29. M. RILEY, A. FONER, *Aging and society; an inventory of research findings*, New York, Russel Sage Foundations, 1958.

d) *Obrigações sócio-políticas e lazer*

Há, com a idade, uma evolução das atividades sócio-políticas?

1. *Participação em associações:* pode-se analisar o fenômeno tomado em seu sentido amplo através da participação em associações diversas (políticas, sindicais, de amigos, obras etc.). A pertença a associações continua bastante elevada. Na França, 38% dos homens e 18% das mulheres de 65 anos e mais acham-se filiados a associações[30]. Mas esta filiação não acarreta necessariamente a atividade: uma parte dos associados nunca assiste às reuniões (um pouco menos da metade no caso das mulheres e cerca de um terço, no dos homens). Resultados um pouco diferentes verificam-se entre os operários da construção e das obras públicas[31]: 9% das mulheres e 26% dos homens são filiados a uma associação, porém a participação ativa é mais intensa entre as mulheres (41% contra 32% entre os homens). A participação em associações voluntárias em geral liga-se sobretudo ao *status* sócio-econômico.

A taxa de participação decresce a partir dos 55 anos, a nível de educação e de renda igual[32]. A taxa média observada nos Estados Unidos é de 51% para os homens e de 61% para as mulheres (inclui-se aí a participação nos sindicatos e em todos os outros variadíssimos tipos de organizações e associações). Os agrupamentos reservados às pessoas idosas (Golden Age Clube e Senior Center Citizen) congregam apenas uma fraca porcentagem de participação: 1% das pessoas idosas em New York City, 5% em Syracuse. As taxas elevadas de participantes permanecem muito localizadas. O mesmo ocorre na Grã-Bretanha, por exemplo, onde se registra uma taxa de 12% num bairro operário de Londres[33]. Estes tipos de grupamentos são, na maioria das vezes, mais de caráter de lazer do que cívico ou espiritual. As associações que congregam o maior número de pessoas de idade tem antes tudo por objetivo estabelecer relações sociais, mais do que estimular uma ação social[34]. A metade

---

30. P. PAILLAT, C. WIBAUX, *Les Citadins agés, op. cit.*

31. CNRO, *Réalités du troisième âge, op. cit.*

32. J. M. FOSKETT, Social structure and social participation, *American sociological review*, 20, ago. 1955, p. 431-438.

33. M. RILEY, A. FONER, *Aging and society, op. cit.*

34. E. YOUMANS, *Economic status and attitudes of older man in selected rural and urban areas of Kentucky*, Lexington, University of Kentucky, Agricultural Experiment Station, 1961, 43 p.

das pessoas interrogadas no decurso de uma pesquisa feita em 1959 declarou haver reduzido as atividades sociais em geral a partir dos cinqüenta anos, ao passo que o aumento destas atividades só foi assinalado em 3%[35].

Mas a participação política propriamente dita pode e deve ser apreendida por meio de outros indicadores: o voto, a identificação com um partido político. Como evolui esta participação com a idade da aposentadora?

2. *Participação eleitoral:* a participação eleitoral atinge a taxa máxima entre os 45 e os 60 anos mais ou menos; em seguida declina, com uma queda importante depois dos 70 anos, especialmente entre as pessoas idosas de fraco nível de instrução. O resultado é o mesmo para as mulheres cuja participação no voto é inferior à dos homens, com exceção nas categorias de alto nível de instrução, onde é praticamente a mesma. No que tange à identificação com um partido, os resultados diferem: esta se intensifica com a idade entre todos aqueles que se interessam pela política quando se trata dos partidos conservadores — republicanos nos Estados Unidos, conservadores na Grã-Bretanha.

Parece que, globalmente, os interesses políticos não enfraquecem com a idade, mas as atividades políticas propriamente ditas atingem um ápice entre os 45 e os 65 anos, para baixar logo em seguida. Vale frisar que, no terreno da vida política, o limiar de descenso situa-se mais tarde no ciclo da vida do que no tocante a todas as outras obrigações básicas da sociedade, ao menos entre os que se interessam pelo política: não se pode realmente falar de desengajamento das pessoas de idade, o que coincide com as conclusões de Léo Simmons, quanto ao *status* dos velhos nas sociedades pré-industriais onde, dentre as constantes isoladas, encontramos a busca da *influência* ao mesmo tempo que a da segurança[36].

Depreende-se pois da análise destes dados, sobretudo franceses e americanos, que há, entre as pessoas de idade, minorias ativas centradas no trabalho, na vida sócio-religiosa, na vida sócio-política, mas que para a *maioria* tais atividades declinam ou se tornam pouco importantes: a tendência geral orienta-se para uma forma de continuidade com respeito ao modo de participação anterior, exceto naturalmente no que concerne ao trabalho profissional.

---

35. P. TAIETZ *et al., Adjustment to retirement in rural New York State*, s. ℓ. 1956, s. p.

36. M. RILEY, A. FONER, *Aging and society, op. cit.*

e) *Obrigações e lazeres familiais*

No referente à família, vimos, de conformidade com os "orçamentos-tempo", que ela guarda uma grande importância. Mas a confusão dominante ao nível daquilo que chamamos de vida familial, dificulta a interpretação dos resultados. Seria importante aprofundar a análise da significação dos diversos componentes da vida familial, tanto do ponto de vista do indivíduo quanto da sociedade moderna. Devemos pois começar pondo abaixo um certo sincretismo totalitário que depende mais da representação ideológica do que da realidade. Dentro das atividades familiais cumpre distinguir as obrigações e o lazer[37] e a interferência de ambos: semi-obrigações e semilazeres.

As relações entre pais e filhos nem sempre estão marcadas pela obrigação mútua. Nos Estados Unidos, cerca da metade das pessoas idosas dizem não fornecer ajuda alguma à família[38]. Na França, S. Pacaud e M. O. Lahalle revelaram, numa recente *enquête*, que 82% dos avós declararam não estar tomando parte ativa, em casa de seus filhos, nem nos trabalhos domésticos, nem nas ocupações familiais[39].

A intimidade à distância é cada vez mais preferida simultaneamente pelos pais e pelos filhos, à medida que a sociedade evolui para o estádio pós-industrial. Tal evolução deve ser relacionada com a idependência financeira das pessoas idosas em face da família: nos Estados Unidos, no conjunto dos recursos disponíveis por pessoas de 65 anos, somente 1% provém da ajuda proporcionada pela família.

Os contatos das pessoas idosas com os filhos são freqüentes. Representam um aspecto fundamental das relações entre gerações nas sociedades industriais avançadas, mas dependem mais do lazer social no quadro da família do que das obrigações familiais. A tese da redução da família à unidade nuclear nas sociedades industriais avançadas não corresponde à realidade demonstrada pelas múltiplas investigações realizadas. J. Cain[40] resume os mais importantes resultados obtidos neste campo: na *estrutura da família*, impõem-se duas distinções principais:

---

37. Ver J. DUMAZEDIER, *Vers une civilisation du loisir?*, cap. 2, *op. cit.*
38. "White house conference on aging", *Retirement roles and activities*, Washington, 1971.
39. *Attitudes, comportements, opinions des personnes âgées dans le cadre de la famile moderne*, Paris, CNRS, 1969.
40. *White house conference on aging, op. cit.*

a) Família residencial na qual dominam os casais e as pessoas sozinhas: casais com filhos, de 7 a 14% conforme os países (Grã-Bretanha, Estados Unidos, Dinamarca), pessoas sozinhas com crianças, de 9 a 20%[41].

b) A família aumentada, que é a da maioria e reagrupa três ou quatro gerações (Dinamarca 75%, Grã-Bretanha 68%, Estados Unidos 76%)[42].

Contrariamente às idéias correntes, a saída dos filhos não redunda de modo algum em traumatismo. Esta partida provoca amiúde um certo sentimento de libertação: libertação das obrigações domésticas e das responsabilidades financeiras, novas possibilidades de *farniente* e viagens, da pessoa ser finalmente ela mesma pela primeira vez porque os filhos foram embora: acrescentemos que os filhos podem representar um papel negativo na expressão pessoal de pais aposentados. Assim, V. Cain relata, numa pesquisa em cem casais durante a idade da aposentadoria, que a atitude negativa dos filhos pode representar um sério obstáculo para um novo casamento dos pais, podendo as expectativas dos filhos face aos pais constituir uma coerção normativa. Todos estes índices revelam que, para um número crescente de aposentados, a submissão ilimitada às obrigações familais não mais é um imperativo absoluto. Eles asseguram de bom grado um serviço, mas este serviço não mais é permanente, nem incondicional. Aspiram cada vez mais a uma vida pessoal, em função das necessidades de sua própria personalidade. *As obrigações familiais* tendem a *diminuir*. As relações familiares realizam-se além do mais, ao modo da intimidade à distância e da independência mútua. Aí, ainda, encontramos dois modelos: para a minoria, as obrigações familiais são provavelmente as mais importantes, mas, para a maioria, a força destas obrigações está em declínio.

f) *Tipos de atividades de lazer*

O modelo mais difundido mostra continuidade entre o gênero das atividades de lazer na idade adulta e no decorrer da velhice: a categoria sócio-cultural representa muitas vezes um papel mais discriminante que a idade. Num levantamento efetuado na Dinamarca em 1951 pelo "Danish Gallup Institute", as pessoas idosas declararam que praticavam há muitos anos a

---

41. E. SHANAS, et. al., *Old people in three industrial society*, op. cit.

42. M. RILEY, A. FONER, *Aging and society*, op. cit.

maioria das atividades de lazer de sua velhice (relatado por R. Havighurst, 1960). Mas os resultados da *enquête* com pessoas de 62 anos e mais, feita no Estado de Minnesota, em 1961, por Taves e Hansen, indicam que nove décimos dos indivíduos interrogados mencionaram alguma atividade à qual passaram a dedicar mais tempo do que antes. Verificam-se, ademais, algumas modificações significativas do modo de vida: o desenvolvimento das atividades localizadas em casa e a regressão das atividades externas[43]. Trata-se da tradução, no lazer, do encolhimento do espaço de vida social. Constata-se igualmente o desenvolvimento, à medida do envelhecimento, do tempo de *farniente*.

Ao lado do modelo mais difundido, o da continuidade dos tipos de lazer antes e durante a aposentadoria, há rupturas de condutas cuja origem reside principalmente nas estruturas de lazer instituídas para as pessoas de idade: as intervenções externas suscitam o aprendizado de novas atividades (desenvolvimento das férias[44], freqüência de clubes).

Efetuando-se o inventário das atividades de lazer praticadas pelas pessoas idosas, pode-se notar que elas cobrem o conjunto da classificação cultural do lazer em cinco grandes categorias estabelecidas conforme o critério das necessidades de realização do corpo e do espírito do indivíduo[45].

a) *Lazeres físicos:* o esporte é evidentemente muito menos praticado pelas pessoas idosas. Segundo a pesquisa da SOFRES[46], o esporte é quase exclusivamente apanágio dos homens e na maioria das vezes dos homens ativos, executivos médios ou superiores. Entre os 2% de pessoas na idade de 65 a 75 anos que praticaram um ou vários esportes no curso dos dez últimos anos, o esporte mais praticado é a pesca, seguido de longe pelos jogos de bolas. Segundo a *enquête* do INSEE, realizada em

---

43. "O turismo e o mercado das pessoas de idade entre os 55 e os 75 anos", *Bulletin statistique du commissariat général au Tourisme*, jun.--jul. 1970, p. 65-107.

44. C. DONFUT, *Les Vacances: loisir du troisième âge? Ouvriers retraités face à une nouvelle réalisation de vacances*, tese de 3º ciclo, EPHE, 236 p., editada in *Gérontologie*, número especial 20, out. 1972, 194 p. Uma *enquête* nacional sobre os operários da construção e das obras públicas na França revela que 17% dos aposentados partiram de férias pela primeira vez depois de sua aposentadoria, e principalmente graças à promoção de uma política social de férias para pessoas idosas (1973, CNRO).

45. É muitas vezes feita objeção ao nosso ponto de vista de que nossa análise não é válida para os economicamente fracos e para os doentes.

46. "O turismo e o mercado das pessoas de idade entre os 55 e os 75 anos", *op. cit.*

1967 sobre os lazeres dos franceses, 0,9% dos indivíduos com mais de 65 anos praticam regularmente um esporte durante o ano todo, 1,4% de maneira regular e 22,8% praticavam um esporte antigamente, mas não o praticam mais.

Constatamos dois fenômenos conjuntos: um fenômeno de idade e um fenômeno de geração, sendo que este último parece o mais importante: 75% das pessoas com mais de 65 anos nunca praticaram esporte durante sua vida. Nos Estados Unidos, observa-se igualmente uma importante diminuição da taxa da prática esportiva com a idade.

Mas os passeios, a caminhada, são atividades difundidas entre as pessoas idosas: 18% dos indivíduos. Na *enquête* da SOFRES, elas são citadas como fatores que fazem parte de suas duas principais atividades. Esta taxa diminui ligeiramente com a idade (de 19 para 15%). Isto é sensivelmente equivalente entre os homens e as mulheres. Nos Estados Unidos, a caminhada parece ser menos importante, mas os passeios de automóvel são mais difundidos, embora sejam menos freqüentes do que entre os jovens.

Ao lado da caminhada, um lugar sempre crescente é outorgado ao *farniente*. Na pesquisa da SOFRES, o descanso, o repouso, são considerados como um dos lazeres principais (por 16%). Esta porcentagem aumenta com a idade (18%) para as pessoas entre os 70 e os 75 anos. Nos Estados Unidos, as pesquisas de opinião demonstram um nítido aumento do *napping and idleness* ("tirar uma soneca e flanar") ou *sitting and thinking* ("sentar para pensar") com o avanço da idade, de um lado, e, do outro, a diminuição dos recursos: 56% das pessoas idosas passam em média duas horas por dia em posição de *farniente*. O "orçamento-tempo médio" estabelecido sobre o conjunto dos beneficiários do Seguro Social fornece 1,4 hora de *napping*: neste caso, são necessários estudos para desempatar o que se deve do lazer e o que se deve das necessidades biológicas[47].

Ao contrário, entre os lazeres que exigem um esforço físico, é preciso conceder um lugar de relevo às viagens e às férias; é verdade que a taxa das pessoas idosas que saem de férias é inferior, na França, à taxa média de viagem de férias da população[48], mas a defasagem deve ser atribuída, na maior parte, à fragilidade dos recursos ou à má saúde. Com efeito, igualando-se os níveis das rendas, as diferenças entre a taxa de saída por idade se esfumam e não subsistem realmente senão na idade avançada quando

---

47. M. RILEY, A. FONER, *Aging and society, op. cit.*
48. P. LE ROUX, "Les vacances des Français en 1967", *Études et Conjonctures*, 1968, suplemento 6, p. 1-12.

a saúde intervém em demasia[49]. Acrescentemos que a saída de férias pode corresponder a novas atitudes, suscetíveis de surgir depois ainda da aposentadoria.

As férias correspondem a aspirações bem vivas entre as pessoas de idade[50]: a *enquête* do INED evidencia que a *metade* dos cidadãos idosos gostaria de viajar e entre as iniciativas que as pessoas idosas desejariam ver desenvolvidas, as viagens organizadas totalizam o maior número de respostas. Esta tendência é a mesma nos Estados Unidos[51].

b) *Lazeres artísticos:* mas as férias e as viagens podem ser consideradas como funções do espetáculo: desenrolar das paisagens de diversas regiões, visitas a museus, a monumentos. É assim que elas são amiúde vividas pelas pessoas em férias e, de um modo mais particular pelas pessoas idosas entre as quais o espetáculo toma em geral uma dimensão ampliada nos lazeres; o fato pode ser igualmente constatado na freqüência com que esta faixa de pessoas vê televisão, a qual, associada ao rádio, ocupa 2,8 horas em média do dia de um aposentado nos Estados Unidos[52]. Na França, devido ao atual subequipamento de aparelho de televisão entre os mais idosos em relação ao conjunto da população, observa-se ao contrário nesta camada etária uma redução da taxa de assistência à tevê: 83% dos franceses vêem televisão (dos quais 51% todos os dias e 17% todas as semanas), ao passo que entre as pessoas com 65 anos de idade e mais, somente 64% assistem ao vídeo (dos quais 43% todos os dias e 9% todas as semanas)[53].

O fraco comparecimento aos espetáculos externos é principalmente de origem sócio-cultural, mas também se deve à idade: 5% dos indivíduos com 65 anos e mais nunca foram ao cinema, 41% jamais foram ao teatro, 43% a nenhum espetáculo de variedades, 66% nunca foram a um concerto e 63% nunca foram a um espetáculo esportivo. Entre os que foram a alguma apresentação pelo menos uma vez na vida, 77,5% nunca ou quase nunca vão ao cinema, 51% ao teatro, 52% a espetáculos de variedades, 30% ao concerto, 31% a espetáculos esportivos[54].

49. *Les Citadins âgés, op. cit.*

50. INSEE, "Les comportements de loisir des Français", por P. LE ROUX, *Les collections de l'INSEE*, jul. 1970, *Ménages*, série M, 62 p.

51. Pesquisa de opinião do INSEE sobre os lazeres dos francês, *op. cit.*

52. M. RILEY, A. FONER, *Aging and society, op. cit.*

53. INSEE, "Les comportements de loisirs des Français", *op. cit*

54. *Idem.*

Pode-se considerar que há neste segmento não somente um hábito menos acentuado de freqüentar espetáculos do que entre os mais jovens, mas igualmente um decréscimo desta prática com a idade. Quanto às outras atividades artísticas, segundo a pesquisa do INED sobre os cidadãos franceses, elas não são desenvolvidas senão por 5% dos homens e 3,8% das mulheres.

c) *Lazeres práticos:* já observamos a propósito dos espetáculos, a importância da prática das atividades de lazeres cotidianos estar localizada dentro da casa. Assim, não é de se estranhar que as atividades manuais (*bricolage*, jardinagem, trabalhos de agulha) que se praticam correntemente em casa sejam muito difundidas entre as pessoas idosas. A taxa dos que se entregam à jardinagem aumenta regularmente com a idade: uma *enquête* efetuada em 1957 nos Estados Unidos evidenciou a seguinte evolução entre as gerações: 24% dos indivíduos praticam jardinagem entre os 20 e os 29 anos, 33% entre os 30 e os 49 anos, 38% entre os 40 e os 59 anos e 42% aos 60 anos e mais[55].

Na França, entre os citadinos (tendo pois reduzidas possibilidades de se devotar à jardinagem), verifica-se ainda assim *que um terço* dos homens e um décimo das mulheres praticam a jardinagem. Esta atividade não diminui senão aos 80 anos para os homens e aos 75 anos para as mulheres[56].

Na França, as atividades manuais são as atividades mais citadas pelas pessoas idosas como integrantes de suas atividades principais (46% dos indivíduos de 55 a 75 anos e a porcentagem cresce com a idade até os 70 anos, para cair em seguida)[57]. Esta taxa é mais elevada nos meios rurais e nos níveis inferiores de proventos. Tais atividades manuais apresentam ora um caráter utilitário e decorrem de obrigações familiares ou semi-obrigatórias, ora um caráter de entretenimento e decorrem do lazer ou do semilazer. É provável que *para além de um certo limiar de pobreza* a segunda feição seja dominante, mas há falta de pesquisas sobre a questão.

d) *Lazeres intelectuais:* as atividades intelectuais se desenvolvem especialmente através da leitura[58]: a pesquisa do INSEE mostra que as pessoas idosas dedicam mais tempo que o conjunto da população à leitura de jornais: a média de tempo diário

---

55. Opinion Research Corporation, *op. cit.*
56. *Les Citadins âgés, op. cit.*
57. O turismo e o mercado das pessoas com idade entre 55 a 75 anos, *op. cit.*
58. "Les comportements de loisir des Français", *op. cit.*

consagrado à leitura de jornais é de cerca de uma meia hora no conjunto da população e de três quartos de hora entre as pessoas de idade de 65 anos e mais. São principalmente os diários, mais que as publicações semanais ou mensais, cuja leitura aumenta com a idade.

Em compensação a audiência de rádio baixa ligeiramente com a idade, ainda que continue sendo importante para a maioria: 67% dos franceses ouvem o rádio todos os dias e esta taxa diminui para 57% para a faixa de mais de 65 anos. Do mesmo modo, a não audição total, que é de 11%, se eleva a 22% entre as pessoas com mais de 65 anos.

Nos Estados Unidos o tempo de leitura (sob todas as formas) é de 0,8 hora entre os indivíduos de 20 e 49 anos e de 1,3 hora entre os homens de 50 anos e mais; entre as mulheres é de 0,7 hora entre os 20 e os 49 anos, e de 1,4 hora aos 50 anos e mais[59]. A leitura é portanto parte das atividades de lazer que se desenvolvem com a idade. A importância dos diários e do rádio deve ser aproximada do pronunciado interesse da velhice pela informação, interesse que se manifesta em sua maior receptividade aos *mass media*. A leitura de livros e revistas tende diminuir com a idade, desde os 15 anos até aos 59 anos, para aumentar, ela também, a partir dos 60 anos[60].

e) *Lazeres sociais:* os lazeres sociais ocupam um lugar de relevo na vida das pessoas idosas, sob forma de recepções, de visitas feitas ou visitas recebidas.

No "orçamento-tempo" dos aposentados americanos, preenchem 1,6 horas em média por dia. Esta forma de lazer diminui entre os 20 e os 60 anos para aumentar ligeiramente em seguida. Na pesquisa da SOFRES[61], 10% das pessoas com idade entre os 55 e os 75 anos citaram as reuniões entre amigos como parte de suas duas principais atividades de lazer. Na França, entre os citadinos idosos, 76% recebem visitas e 44% as fazem, de modo regular ou ocasional[62].

---

59. Dados não publicados reunidos para *A nationwide study of living habits*, por J. A. WARD, New York, 1964, citados por S. DE GRAZIA in R. W. KLEEMEIER (ed.), *Aging and leisure. A research perspective into the meaningful use of time*, New York, Oxford University Press, 1961, p. 125, nota c.

60. "The public appraises movies", *A survey for motion picture association of America, Inc.*, Opinion Research Corporation, Princeton (N.J.), dez. 1957, vol. II.

61. "O turismo e o mercado das pessoas de 55 a 75 anos de idade", *op. cit.*

62. *Les Citadins âgés, op. cit.*

Entretanto, nem todos os velhos praticam lazeres sociais. Os resultados obtidos no terreno das relações sociais nas diferentes pesquisas efetuadas na França e no exterior mostram invariavelmente uma minoria importante (de 20 a 30%) de isolados. Esta categoria de aposentados, caracterizada conforme os estudos, pela anomia, o isolamento parcial, o recolhimento ou o retiro..., propõe problemas específicos em termos de terapêutica social. A este nível, as atividades e as relações de lazer podem ter uma função importante de socialização. É dentro desta óptica que os centros de vocação médica para as pessoas de idade integram cada vez mais estruturas de lazer.

Concluir o quê? Uma forte minoria válida é orientada para o prosseguimento de um trabalho remunerado em tempo integral ou em tempo parcial. Certos autores americanos, como Stephen Miller, Eric Pfeiffer e Glen Davis, concluíram pela necessidade de reintroduzir a ética do trabalho produtivo na terceira idade. Mas as pesquisas sobre amostragens representativas indicaram que, entre os aposentados válidos, não só o trabalho se limita a uma minoria, mas que a maioria não sente saudade do trabalho e não deseja trabalhar. Desconfiemos pois das generalizações abusivas! Como vimos, corremos o risco de introduzir aqui o ponto de vista de pessoas que pertencem à segunda idade e que projetam seus próprios sistemas de valores sobre a terceira idade. Já ocorreu uma reação (1961) contra esta tendência abusiva de projetar o modelo de vida do período de trabalho sobre a terceira idade. Ela produziu aquilo que foi chamado de teoria do desengajamento[63]. Sua base é uma observação incontestável: a maioria dos aposentados se desengaja não somente com respeito ao trabalho, mas também às demais obrigações familiares e sociais.

Esta teoria tira destas observações uma ética funcional relativa às pessoas da terceira idade; estas, assim, "se adaptam ao envelhecimento e se preparam para a morte". Mas em nosso sentido, esta teoria de certo modo negativa é insuficiente e despreza comportamentos e aspirações que se difundiram cada vez mais desde a década de 1960, nomeadamente nas "terras quentes" da sociedade americana (Flórida, Califórnia, etc.). Estes mesmos traços começam, já o vimos, a aparecer na sociedade francesa: queremos falar da presença, na terceira idade, de um crescente apetite de realizações dentro do lazer, apetite

---

63. Comunicação apresentada no Colóquio "Lazer e Terceira Idade", Tampa, nov. 1971, organizado pelo Departamento de gerontologia de Rhode Island e do Instituto de Lazer da Universidade da Flórida.

sobretudo de fantasias, de curiosidades que não puderam ser plenamente satisfeitas no tempo do trabalho e das responsabilidades da idade madura. Por vezes mesmo, nem a pobreza, nem a invalidez impedem a expressão destas novas aspirações da *Velha Dama Indigna*[64]. É para orientar novas análises e estimular uma ação reformadora das antigas instituições para velhos que a gerontologia social começou recentemente a cooperar com a sociologia do lazer.

---

64. Filme de R. Allio, segundo uma novela de Brecht.

4. TRABALHO – LAZER – TEMPO – ESPAÇO

Voltemos ao problema das relações entre o trabalho e o lazer. É uma das questões que, na história e na pré-história da sociologia do trabalho em primeiro lugar, e a do lazer a seguir, suscitou mais paixões. Já na sociedade industrial nascente, os teóricos das soluções socialistas se dividem. Uns dão ênfase ao trabalho como fim das atividades humanas, enquanto para outros, o trabalho é um "dogma desastroso" se não for reduzido ao papel de simples instrumento.

Aos olhos de uns, o tempo livre é um meio de "recuperação da força de trabalho", para outros, é um quadro de realização do homem. Karl Marx baseou no "trabalho, primeira necessidade do homem"[1] uma doutrina a qual não faltaram discípulos, de ontem e de hoje. Porém a mais bela apologia da "preguiça, mãe das artes e das nobres virtudes" se deve a seu genro, o militante socialista Paul Lafargue em *Droit à la paresse*

---

1. Ver mais acima, p. 19.

("Direito à preguiça") (1883)[2]. Duas idéias do socialismo que continuam a defrontar-se[3]. Como já dissemos, identificamos em Karl Marx pelo menos cinco representações do lazer, na realidade do tempo liberado do trabalho profissional. Hoje, a simples pesquisa dos caracteres específicos do lazer ou de sua autonomia relativa em face dos evidentes determinismos do trabalho e das relações sociais correspondentes enfrenta, em certos sociólogos, uma espécie de dogma, de interdição, de tabu.

Outros espíritos reagem ao contrário como se o lazer se evadisse dos determinismos econômicos e flutuassem em uma era ideal de liberdade. É a confusão entre doutrina de ação e teoria explicativa ou, mais simplesmente, entre o que é desejável e o que é real ou provável. Apesar de nossas preferências doutrinárias inspiradas nos ideais de Karl Marx, esforçamo-nos em conhecer empiricamente:

1. A relação provável entre os diversos componentes do trabalho e do lazer nas diferentes categorias sociais (classes, gerações...).

2. A evolução desta relação com a transformação do trabalho e do tempo fora do trabalho nas sociedades industriais avançadas. Trouxemos à luz, com respeito ao fim do século XIX, uma redução das distâncias culturais entre as categorias sócio-profissionais e a persistência da estratificação social em certas atividades de lazer, artísticas e culturais especialmente[4]. Depois, colocamos o problema das relações do trabalho e do lazer.

1. RELAÇÕES ENTRE TRABALHO E LAZER

Numa primeira etapa, procuramos antes de mais nada observar de que modo se reparte o interesse pelo trabalho na população ativa de uma cidade (37,7% de operários, 11,3% de empregados, 21,8% de executivos, 26% de chefes de empresas industriais, artesanais e comerciais). É uma questão difícil de ser formulada, apesar das aparências. Na verdade, se se pergunta:

2. Ver mais acima, p. 21-22.
3. Veja-se R. RICHTA, *La civilisation au carrefour, op. cit.* Na sociedade americana de hoje, poder-se-ia observar oposições comparáveis face à ética do trabalho, formulada por Max Weber em sua análise do capitalismo.
4. J. DUMAZEDIER e A. RIPERT, *Le loisir et la ville*, tomo I: *Loisir et culture, op. cit.* Primeira pesquisa sondagem com 1/20 da população dos chefes de família. Annecy 1955-1957 e pesquisa de opinião junto de uma amostra arrazoada de anciãos com mais de 50 anos.

"Você acha interessante o seu trabalho?", em toda a parte os sociólogos registram respostas afirmativas da maioria. Nossa *enquête* não faz exceção: 79% dos não-operários e 80% dos operários acham, em graus diversos, seu trabalho interessante e não aborrecido. Mas se introduzirmos o trabalho no conjunto das atividades cotidianas, perguntando ao entrevistado onde reside sua *principal* fonte de interesse, as respostas mudam: em nossa cidade*, 77% dos trabalhadores sentem interesse por outra atividade além de seu trabalho; somente 23% da população ativa mantém pois o trabalho profissional como fonte principal de interesse. A porcentagem é superior (31%) para os chefes de empresa, os executivos e os empregados, como se pode desconfiar. Mais ainda, é preciso analisar os aspectos do trabalho que suscitam o interesse; alguns são específicos da técnica e da organização do trabalho, alguns dependem dos fatores humanos que são comuns a toda atividade em grupo (relação entre colegas ou com responsáveis).

Julgamos pois necessário analisar o trabalho por meio de um conjunto de indicadores objetivos (situacionais) e subjetivos (reacionais) e de decompor o lazer em vários gêneros e níveis de interesses culturais no setor das atividades artísticas, intelectuais e sociais. Calculamos as correlações entre estas variáveis do trabalho e aquelas do lazer, depois nivelamos a idade (− 35 anos, + 35 anos) e as categorias sócio-profissionais (operários, não-operários) por uma espécie de análise multivariada que nos permitiu penetrar melhor a complexidade real das interações. É excusado dizer que a correlação não é a explicação. Esta correlação pode ser uma covariação cuja causa principal pode residir em variáveis que não controlamos. Mas podemos destarte descobrir compatibilidades entre situações ou reações em que a opinião recebida não vê, em geral, senão incompatibilidades ou, ao menos, antagonismos. Tal tratamento permite outrossim evidenciar falsas causalidades cujo erro é demonstrado por meio de correlações negativas. A introdução das variáveis de idade e sobretudo de categorias sócio-profissionais permitirá revelar interações mais próximas da realidade global: sabe-se que em geral, controlando a categoria sócio-profissional, controla-se igualmente a renda econômica, o *status* social, os níveis de instrução que se movem, na maioria dos casos, no mesmo sentido.

Precisemos antes de mais nada as *Dimensões* e os *Indicadores* do trabalho e do lazer que retivemos e as razões de nossa escolha.

* Paris (N. dos T.).

a) *O trabalho profissional*

A noção de trabalho corresponde a componentes variados e o indivíduo pode ser mais ou menos ligado a um ou outro destes componentes assaz diferentes uns dos outros. Não é pois possível conservar esta opção no conjunto; teremos de verificar se existem ligações entre cada um destes componentes e os comportamentos de lazer. Daí por que distinguimos os componentes que são quase totalmente independentes da vontade do sujeito e os que dependem mais, simultaneamente, de uma situação imposta e das reações do indivíduo a esta situação; os primeiros podem ser analisados por meio de indicadores situacionais, os segundos por meio de indicadores reacionais.

Duração do trabalho: para verificar se a duração do trabalho é um fator importante na escolha dos lazeres e em seus níveis culturais, distinguimos, para isolar o trabalho de longa duração, os sujeitos que trabalham menos de 48 horas e os que trabalham mais de 48 horas (1955-1956).

Gênero de fadiga: para verificar o peso da fadiga e a incidência do gênero de fadiga sobre a escolha das atividades de lazer e sobre seu nível, distinguimos:

a) os indivíduos que se declaram *muito fadigados*, e os outros,
b) os indivíduos que declaram experimentar uma *fadiga nervosa* e os outros.

Gênero de trabalho: para verificar o efeito dos diferentes gêneros de trabalho sobre a escolha das atividades de lazer e seu nível, distinguimos primeiramente os trabalhadores da indústria e da construção, dois grandes corpos da sociedade industrial, em seguida os trabalhadores da distribuição comercial e da função pública, dois setores em rápido crescimento no estádio, pós-industrial que, em certos setores, nosso país se apresta a abordar.

Estas diferentes variáveis constituem um campo situacional do qual poderemos estudar comparativamente os efeitos sobre os operários e as outras categorias profissionais de nossa amostra.

O indicador reacional é o seguinte: interesse pelo trabalho: para verificar a incidência deste fator sobre a escolha das atividades de lazer e sobre seu nível cultural, distinguimos, antes de mais nada, os trabalhadores que sentem interesse por seu trabalho e os que não sentem tal interesse.

Satisfação no trabalho: entre os primeiros, isolamos em seguida os indivíduos que encontram no trabalho, em detrimento de qualquer outra atividade, "a satisfação máxima". Em seguida, quisemos saber que aspecto do trabalho proporciona a cada um dos indivíduos em apreço esta satisfação máxima e, por isto, distinguimos:

A satisfação no trabalho bem feito por causa da existência da velha noção herdada da sociedade artesanal do "trabalho bem feito".

A satisfação na organização do trabalho porque esta é um traço que se desenvolve na empresa moderna e porque uma

Divisão das situações e atitudes para com o trabalho segundo a pertença ou não-pertença à classe operária

I. Indicadores Situacionais	População Total N-415	Operários N-139	Não--operários N-276
	%	%	%
1. *Duração do trabalho*			
– 48 horas	38	46	34
+ 48 horas	45	10,5	5
Outros	17	43,5	21
2. *Gênero de fadiga*			
Pouca fadiga nervosa	25	22	29
Muita fadiga nervosa	7	5	8
Muita fadiga nervosa e física	3	3	3
3. *Gênero de trabalho*			
Construção e indústria	38	74	20,5
Comércio	23	7	32
Função pública	14,5	8	17,5
Outros	23,5	11	30
II. Indicadores Reacionais			
Satisfação máxima experimentada no:			
4. *Interesse pelo trabalho*	81	80	79
Trabalho bem feito	23	31	19
Técnica	34	37	33
Organização	18	11	21,5
Relações com os colegas	34	47	27
Relações com os chefes	11	37	5
5. *Preocupação dominante experimentada pela profissão*	23	7	31
6. *Desejo de aperfeiçoamento*	48	44	62
7. *Desejo de outra profissão*	38	28	43
8. *Participação sindical*	32	21	36

das hipóteses sobre a fase pós-industrial da civilização técnica é que os sistemas de organização entre os trabalhadores e seus dirigentes crescerão cada vez mais[5].

A satisfação nas relações com os companheiros, pois, para alguns trabalhadores, o trabalho é antes de tudo um meio ambiente humano, um meio ambiente de relações sociais, principalmente com os companheiros.

A satisfação nas relações com os superiores: queríamos saber se esta satisfação é importante ou não, como ela varia conforme os níveis da hierarquia do trabalho.

Por fim, pareceu-nos importante saber como varia o interesse no lazer, conforme o trabalhador tenha um projeto de aperfeiçoamento profissional, que sonhe com outra profissão ou que exerça uma atividade sindical.

Existência de um projeto de aperfeiçoamento profissional com vista à mobilidade profissional ou à melhoria do *status* profissional. Sabe-se pelos trabalhos dos sociólogos da mobilidade social, da importância desta atitude e suas conseqüências com respeito à modificação do gênero da vida do trabalhador.

O desejo de outra profissão: este indicador nos pareceu tanto mais interessante quanto, na sociedade pós-industrial, a mudança de profissão, pelo que se anuncia, será mais freqüente que na sociedade anterior[6]; esta variável ameaça pois pesar mais fortemente na dinâmica do lazer, com a condição, bem entendido, de que uma ligação esteja provada neste campo.

Participação sindical: de um lado, a insatisfação criada pelas condições sociais e econômicas do trabalho pode traduzir-se em uma participação sindical; de outro, a ação sindical conserva, sob formas renovadas de reivindicação e controle, uma grande força na dinâmica da economia e da sociedade.

Pesquisamos como os comportamentos e as atitudes de trabalho revelados por tais indicadores se vinculam aos comportamentos e às atitudes de lazer.

b) *O lazer*

A noção de lazer corresponde igualmente a componentes variados que importa distinguir, pois o indivíduo pode evidentemente estar ligado a apenas um (ou a alguns) deles. Se há ligação

5. A. TOURAINE, *La Société post-industrielle, op. cit.*
6. T. HUSEN, "L'éducation permanente", *Convergence*, 4, dez. 1968.

entre atividades de lazer e de trabalho, ela pode depender da escolha que tenha sido feita entre os diversos componentes do lazer.

A distinção anteriormente estabelecida entre interesses de lazeres físicos, práticos, intelectuais, artísticos e sociais serve-nos aqui de base.

Observamos que as duas primeiras categorias: interesses físicos (passeios, esportes...) e interesses práticos (*bricolage*, jardinagem, criação de animais em pequena escala como ocupação recreativa) variam muito menos segundo as classes sociais e as gerações, do que as três últimas categorias: interesses artísticos, intelectuais e sociais. É particularmente importante saber como estes três últimos setores do lazer estão ligados aos diferentes aspectos da vida de trabalho. Com efeito, colocamo-nos na perspectiva da sociedade pós-industrial, marcada provavelmente por uma acrescida importância do conhecimento inovador em todos os domínios, técnicos, científicos, estético ou ético[7].

Se se quer tentar reduzir os atrasos ou desigualdades culturais que diferenciam o lazer dos diferentes meios, será útil saber se, a um nível cultural elevado, corresponde um certo gênero de vida. Uma transformação neste gênero de trabalho, seria eventualmente suscetível ou não elevar o nível dos interesses culturais? É pois importante estabelecer uma distinção entre os diferentes níveis culturais do lazer.

Para o conjunto destas razões, escolhemos nossos indicadores nos três setores de atividades de lazer que mais correspondem a três gêneros de conhecimentos (conhecimentos estético, intelectual, social). E, sempre que pudemos, distinguimos pelo menos dois níveis, seja o critério quantitativo (freqüência da atividade) ou qualitativo (nível cultural fraco ou forte da prática de uma atividade, conforme as normas explícitas da invenção, da criação e da participação)[8].

Em cada um dos setores, guardamos os seguintes indicadores:

No setor artístico: indicadores do gosto artístico na vida cotidiana — freqüentação do teatro, do concerto, das exposições artísticas, do cinema, audição de um certo tipo de música (obras clássicas ou modernas), audição de um certo tipo de canções (canções consideradas literárias).

---

7. Veja-se D. BELL, R. RICHTA, A. TOURAINE, etc., *op. cit.*
8. J. DUMAZEDIER e A. RIPERT, *Loisir et culture, op. cit.*, anexo V: "Niveaux culturels et Comité des juges", p. 326-328.

No setor intelectual: compra e empréstimo de livros, desejo de uma licença cultural e escolha de um objetivo para as licenças culturais, leitura de crônicas literárias, religiosas e políticas, leituras das biografias de sábios ou de homens políticos.

No setor social: o gosto pelas reuniões e festas de família e o interesse ativo pelos diferentes tipos de associações voluntárias que são oferecidas ao indivíduo para ocupar o seu tempo de lazer. Com efeito, a evolução política das sociedades modernas se caracteriza por uma crescente abertura do grupo familial sobre o nível circundante, uma participação de seus membros em grupamentos ou associações voluntárias cada vez mais numerosos, cada vez mais diversificados e cuja significação é ambígua para o devir social: complemento, compensação ou substituto dos organismos políticos?[9]

Daí, o seguinte quadro dos indicadores de lazer:

SETOR ARTÍSTICO	SETOR INTELECTUAL	SETOR SOCIAL
Freqüentação do teatro	Compra e empréstimo de livros	Participação às reuniões familiais
Freqüentação do concerto	Aprovação da idéia de uma licença cultural	
Freqüentação das exposições		
Freqüentação do cinema	Escolha de um certo tipo de assunto para as licenças culturais	Participação na vida das associações
Audição de um certo tipo de música		
Audição de um certo tipo de canções	Leitura de crônicas literárias, religiosas, políticas	
	Leitura de biografias de sábios ou de homens políticos	

RESULTADOS

Em primeiro lugar, como se distribuem, face aos diversos componentes segundo os quais analisamos o trabalho,

9. Veja-se D. RIESMAN e N. GLAZER, *La Foule solitaire*, op. cit.

os comportamentos dos operários e das outras categorias da população ativa, os dos jovens (menos de 35 anos) e os dos "mais idosos"?

Impõe-se uma primeira observação: as diferenças de porcentagens entre operários e não-operários segundo os diferentes interesses quase nunca ultrapassam os 20%. Um grande número de operários tem pois as mesmas reações que as outras categorias sociais e um número algo menor teria reações diferentes: desde 1954 haveria pelo menos duas "classes operárias" ao nível das atitudes reais? Os operários se distinguem por um interesse mais elevado pela técnica (37 contra 33%), pelo trabalho bem feito (31 contra 19%), pelo sonho menos freqüente de uma outra profissão (28 contra 43%) e pela satisfação que sentem no trabalho nas relações com os camaradas (47 contra 27%). Este último ponto já atraiu nossa atenção: o senso da camaradagem seria mais desenvolvido entre os operários? Ou deve-se ver aí apenas o signo de uma vida social mais limitada ao quadro de trabalho?

As outras categorias sociais se distinguem, em nossa amostra, por um interesse mais elevado pela organização (21,5% contra 11%) e particularmente por uma participação sindical mais forte (36% contra 21%). Seria a ascensão do sindicalismo dos colarinhos brancos preocupados com a cultura tanto quanto com a política?

As ligações entre interesses de lazer e obrigações de trabalho aparecem como diferentes entre os operários? Procedemos, para nossas duas categorias (operários e não-operários), a uma análise qualitativa dos vínculos entre situações e atitudes de trabalho e diferentes interesses de lazer.

b) *Indicadores situacionais*

Duração do trabalho: a duração de trabalho liga-se ao interesse pelo lazer, interesse diversificado segundo a idade e a categoria sócio-profissional. Há destarte interação pela participação nas licenças culturais entre os papéis positivos da curta duração do trabalho, da idade e da categoria sócio-profissional: os jovens operários aceitam mais este tipo de licenças do que os mais velhos, os não-operários mais que os operários, especialmente se estes têm mais de 35 anos.

Constatou-se uma ligação entre a duração do trabalho e a leitura de rubricas sobre a vida literária, o gosto artístico pelas reproduções, o grau de participação sindical. A análise mostra de fato que estas escolhas são determinadas pela pertinência a uma categoria sócio-profissional muito mais que pela duração da semana de trabalho[10].

Constatou-se uma ligação entre a curta duração do trabalho e a freqüentação do cinema, mas na realidade a pertinência a uma categoria etária é a mais determinante desta escolha. Verifica-se entretanto que entre *os não-operários de mais de 35 anos* a reduzida duração do trabalho está sempre vinculada *a um alto nível cultural* do lazer: seu grupo tem não somente um nível cultural mais elevado do que o dos não-operários com menos de 35 anos cuja duração de trabalho é longa, mas apresenta, igualmente, um nível cultural mais elevado do que o do resto da população — é o que sucede, por exemplo, no caso da leitura de rubricas literárias.

Observa-se, aliás, uma ligação entre longa duração do trabalho e interesse cultural de nível elevado pelo concerto, entre os jovens (operários e não-operários). Já havíamos notado que o argumento de falta de tempo é, muitas vezes, um álibi que dissimula um interesse cultural.

Gênero de trabalho: o interesse cultural de lazer parece ser independente entre os operários, de seu gênero de trabalho, isto é, de acordo com as categorias da *enquête*, de sua pertinência seja ao setor da indústria, seja ao da construção.

A pertinência à função pública ou ao comércio afeta, em contrapartida, os não-operários; assim, os membros da função pública que tenham mais de 35 anos se distinguem por sua freqüentação do cinema (interação do gênero de trabalho, da categoria sócio-profissional e da idade). Os comerciantes, se têm mais de 35 anos, por sua reduzida freqüentação do cinema.

Gênero de fadiga: não afeta de maneira diferente os membros das diversas categorias de idade. Para o conjunto dos trabalhadores com mais de 35 anos (mas não para os jovens), a fadiga nervosa é ligada a um nível elevado de atividade cultural.

b) *Indicadores reacionais*

Segundo nossa análise multivariada, mais ainda que as relações entre variáveis situacionais de trabalho e variáveis de lazer, as relações entre variáveis reacionais de trabalho e variáveis de lazer aparecem como uma conseqüência do sistema de relações entre três tipos de variáveis: variáveis de controle (idade e categorias sócio-profissionais), variáveis independentes

---

10. Exceto para os não-operários com mais de 35 anos no que concerne à leitura das rubricas literárias; esta atividade cultural liga-se à curta duração de seu trabalho.

(atitude face ao trabalho) e variáveis dependentes (atividades de lazer).

Nossa análise nos permite, além do mais, discernir, em certos casos, a variável que possui o peso mais forte nesta interação. Examinemos os resultados:

Interesse pelo trabalho: com idade e CSP constantes, a relação inicial negativa entre interesse no trabalho e alto nível cultural de lazer é mantida exclusivamente entre os não-operários[11]: estes apresentam um nível cultural mais baixo em certos campos artísticos (exposições — gostos estéticos) quando acham interessante seu trabalho[12].

Entre os operários, encontra-se o mesmo tipo de ligação quando são jovens: aqueles que estão interessados pelo seu trabalho ouvem notadamente menos canções literárias que seus companheiros.

Quanto à ligação positiva inicialmente constatada entre interesse pelo trabalho e jogos em família, ela é confirmada pela análise multivariada para todas as categorias de idade e de profissões.

Satisfação no trabalho bem feito: a relação inicial entre satisfação pelo trabalho bem feito e interesse pelas diferentes atividades de lazer depende de uma interação entre variáveis de controle (idade CSP) e variável independente (satisfação pelo trabalho bem feito); ela é acentuada entre os não-operários com menos de 35 anos. Estes, efetivamente, quando indicam o trabalho bem feito como fonte de satisfação, se caracterizam ao mesmo tempo por seu fraco nível de interesse pelo esporte, pela compra de livros, pelas licenças culturais, pela escolha do trabalho como assunto eventual de licenças culturais e leitura dos editoriais[13].

Este mesmo gênero de relação entre os jovens operários no caso da audição de canções literárias, assim como no caso da escolha do trabalho como assunto de licença cultural.

Entre os que têm mais de 35 anos (não-operários e operários), surge uma ligação que estava encoberta na relação inicialmente constatada; há, para eles, relação entre satisfação no trabalho bem feito e a leitura dos editoriais.

11. Todavia, a distribuição é sensivelmente a mesma entre todos os operários e não-operários.

12. Entretanto, quando têm mais de 35 anos, participam tanto menos de associações quão menos interessante julgam o trabalho.

13. Em compensação, os jovens operários com menos de 35 anos, que não indicam a satisfação do trabalho bem feito como fonte de satisfação, têm o mais alto nível de interesse de toda a população por estes mesmos gêneros de lazeres.

141

É somente no caso da correlação entre satisfação no trabalho bem feito e compra de livros que se pode descobrir, pela análise multivariada, uma variável de controle determinante, na ocorrência a categoria sócio-profissional: a relação inicial negativa entre o fato de se experimentar satisfação no trabalho bem feito e o de *não* comprar livros é anulada. Entre os não-operários com menos de 35 anos que, eles, experimentam satisfação no trabalho bem feito e compram livros.

Satisfação na organização do trabalho: com idade e categorias sócio-profissionais constantes, a satisfação na organização do trabalho está em relação positiva com o nível dos interesses culturais que se seguem: freqüentação das exposições difíceis, compra de livros, desejo de licenças culturais.

Mas a análise multivariada que de fato é a pertinência a uma categoria profissional que é a variável mais determinante da escolha das exposições e a da época da vida em que se deseja localizar as licenças culturais. É igualmente a variável mais determinante no fato de comprar livros: com efeito, a correlação entre satisfação na organização do trabalho e compras de livros é acentuada entre os operários, mas reduzida entre os não-operários.

E a análise multivariada mostra, por outro lado, que a idade é a variável dominante do desejo de licenças culturais: com efeito, a correlação entre satisfação na organização do trabalho e desejo de licenças culturais vê-se acentuada para o grupo com mais de 35 anos e atenuada para de menos de 35 anos.

Por fim, a análise multivariada mostra que as ligações entre a freqüentação do teatro e do concerto são, na realidade, o resultado de uma interação entre variáveis de controle (categoria sócio-profissional e idade) e variáveis independentes (satisfação na organização); com efeito, nestas ligações, que são acentuadas entre o elemento com mais de 35 anos, é a pertinência a uma categoria sócio-profissional que tem o peso relativo mais forte. Ninguém se espantará que o fato de pertencer à classe operária seja um obstáculo à freqüentação do teatro.

Satisfação na técnica: este tipo de satisfação no trabalho diversifica o comportamento dos não-operários[14] com respeito a dois lazeres artísticos e intelectuais: freqüentação do teatro, escolha das licenças culturais e leitura dos editoriais. Nesta categoria, observa-se uma ligação entre um alto nível cultural do lazer artístico e intelectual e o fato do sentimento de satisfação

---

14. No entanto, já o vimos, a distribuição da satisfação na técnica é sensivelmente a mesma entre os operários e os não-operários.

na técnica. Esta ligação é reforçada entre os não-operários quando eles têm menos de 35 anos.

Uma vez mais, estas ligações se devem a uma interação entre variáveis de controle (CSP e idade) e variável independente (satisfação na técnica); constata-se, assim, que a variável mais determinante do interesse pela leitura dos editoriais, teatro, audição de música clássica é, ainda aí, a pertinência a uma categoria sócio-profissional: a dos não-operários.

O sonho com uma outra profissão: a análise multivariada mostra que as ligações positivas entre o fato de desejar uma outra profissão e (respectivamente) a freqüentação do teatro, do cinema, a audição de canções literárias, a compra de livros, a escolha do gênero de exposição a ser visitada, resultam de uma interação entre variáveis de controle (categoria sócio-profissional e idade) e variável independente (o fato de sonhar com uma outra profissão). É a idade (menos de 35 anos) que parece como sendo a variável mais determinante da freqüentação do cinema. Mas é a pertinência à categoria sócio-profissional dos não-operários que é a mais determinante para a freqüentação do teatro, a audição das canções literárias, a compra de livros e a escolha do gênero de exposição.

Participação sindical: é ainda a categoria sócio-profissional que tem o mais forte peso relativo, em interação com a idade e a participação sindical, para "explicar" a diferença de interesses para com o teatro, o concerto, a freqüentação de exposições artísticas, a leitura, a participação na vida religiosa e na vida política.

Quanto à participação sindical, ela não introduz diferenças de comportamentos de lazer senão na categoria dos não-operários: com efeito, os não-operários que são sindicalizados participam mais nas associações, e são aí mais ativos, freqüentam mais o concerto e o teatro do que os não-operários que não são sindicalizados. Se estes sindicalizados contam menos de 35 anos, freqüentam mais as exposições artísticas e lêem mais as rubricas políticas e religiosas do que os não-sindicalizados.

A participação sindical tende também a diferenciar o comportamento dos operários nos seguintes domínios: ela parece intensificar para os indivíduos com menos de 35 anos a freqüentação das exposições e para os de mais de 35 anos a leitura da vida dos sábios.

O QUE É QUE SE PODE CONCLUIR DESTA ANÁLISE DAS RELAÇÕES DO TRABALHO E DO LAZER? Antes de mais nada, para os indicadores escolhidos, a relação entre os interesses associados ao trabalho e o lazer parece ser mais diferenciada *segundo as categorias sócio-profissionais* produzidas pela divisão do trabalho do que segundo as categorias de idade. Quanto à escolha das atividades de lazer, constatamos precedentemente que hoje tende a existir um modelo dominante de lazeres, o modelo do grupo com menos de 30 anos[15]. Mas a diversificação entre os gêneros e níveis culturais de lazeres, depende muito mais da pertinência a uma categoria sócio-profissional do que da pertinência a uma categoria de idade.

Esta diferenciação é antes de tudo *quantitativa*: uma tal relação existe quase cinco vezes mais entre os não-operários do que entre os operários. Ao passo que *trinta e cinco* ligações concernem unicamente aos primeiros, quatro somente dizem respeito aos últimos.

A influência dos indicadores situacionais é mais forte entre os não-operários do que entre os operários[16]. Há mais ligações entre duração de trabalho e escolha dos interesses de lazer entre os não-operários do que entre os operários (8 ligações contra 4) e o gênero de trabalho não é ligado a certos comportamentos de lazer salvo para os não-operários.

A influência dos indicadores reacionais se exerce no mesmo sentido: ela é muito marcada entre os não-operários[17], enquanto que, no tocante aos operários, poder-se-ia quase falar de uma dissociação entre estes indicadores reacionais (atitude em face ao trabalho) e os comportamentos de lazer. Com efeito, se considerarmos dois indicadores particularmente significativos de um engajamento no campo do trabalho (alto grau de satisfação no trabalho e participação sindical), constata-se que, para o primeiro, existem entre os não-operários 15 ligações com os comportamentos de lazer contra somente 6 entre os operários e que, para o segundo, existem entre os não-operários 11 ligações com os comportamentos de lazer contra somente 4 entre os operários.

O que concluir? Partimos da bem conhecida proposição: o trabalho determina o lazer. Perguntamo-nos *em que medida* tal proposição corresponde à realidade de hoje nas sociedades industriais avançadas. Tomamos o exemplo da sociedade francesa. Optamos por interrogar a população ativa de uma cidade econo-

---

15. Ver J. DUMAZEDIER e A. RIPERT. *op. cit* , cap. 5.

16. Salvo para a fadiga nervosa, que diferencia sensivelmente tanto o comportamento dos não-operários quanto o dos operários.

17. Salvo para a relação entre o fato de sonhar com outra profissão e os comportamentos de lazeres e para a relação entre a preocupação dominante e os comportamentos de lazer.

micamente avançada no início do período de prosperidade que acabamos de viver. Decompusemos o lazer e o trabalho em dimensões variadas, introduzimos as diferenças de idade e as diferenças de condições sócio-profissionais. Qual a resposta dada por nossa análise multivariada? Uma resposta variada.

Seria interessante empreender presentemente a interpretação dos resultados complexos que obtivemos. Tal interpretação nos levaria a explorar de um ponto de vista habitual (o do lazer) a nova estrutura da cultura operária com respeito à estrutura da cultura das outras categorias sociais. Esta análise extravasaria o esquema estabelecido para este capítulo, já o empreendemos alhures[18]. Para ficar nos limites da questão proposta, podemos concluir sobre três pontos:

— É certo que a divisão em classes e categorias sócio-profissionais devida ao trabalho influencia os lazeres como todos os outros setores de atividades. Observamos que, com os indicadores escolhidos, as diferenças introduzidas nos comportamentos de lazer provêm especialmente das diferenças de condição sócio-profissional. As diferenças que constatamos são estatisticamente significativas a .10. Está claro que, apesar de todas as afirmações sobre a padronização, a homogeneização da cultura moderna (escola, *mass media*...) o isolamento cultural da classe operária continua a ser um fato não apenas do ponto de vista dos estudos, mas ainda dos lazeres.

Mas, antes de mais nada, este isolamento não é absoluto. Ele não se opõe a uma participação cultural geral das outras classes. Esta participação é, ela própria, um mito[19]. O isolamento cultural da classe operária é relativo: ele se traduz somente por uma variação entre as porcentagens da participação cultural. Nunca observamos diferenças radicais do tipo 80 a 100% de um lado, 0 a 20% do outro. A divisão do trabalho não se traduz nas diferenças de lazer com a brutalidade que separa o gênero de trabalho de um operário especializado (OE) e o gênero de trabalho de um executivo de nível superior. Todo ensaio para dicotomizar os conteúdos culturais do lazer em branco ou preto nos parece constituir uma simplificação, uma caricatura da realidade.

— Mais, ainda, apesar das diferenças reais entre os conteúdos culturais dominantes do lazer dos operários em relação aos dos não-operários, não observamos uma só vez que as

18. "Análise crítica das relações do trabalho e do lazer através das diferentes aproximações da sociologia do trabalho na França" (a ser publicado).

19. R. HAVIGHURST, *op. cit.*

ligações estivessem invertidas. Encontramos as mesmas relações entre as variáveis de trabalho e as variáveis do lazer entre os operários e entre os outros. Estas ligações significativas variam em número de 0 a 3 para cada gênero de lazer entre os operários, de 0 a 6 para os outros trabalhadores. Mas as diferenças de condição nunca são traduzidas por tendências contraditórias e as ligações específicas unicamente aos operários revelaram-se quase nulas. É bem verdade que se tivéssemos escolhido outros lazeres, outros indicadores, teríamos provavelmente obtido resultados diferentes, mas duvidamos que haja muitos lazeres a tal ponto opostos, que a quase totalidade dos operários participem de uns e a quase totalidade dos não-operários participem dos outros. Mesmo no caso do golfe e da bisca, isto seria provavelmente falso. Existem outras variáveis que entram em interação positiva ou negativa com os determinismos das condições sócio-profissionais, notadamente, como vimos, a da idade.

— Fala-se muito da influência do trabalho enquanto sistema técnico, organizacional, relacional, etc. Esta influência, podemos inferi-la das diferenças significativas que observamos nas ligações que estes diferentes aspectos do trabalho têm com certos lazeres (niveladas as idades e as categorias sócio-profissionais). Mas estes diferentes aspectos do trabalho nem sempre agem no mesmo sentido. Sua influência é variável, na maioria das vezes é aparentemente nula. Em cerca de 200 ligações teoricamente possíveis, 20 são significativas (x^2 a .10).

Pesquisas empíricas efetuadas interessaram-se pelo problema das relações do trabalho e do lazer. Mas não conhecemos nenhuma análise multivariada, ao menos parcialmente comparável à nossa, que invalide nossos resultados[20].

2. ANALOGIAS ENTRE TRABALHO E LAZER

Nestas condições, de que maneira se coloca, hoje, a questão das analogias do trabalho e do lazer? De E. Mayo a G. Friedmann, o interesse da sociologia do trabalho pelo lazer nasceu da preocupação de querer melhorar as condições de trabalho e de completar ou compensar as imperfeições do trabalho. Nos anos 1950-1960, G. Friedmann insistiu bastante sobre a importância da distinção entre a função de distração que acompanha o exercício de um trabalho interessante e a função de compensação que pode acompanhar (ou deveria acompanhar) o exercício de um trabalho sem responsabilidade importante e sem criatividade autêntica,

20. Ver N. MORSE, S. PARKER, H. WILENSKY... *op. cit.*

incapaz de suscitar a realização da personalidade[21]. Quase ao mesmo tempo, na década de 1960, as atividades de lazer eram apresentadas por numerosos autores como uma alternativa de futuro em relação ao trabalho (H. Wilensky, 1961; S. de Grazia, 1962, etc.). Esta tendência se prolongou até agora entre certos sociólogos das sociedades industriais de tipo capitalista ou socialista (B. Filipcova, 1963; B. Gruschin, 1969...). Ela começou a modificar-se diante das análises mais refinadas das relações complexas do trabalho e do lazer. Ela tomou a forma de uma oposição entre aqueles que S. Parker[22] chama de "segmentalistas" e os "holistas". Isto é, aqueles que dão a ênfase à independência relativa do lazer com respeito ao trabalho (D. Bell) e os que frisam a dependência relativa do lazer com respeito ao trabalho. S. Parker frisa, na esteira de H. Wilensky[23], as possíveis conseqüências políticas de cada uma destas duas teorias. A primeira poderia terminar por desenvolver modelos de lazer criadores para compensar a degradação do trabalho; entre aqueles que se sentem particularmente alienados por sua situação de trabalho. A segunda poderia inspirar, ao contrário, uma revisão das situações de trabalho, um progresso das significações técnicas e sociais das tarefas e, daí, uma promoção de lazer de melhor qualidade[24]. Esta polarização da reflexão entre duas "teorias" igualmente inaptas a explicar a complexidade dialética do real será um bom caminho de fazer progredir a pesquisa? Dispomos, doravante, parece, um número suficiente de investigações empíricas de resultados convergentes, embora realizados em sociedades diferentes, para evitar que nos limitemos à discussão de "teorias" dicotômicas tão simplificadoras[25].

Pode-se situar em torno dos anos de 65 o aparecimento de uma mudança radical não somente nas situações de trabalho e de lazer, mas nas mentalidades, nos valores. A querela que opõe os que prevêm um lazer cada vez mais separado do trabalho (nomadismo dos fins de semana, das férias, etc.) e os que, ao contrário, o vêem cada vez mais misturado ao trabalho (pausa-café, mesa de pingue-pongue entre as séries industriais, etc.) parece-nos ela própria ultrapassada.

21. Ver mais acima, p. 22-23.
22. Para uma conclusão próxima, J. H. GOLDTHORPE, *The affluent workers*, Cambridge University Press, 1968, trad., Seuil, 1972.
23. H. WILENSKY, Travail, carrière et intégration sociale, *Revue internationale*, nº 4, 1960, p. 587-607.
24. Ver S. PARKER, *op. cit.*
25. J. DUMAZEDIER, Pourquoi l'analyse secondaire s'impose dans la sociologie actuelle du loisir, *Society and leisure*, 3, 1972.

1. Conquanto condicionado, o lazer cria novos valores, separando-se cada vez mais dos modelos compensadores do trabalho.
2. Estes valores tendem modificar ou penetrar não somente o trabalho, mas todas as obrigações que chamamos de institucionais. Pois é aí que, para nós, se colocam os problemas mais importantes: os que a sociologia empírica ainda não pôde tratar com amplitude e rigor suficientes.

Cada vez mais, especialmente nas novas gerações, nota-se uma desafeição crescente por certas formas de trabalho secundário (indústria) ou terciário (administração). É difícil avaliar o total de jovens que, após os estudos, vivem em estado de inatividade ou de semi-inatividade, semidesocupação, recusando aceitar no trabalho um modo de vida diferente do lazer. Uma *enquête* recente do INED (1972)[26] mostrou que o fenômeno, observável na América, atinge também a França: as estatísticas oficiais contam cerca de 400 000 jovens sem trabalho entre a idade do fim da escolaridade e os 25 anos, mas a pesquisa de opinião do INED inventariou mais de um milhão destes jovens. Os que não podem *e* não desejam aceitar o trabalho, tal como ele é, são instáveis, contentando-se com pequenos labores temporários de acordo com as necessidades do mercado. Desde 1968, as greves se tornam mais e mais freqüentes não apenas para reivindicar a melhoria do nível de vida ou a redução do tempo de trabalho, mas também a melhoria da vida no trabalho. Ao mesmo tempo, pesquisas como a de Michel nos Estados Unidos ou de Goldthrope na Inglaterra trazem à tona um declínio geral dos valores do trabalho entre os operários. É o que acontece entre um número crescente de "quadros", de *managers* que, em comparação com a geração precedente, a de Burnham, valorizam o tempo livre, a realização pessoal[27]. Os valores do trabalho são cada vez mais instrumentais; formas de trabalho de meio período se estendem em proveito daqueles que encerraram seu tempo de trabalho obrigatório (aposentados), daqueles que desejam assumir simultaneamente uma tarefa doméstica e uma tarefa profissional. Horários flexíveis de trabalho encontram-se em estudos; uma nova organização do trabalho que restringe a quatro jornadas de 10 horas está em

---

26. *Les Attitudes des travailleurs et des employeurs à l'égard de l'emploi*, Paris, PUF, 1973, 166 p. (*les Cahiers du Centre d'études de l'emploi*, nº 2).

27. *Values in America*, D. N. BARRET (ed.), Colaboradores: C. Kluckohn e outros, Notre Dame, Ind., University of Notre Dame Press, 1961, 182 p.

experiência em mais de 2 000 empresas americanas[28]. Ao mesmo tempo a introdução de pausas ou intervalos com ginástica, jogos de interior ou ao ar livre, ou círculos de estudos, tende a introduzir modelos de vida de lazer no trabalho. Atividades de preparação para a aposentadoria começam a penetrar os horários do trabalho, a partir dos quarenta e cinco/cinqüenta anos. Uma importante conferência internacional do OCDE sobre a ordenação do tempo de trabalho tratou das novas relações desejáveis para a economia, a sociedade e a personalidade, entre os trabalhos profissionais, domésticos, escolares e o lazer que encerra a jornada, a semana, o ano e a vida do trabalho[29]. De ora em diante a influência positiva ou negativa do trabalho sobre o lazer não mais põe problemas do que a de outros fatores sociais que também condicionam o lazer: vida familiar, vida escolar, vida sócio-espiritual e sócio-política.

Enfim, como se observa a ação dos modelos de vida de lazer sobre os novos modelos de vida do trabalho, da família, da cidade, tende-se a englobar tais problemas em pesquisas sobre intervenções desejáveis e possíveis. Aí se situa a jogada maior de novas lutas sociais. Parece, diz o economista A. Glickaman, que estamos em vésperas de empreender em grande escala a experimentação social de novas formas de disposição do trabalho e dos lazeres. Estudando mais de perto tais perspectivas, constatamos consideráveis lacunas na informação de que necessitamos. Cumpre manifestamente levar muito mais longe nossos estudos neste campo. É evidente que as pesquisas econômicas, mesmo que multiplicadas e melhoradas, não podem substituir as pesquisas sociológicas: os estudos sobre a *liberação* do tempo, a partir de um certo limiar de desenvolvimento das forças produtivas, não podem mais ser separados dos problemas de sua *destinação* por motivos ao mesmo tempo econômicos e sócio-culturais. Liberar o tempo para ter mais o quê, e especialmente para ser mais o quê? Liberar tempo para liberar quem e como? Como a sociologia do lazer poderá trazer informações necessárias para melhorar não só o nível de vida, mas também o *estilo de vida* de uma sociedade?

Em que problemática geral da liberação e da aplicação do tempo liberado situar a analogia do trabalho e do lazer? Esta problemática deveria ter mais em conta a evolução provável das sociedades globais e suas diferenças segundo o grau de desenvolvimento pré-industrial, industrial ou pós-industrial das forças produtivas.

28. I. DE RIVA POOR, *op. cit.*
29. Conferência Internacional OCDE, set. 1972.

3. A DURAÇÃO DO TRABALHO PROFISSIONAL PODE SER DIMINUÍDA?

Aumento da produção ou diminuição da duração do trabalho profissional?

Antes de mais nada voltemos à fonte primeira da produção do tempo livre: o desenvolvimento das forças produtivas. Para uma sociedade, a primeira escolha, consciente ou inconsciente, se situa acima de tudo entre o acréscimo da produção ou acréscimo do tempo livre. A condição mais racional da produção do tempo livre é realizada quando o progresso da produtividade permite aumentar a produção, diminuindo o tempo de trabalho dos produtores. Mas uma sociedade consciente de si mesma poderia, na medida em que a economia o permitir, recusar de liberar tempo de trabalho a fim de produzir mais ainda. Alguns objetarão que este problema não é sociológico, porém econômico. Não é nossa opinião. É evidentemente a economia que fixa as possibilidades da produção, mas a orientação desta produção suplementar tem implicações sociais e culturais: dependem de um estudo sociológico guiado pelo quadro de referência das alternativas possíveis do desenvolvimento da sociedade a curto ou a longo termo.

Assim o suplemento de trabalho produtivo pode ser destinado a preencher certas desigualdades de consumo entre as classes ou categorias sociais (política de transferências sociais). Pode ser aplicado em preencher o retardo dos equipamentos coletivos (estradas, hospitais, escolas, estádios, piscinas, bibliotecas, teatros, etc.) sobre as necessidades expressas ou previstas da população. Enfim, este suplemento de força de trabalho pode ser investido em proveito dos países cuja força de trabalho é subdesenvolvida. A renúncia ao tempo livre poderia então transformar-se em empréstimos a longo ou a curto prazo ou em donativos de produtos vitais para as sociedades que não têm os meios de, elas mesmas, produzi-las. Cabe certamente ao poder político fixar as escolhas, mas cabe ao sociólogo, em cooperação com o economista, estudar as implicações reais ou prováveis das escolhas possíveis em relação à sociedade ou à cultura. Foi especialmente ao economista que coube, até agora, a iniciativa de tais estudos, em parte porque os sociólogos ainda não se interessam suficientemente por eles, apesar da atualidade dos problemas do desenvolvimento em todas as sociedades.

Enfim, a significação do tempo livre não é a mesma numa sociedade cuja economia próspera é marcada pelo emprego pleno da força de trabalho de toda a população e numa sociedade em que a força de trabalho da população é subempregada. Com efeito, não esqueçamos que numa sociedade cuja industrialização é avançada, o tempo livre é, ele próprio, um produto. Este produto corresponde a um tempo de trabalho do qual a economia não necessita ou não necessita mais para desenvolver-se no ritmo previsto ou decidido. Nas sociedades cuja economia é retardada, o problema é, ao contrário, e antes de mais nada, transformar em tempo de trabalho um tempo desocupado onde se perde uma força de trabalho muitas vezes considerável. Sua conversão em tempo de trabalho é necessária à valorização dos recursos do país, tanto quanto o capital ou o talento. Não é o trabalho industrial que produz este tempo desocupado, é o emprego deste tempo que é necessário à própria produção do trabalho industrial. Este tempo desocupado não é o tempo livre, é um tempo de desemprego, de subemprego, de desocupação, o que se poderia chamar de um *tempo morto* na escala da sociedade, por analogia com aquele que a organização científica do trabalho assume o dever de eliminar para aumentar a produtividade da empresa moderna.

Nestas sociedades pré-industriais, um outro problema específico é gerado pela coexistência de dois setores do tempo fora do trabalho: tempo desocupado tradicional e tempo livre moderno. Os modelos que desabrocham o indivíduo, neste último, podem ser nefastos, no primeiro, ao desenvolvimento dos modelos sociais necessários à conversão do tempo morto em tempo produtivo. É grande o perigo de alienar a população tradicional, ociosa e miserável em modelos ideais de lazer das sociedades industriosas e ricas. Eles podem encerrar o indivíduo num mundo artificial, prejudicial à tomada de consciência e ao esforço necessário à transformação de seu meio pelo trabalho moderno.

A pesquisa de atividades de lazer adaptadas à transformação da atitude tradicional, em face do tempo flutuante numa atitude moderna de organização racional de tempo, dos gestos da produção e das relações sociais correspondentes, é capital. Deste ponto de vista, o desenvolvimento das atividades esportivas é de interesse particular. As experiências mostraram que elas desenvolvem uma atitude racional no tocante ao desempenho do treinamento, da divisão das tarefas em equipe, etc., que pode facilitar a assimilação das regras do trabalho moderno.

Por conseguinte, pode-se a justo título considerar a prática das atividades esportivas no tempo livre ou no tempo desocupado, não somente como um consumo de lazer, mas também como um investimento cultural útil à transformação das mentalidades tradicionais em mentalidades modernas necessárias ao desenvolvimento.

Aumento de poder de consumo ou diminuição da duração do trabalho profissional?

Verifica-se ser tão útil considerar o tempo livre em função do problema do consumo quanto em função da produção. Com efeito, se a civilização industrial aumenta a necessidade de lazer, aumenta também a necessidade de consumir. A pressão dos modelos de consumo de massa dos bens de conforto e de lazer nas sociedades pós-industriais cria muitas vezes necessidades tais que, quanto mais se ganha dinheiro, mais se precisa ganhar. Assim, desde 1963, no Canadá francês, 85% dos operários, contra dez por cento dez anos antes, efetuavam compras a crédito[30]. Uma pesquisa sobre uma cidade vizinha de Montreal mostrou que a civilização do lazer ainda estava muito longe dos espíritos orientados, eles mesmos, antes de tudo para o lucro máximo[31]. Certas necessidades de lazer provocam muitas vezes a necessidade de adquirir bens caros: aparelho de televisão, barco a vela ou carro para as férias ou o fim de semana. O desejo de adquirir estes bens leva ao trabalho suplementar que limita o tempo de lazer nas sociedades industriais capitalistas ou socialistas. Em Praga, as inscrições para adquirir um carro são aceitas para entregas que só poderão ser feitas três anos mais tarde e o preço do carro ultrapassa o salário anual de um engenheiro: como pagar senão trabalhando o máximo possível? Em 1963 o IFOP propôs, a uma amostragem nacional de franceses, a seguinte pergunta:

> Você preferiria ver seus recursos aumentar de 6% ou obter uma redução de seu horário de trabalho, de 2 horas e 3/4 por semana, ou seja 16 dias por ano, sem aumento ou diminuição de seus recursos?

— 30% preferiam trabalhar menos, 65% ganhar mais[32]. A variação das escolhas depende rigorosamente do montante dos salários. Mesmo nos Estados Unidos onde o consumo de massa já penetrou

---

30. G. FORTIN, M.-A. TREMBLAY, com a colaboração de M. LAPLANTE, *Les Comportements économiques de la famille salariée du Québec*, Québec, Les Presses de l'Université Laval, 1964, 407 p.
31. M. LAPLANTE, *Le Développement culturel de la société québecoise*, tese de 3º ciclo, Paris, 1969, 363 p.
32. J. DUMAZEDIER, R. CARRÉ, G. GUINCHAT, *Les Loisirs en France*, primeiras estatísticas econômicas e sociológicas..., Paris, Centro de Pesquisas de Urbanismo, 1966, 1.052 p.

mais do que em qualquer outra sociedade, a necessidade de tempo livre continuou sendo por muito tempo menos forte que a necessidade de dinheiro. Só bem recentemente (1964) parece esboçar-se uma nova tendência na população operária a favor de um tempo livre mais extenso, de conformidade com a política sustentada pelos sindicatos[33]. Segundo os resultados do levantamento da pesquisa realizada nas fábricas da Renault, que assinalamos mais acima, uma tendência comparável surge desde 1968 entre os operários franceses.

Compreende-se facilmente que nas sociedades com economia retardada as necessidades de alimentação, roupas, moradia, são tais que os trabalhadores que já aderiram aos valores da civilização moderna desejarão provavelmente ganhar mais dinheiro que tempo livre.

Melhoria das condições de trabalho ou diminuição da duração do trabalho profissional?

Sabe-se que o progresso da organização científica do trabalho tem dividido e racionalizado cada vez mais as tarefas. A caça aos tempos mortos acentuou-se, as cadências aceleraram-se, o trabalho em série estendeu-se, apesar do *job enlargement*. Tal evolução sempre encontrou a resistência espontânea dos trabalhadores. As perspectivas do trabalho automatizado não mais parecem obedecer às necessidades profundamente sentidas pelo homem no trabalho. Nas sociedades pós-industriais, que já atingiram os mais altos rendimentos, e mesmo nas sociedades industriais, o tempo que esta produtividade do trabalho permite liberar, na medida em que a economia o permite, poderia ser empregado para afrouxar o próprio ritmo de trabalho, para alternar mais tempo de trabalho e tempo de pausa, para expandir a noção de trabalho até englobar no tempo de labor não apenas as tarefas de produção mas também as atividades de informação, de formação e as atividades de participação na gestão, organizadas pela empresa, pelo sindicato ou pelo comitê de empresa mista? Esta tendência seria conforme o sonho de Fourier que considerava um arranjo cada vez mais agradável das horas de trabalho a fim de que ele "se torne para todos, pouco a pouco, uma necessidade e um prazer".

---

33. Nos Estados Unidos em 1953 — 21% dos assalariados eram partidários da semana de 35 horas — em 1963, 29% eram da mesma opinião — (40% entre os sindicalistas). Resultados de duas sondagens nacionais comparáveis no relatório "How do people feel about free time" da 8ª Conferência Anual Nacional AFC-CIO sobre serviços à Comunidade, New York, 1964. A ação sindical prossegue no mesmo sentido.

Como já dissemos, as sociedades pré-industriais precisam em primeiro lugar realizar, na escala de sua população, ampla e longa aprendizagem da racionalidade do trabalho moderno. Uma outra hipótese é que as novas massas de trabalhadores africanos ou asiáticos terão acesso ao modo racional do trabalho inventado pela Europa com um espírito novo. Saberão estas massas colocar melhor do que nós o problema da conciliação no trabalho das atitudes tradicionais do homem com respeito ao tempo e às necessidades modernas das empresas da era industrial?

É, em todo o caso, o projeto audaz de alguns e o sonho de muitos. Nesta perspectiva, o problema mais importante da destinação do tempo liberado seria o arranjo do próprio tempo de trabalho para mudar o estilo de trabalho: o problema é atual.

Se a diminuição do trabalho profissional é possível: aumento do tempo livre para certas categorias sociais?

Suponhamos que uma reflexão nas três direções precedentes venha a desembocar na idéia de que a duração do trabalho profissional talvez diminua; a duração do tempo livre dos trabalhadores virá a ser aumentada com este corte? Exploremos primeiramente o tempo extraprofissional; ele contém atividades que não dependem do tempo livre e que, ao contrário, o limitam. Lembremos aqueles cujo tempo de trabalho profissional é prolongado por outras formas de imposições ligadas a este trabalho profissional ou a *outras formas de trabalho*. As horas liberadas pela produtividade do trabalho profissional poderiam primeiro ser proveitosas às camadas mais pobres da população ativa — que são obrigadas a acumular horas de trabalho suplementar (declarado ou clandestino) para que a família possa viver decentemente. Sabe-se que as sociedades pós-industriais mais ricas não conseguem levar a totalidade da população à prosperidade, que uma porcentagem nada desprezível (de 20 a 25% nos Estados Unidos)[34] permanece em condição difícil.

Seria preciso examinar também a situação daqueles que são forçados, pela própria estrutura das grandes cidades, a perfazerem todos os dias um longo trajeto para chegar ao serviço. Em Paris, a duração média deste percurso de ida e volta é de cerca de uma hora e 1/4, mas para uma minoria, ela ultrapassa

---

34. M. HARRINGTON, *L'Autre Amérique*, Paris, Gallimard, 1967, 289 p. (Tradução do americano).

amplamente um total de três horas diárias[35]. Segundo a *enquête* internacional sobre os orçamentos-tempo, a demora destes deslocamentos não tendem de modo algum a diminuir com o progresso da industrialização e da urbanização[36] ; ela apresenta, em toda parte, um valor comparável, na Europa Oriental e Ocidental ou na América, qualquer que seja o nível de desenvolvimento econômico e a estrutura social das cidades estudadas.

A liberação do tempo de trabalho não poderia redundar em proveito, antes de tudo, da população das grandes cidades cujo tempo livre é reduzido por um dispêndio excepcional no tempo de transporte que seria considerado de certo modo como um tempo de labor suplementar? É uma hipótese a ser estudada.

Por fim, uma outra categoria de sujeições extraprofissionais merece exame particular por causa da amplitude dos problemas que ela suscita na civilização industrial. Trata-se daquelas (imposições) provocadas pelo *duplo trabalho feminino* de que já falamos mais acima[37].

Nas sociedades pós-industriais (Estados Unidos, Canadá francês...) e em certas sociedades industriais (França), onde o equipamento relativo ao governo da casa é mais desenvolvido, tais sujeições são menos fortes.

Entretanto, observa-se um rápido desenvolvimento do trabalho parcial ou de meio período, sobretudo no caso das mulheres. Esta resposta às cargas de seu duplo trabalho não deixa de ser um perigo para a mulher, que corre o risco de ver-se reduzida a tarefas profissionais miúdas e complementares, mal pagas, exploradas.

Na França, pode-se observar uma tendência espontânea em direção ao aumento do número de empregos – de meio período e a redução de fato do horário do trabalho nas empresas em que domina a mão-de-obra feminina. De maneira mais profunda, constata-se no mundo inteiro uma feminização geral das profissões mais permeadas de licenças semanais ou anuais que as outras, como por exemplo a profissão de professor. Todos estes índices são sinais de que o problema evocado já está sendo colocado, mas de um modo desordenado, sem que as sociedades tenham conscientemente introduzido esta questão ao nível de uma política diferencial de destinação do tempo liberado.

---

35. A. VILLENEUVE, Les déplacements domicile-travail, *Économie et Statistiques*, 17, nov. 1970, p. 3-17.

36. Veja-se a exposição dos resultados da Enquête internacional sobre os orçamentos-tempo no Congresso de Évian, in *Actes du sixième Congrès mondial de sociologie*, Louvian, AIS, 1970, vol. III, p. 287-432.

37. Ver páginas 40 e seguintes.

O problema é ainda mais grave nos países em que o equipamento doméstico ainda é pouco desenvolvido. Na Europa, é provavelmente uma das razões pelas quais o tempo livre das mulheres é ainda mais reduzido nos países do Leste do que nos países do Oeste: a porcentagem de mulheres que trabalham nas empresas dos países Leste é maior, enquanto que o equipamento doméstico, segundo este mesmo levantamento, é menor[38].

Nas sociedades pré-industriais onde o *status* da mulher ainda continua muito próximo da condição rural tradicional, a própria noção de tempo livre é muitas vezes estranha à mulher, salvo durante os dias de festas tradicionais. Mesmo nos países industrializados, só muito recentemente é que a sociedade elevou a tarefa doméstica da mulher à categoria nobre do trabalho. Resulta daí uma nova legislação em numerosos países. Hoje, sociologicamente, o tempo livre é um tempo não apenas liberado do trabalho profissional, principal ou secundário (e dos deslocamentos que este impõe), mas ainda um tempo liberado da fauna doméstica. Em todos os estádios de sua evolução econômica, e qualquer que seja sua estrutura social, as sociedades de tipo industrial, por seus projetos ou suas realizações, precisam examinar antes de tudo o peso real do duplo trabalho sobre o tempo livre da população ativa feminina, antes de encarar a possibilidade de estender a todos os trabalhadores masculinos ou femininos um igual aumento de tempo livre. Existem igualdades diante do trabalho que, na realidade, alimentam desigualdades diante do tempo livre. As sociedades modernas já inventaram a licença especial de maternidade para reduzir os efeitos de uma desigualdade natural. Não poderiam elas encarar a intervenção de um aligeiramento de horário para reduzir a desigualdade social que afeta em toda a parte o duplo trabalho profissional e doméstico? A fim de fixar a amplitude do problema, a massa de horas empregadas no trabalho doméstico e familiar foi estimado por R. Daric (1946) em 45 bilhões de horas contra 43 bilhões para o trabalho profissional[39]. Não será pois de admirar que se possa encarar a possibilidade de transformar em prioridade o tempo liberado do trabalho, não em tempo livre acrescido para todos os trabalhadores, mas em primeiro lugar em tempo livre acrescido para as trabalhadoras que, entre a empresa e a casa, executam um duplo trabalho.

---

38. Ver apresentação da pesquisa internacional sobre os orçamentos-tempo, Évian, set. 1966, *op. cit.*

39. J. DUMAZEDIER, *Vers une civilisation du loisir?, op. cit.*; tradução espanhola: Barcelona, Estela, 1964; tradução inglesa: New York, Free Press MacMillan, 1966.

Se a diminuição da duração do trabalho profissional é possível: alongamento da escolaridade?

Existe ainda uma outra relação de grande importância a ser examinada: é a do tempo livre dos trabalhadores e do tempo de estudo escolar de seus filhos. Esta relação não é evidente. Contudo, na dinâmica social do tempo, ela é direta. Tem efeitos práticos: a produção do tempo livre é, de fato, limitada pela extensão da escolaridade. Nas sociedades mais evoluídas que já abordam o ensino secundário de massa, esquece-se muitas vezes de que o tempo de estudo escolar foi conquistado sobre um tempo de trabalho profissional dos jovens. Sabe-se que muitas crianças interrompem seus estudos porque a família necessita de seu salário. Mas esta relação geral é muito mais aparente em todos os níveis escolares nos países pobres onde ainda subsiste o analfabetismo. É bastante evidente que, desde a mais tenra idade, o tempo escolar se produz em detrimento do tempo do trabalho profissional; um dos grandes obstáculos à assiduidade escolar, mesmo quando o analfabetismo está em retrocesso, é a necessidade que a criança tem de ganhar a vida. Assim, a relação é geral: o aumento das horas de trabalho escolar faz-se em toda a parte em detrimento da força de trabalho. Os adultos devem trabalhar mais para que os jovens possam estudar, em vez de trabalhar. Como o crescimento escolar no mundo, em todos os níveis, primário, secundário ou superior, nos anos de 1955-1956 ganhou uma amplitude sem precedentes, encontra-se aí uma fonte certa de limitação de liberação do tempo livre dos trabalhadores. As ordens de grandeza do tempo de trabalho escolar são muitas vezes impressionantes. Assim, na França, para cerca de 14 milhões e meio de assalariados (1965), contam-se mais de 10 milhões de jovens que estudam em tempo integral. Esta proporção nada tem de excepcional, ela é, ao contrário, típica da situação escolar das sociedades industriais. Este movimento no sentido de prolongar a escolaridade e, por conseguinte, recuar à época de entrada das jovens gerações nas forças produtivas é cada vez mais contestado em seus fundamentos[40], mas ele tende a acelerar-se e a expandir-se em todas as sociedades. Assiste-se quase em toda a parte a uma explosão "escolar" e, ao mesmo tempo, a uma crise escolar.

Sabe-se que o estabelecimento de um ensino primário para todos é objeto de um esforço muitas vezes excepcional, ainda

40. I. ILLICH, *Une société sans école*, Paris, Seuil, 1971, 190 p.; P. H. COOMBS, *La Crise mondiale de l'Éducation*, Paris, PUF, 1968, 322 p. (Trad. bras.: *A Crise Mundial da Educação*, São Paulo, Perspectiva, 1976, Debates 112).

que desigual, nas sociedades de economia retardada. Nas sociedades industriais é, em geral, a extensão do ensino secundário à maioria da população que foi ou está em vias de ser concluída. Na França, os que continuam os estudos além dos 15 anos são doravante a maioria e na URSS a maioria já vai à escola depois dos 16 anos. Por fim, nas sociedades pós-industriais, a prática da escola se estende, para a quase totalidade dos jovens, até os 17 ou 18 anos (Estados Unidos, Canadá). Apesar da crise que a afeta desde os anos da década de 70, a escolarização se desenvolve ao nível secundário e mesmo superior, salvo, talvez e muito recentemente, nos Estados Unidos. No decorrer da Conferência Internacional do OCDE em 1972 sobre o arranjo do tempo de trabalho, o prolongamento da escolaridade até os 18 anos pareceu necessária para que o homem possa tomar uma parte ativa numa economia, numa sociedade, numa cultura cada vez mais complexas.

Se isto fosse realizar-se um dia, imagine-se o número de horas livres das quais os trabalhadores deveriam, de fato, se privar para que as forças produtivas pudessem fazer frente a este crescente atraso da entrada dos jovens na produção? O cálculo aproximativo é fácil de efetuar, ele se assemelha em todos os países. Um ano a mais de escolaridade para uma geração atual de 800 000 pequenos franceses suprime teoricamente as duas horas de tempo livre semanais que seriam possíveis para todos os trabalhadores assalariados, se esta geração atual estivesse na vida ativa. Claro está que "esta falta ao ganho" em horas livres é teórica, mas faz aparecer uma relação de importância maior.

Assim, na maioria das sociedades, no decorrer destes últimos vinte anos, a possibilidade econômica de liberar horas de trabalho, na verdade, beneficiou muito mais o tempo de estudo dos jovens do que o tempo livre dos trabalhadores. Seria talvez mais exato falar de uma civilização do trabalho escolar do que de uma civilização do lazer.

Se a diminuição da duração do trabalho profissional é possível: desenvolvimento da educação permanente?

Um estudo sociológico do tempo livre deveria entretanto contestar tal evolução. Com efeito, surge o problema da adaptação ou da inadaptação destes modelos quase mecânicos do desenvolvimento escolar às necessidades de desenvolvimento cultural da civilização técnica de hoje e de amanhã, qualquer que seja seu grau de evolução e gênero de organização social. Qual é a relação atual entre o tempo escolar das crianças e a parte de tempo outorgada ao estudo voluntário no tempo livre dos adultos em relação às necessidades e aos recursos das sociedades industriais? Qual poderia ser a relação *optima* numa evolução futura? Antes de mais nada, se as mudanças nos modos de sentir, pensar e agir são muitas vezes mais rápidas do que as mudanças das gerações, a sociedade não se arriscaria, prolongando mais a escolaridade, a pagar muito caro em dinheiro e em tempo a iniciação das massas de jovens em conhecimentos que deverão ser revistos menos de vinte anos depois? Numa sociedade em evolução acelerada, o desdobramento da educação no decorrer do ciclo da vida, não seria mais adequado, pelo menos a partir de um certo princípio de instrução escolar, do que o prolongamento sempre maior da escolaridade? Sociólogos americanos já colocaram o problema pelas razões que mencionamos e por muitas outras ainda que dependem do estado de dependência e irresponsabilidade, em que os estudos prolongados mantêm artificialmente um grande número de jovens adultos pouco dotados para o estudo. A crescente complexidade exige uma aprendizagem prolongada para o maior número, mas o aceleramento de sua evolução exige principalmente que ela transforme este modo de aprendizado saído do passado[41]. Hoje, "as lições" da experiência isolada se tornaram insuficientes para completar a escola. A mudança permanente obriga a sociedade a inventar uma escola permanente de um novo gênero para todas as idades da vida. É um problema indiretamente ligado ao da destinação do tempo liberado ou de uma parte do tempo liberado. Em colaboração com a sociologia da educação, a sociologia do lazer deve abordar este problema. Uma parte de tal problema entra, é bem certo, diretamente na do tempo de labor. Sabe-se que todas as empresas modernas necessitam informar, formar, aperfeiçoar permanentemente seu pessoal em função das freqüentes mudanças técnicas e sociais. Trata-se de um trabalho pós-escolar que se insere naquilo que chamamos de concepção ampliada do trabalho moderno. Na sociedade francesa, as recentes leis (1966--1971) sobre a formação permanente na empresa são sinais desta mudança. Poder-se-ia tomar numerosos exemplos em outras sociedades[42]. Mas, uma parte da educação dos adultos, provavelmente *a maior*, inscreve-se incontestavelmente no tempo de lazer dos trabalhadores. Esta relação entre o tempo de lazer e a educação dos adultos foi o típico central de uma conferência internacional européia realizada em Praga com o estímulo da

---

41. J. DUMAZEDIER, "Éducation permanente" in *Encyclopaedia Universalis*, 8, 1969, t. V.

42. J. DUMAZEDIER, Éducation permanente, resumo de 16 estudos internacionais, *Revue internationale de pédagogie*, op. cit.

UNESCO (1965). Na Europa, esta instrução voluntária é particularmente extensa, na vida operária iugoslava e dinamarquesa[43]. É um fenômeno que está se expandindo quase que no mundo inteiro. Numa sociedade pós-industrial como a dos Estados Unidos, a instrução voluntária dos adultos triplicou de 1948 a 1964. Uma sondagem nacional de 1961 revelava que cerca de 25% dos americanos se encontravam em situação de formação sistemática, dois terços dos quais com desejo de estudar assuntos extraprofissionais, apesar da pressão contínua e onipresente dos entretenimentos comerciais, sobretudo a televisão[44]. *Dois terços destes estudos voluntários estão situados dentro do tempo de lazer.*

Nas sociedades pré-industriais da África, da América ou da Ásia, na medida em que o equipamento o permite, um desenvolvimento acelerado não pode ocorrer, parece, senão por meio de um esforço muito extenso de instrução dos adultos que recorrem ao estudo voluntário. É assim que, quando em 1961 a sociedade cubana praticamente liquidou seu analfabetismo, (que passou de 25% para cerca de 4%), ela se lançou, quatro anos depois, numa política de estudos voluntários, que agrupa um número de adultos igual a cerca de um terço dos efetivos da escola primária obrigatória (esta mesma freqüentada por 85%). As sociedades em vias de industrialização, em vez de copiar o sistema em geral anacrônico do ensino dos países mais "avançados", não estariam talvez melhor inspiradas se instalassem, desde o início, um dispositivo de instrução permanente para a criança e para o adulto, dentro de um conjunto de obrigações, de opções voluntárias e de atividades livres que se apoiasse nos grandes meios de informação de massa e nas associações voluntárias? Podemos aventar a hipótese de que tais centros de ação cultural se adaptariam melhor à aprendizagem da nova sociedade e da nova cultura. Pesquisas neste sentido foram encetadas no Brasil e na Nigéria. Elas mereceriam ser ampliadas e aprofundadas. Assim, numa "civilização do lazer", o indivíduo teria maiores probabilidades de satisfazer uma curiosidade intelectual permanente e voluntária, indispensável à sua participação ativa em sociedades marcadas por uma necessidade permanente de inovação. Um esforço particular de equipamento e de animação ao mesmo tempo social e cultural nos meios menos instruídos,

---

43. J. DUMAZEDIER, Contenu culturel du loisir ouvrier dans six villes d'Europe, *Revue Française de sociologie*, I, 1963, p. 12-21.

44. J. W. V. JOHNSON e R. I. RIVERA, *Volunteers for learning*, op. cit.

mais refratários à instrução em tempo integral dos jovens permitiria estudar as condições necessárias para tornar mais eficaz o esforço de democratização escolar.

Pode-se propor a hipótese de que um segundo sistema de licenças, as dos estudos, distintos das licenças de férias, é uma via pela qual todas as sociedades industriais enveredaram desde os anos de 65. Elas investem, assim, uma parte do tempo que podem subtrair ao trabalho. A URSS foi um dos primeiros países a dar o exemplo em grande escala. Cabe esperar por sua extensão em outras sociedades, se a instrução permanente for levada a sério. Pesquisas sobre o lazer em plano de estudo voluntário hão de impor-se em conseqüência.

Se a diminuição da duração profissional é possível: redução da idade da aposentadoria?

Vimos que os adultos sacrificam um tempo livre potencial à educação escolar dos filhos. Mas podem também sacrificar uma parte deste tempo livre possível aos mais idosos entre eles. Com efeito, a relação é direta entre o aumento da duração do tempo livre daqueles que trabalham e o adiantamento da idade da aposentadoria. Se a idade da aposentadoria for antecipada, haverá forças de trabalho a substituir. É difícil proceder simultaneamente à diminuição da duração do trabalho e à redução da idade da aposentadoria.

Como já apontamos mais acima, na maior parte das sociedades européias, a idade da aposentadoria é, para a maioria dos trabalhadores, de 60 ou 65 anos. Mas o acréscimo da fadiga física e nervosa ocasionada pela tensão da vida moderna, o prolongamento da esperança de vida e a conseqüente necessidade de se ter de encarar uma terceira idade mais longa de maneira mais positiva para o indivíduo e para a sociedade, são fatos que suscitam problemas novos para as sociedades pós-industriais e industriais.

Diante desta dupla situação, faz-se sentir a necessidade de tornar mais flexível a idade da aposentadoria em duas direções: dar a uns a liberdade de continuar trabalhando mais tempo em empregos especialmente adaptados, onde a produtividade será menor, e dar a outros a possibilidade de deixar de trabalhar mais cedo, sem diminuição da taxa da aposentadoria.

A observação sociológica evidencia que, para alguns, a adaptação à inatividade profissional é difícil. Daí a necessidade cmplementar de preparar esta transição pela possibilidade de encurtar progressivamente, a partir dos 45 anos, o tempo de produção. Assim, o futuro aposentado estará melhor preparado para a interrupção do trabalho. Este modo de preparação progressivo foi experimentada no Canadá. A possibilidade de terminar diretamente a vida de trabalho não no declínio da velhice, mas na realização de uma terceira idade, gera o problema do preparo para uma vida nova inteiramente dominada, como vimos, pelas atividades e pelos valores de lazer.

Tal problema diz respeito à sociedade industrial em todos os estádios de evolução, mas é tanto mais agudo quanto mais avançado o estádio em que se encontra esta sociedade: de um lado, a duração média de vida é mais longa; de outro, as tensões causadas pela vida urbana são mais fortes. Resulta daí que o número das pessoas envolvidas no problema da terceira idade é mais elevado e que seu preparo para esse novo tipo de vida é mais difícil. Novas reivindicações se afirmaram recentemente nos Estados Unidos, neste campo[45].

Nas sociedades econômicas mais evoluídas, a partir de um certo crescimento do nível de esperança de vida, a preparação e o arranjo das atividades da terceira idade podem parecer mais urgentes do que a ampliação, para os trabalhadores, de uma vida de lazer. As pesquisas mal começaram neste sentido.

Se a diminuição da duração do trabalho profissional é possível: aumento do tempo livre para todos?

Depois do exame destas diferentes eventualidades, podemos examinar a hipótese em que a sociedade produz tempo livre a favor do conjunto dos trabalhadores. Vimos mais acima (Cap. 2) que este tempo liberado do trabalho não se confunde com o lazer. Observamos em particular que parece haver aí uma regressão das atividades sócio-políticas, e, no entanto, em face da crescente pressão dos modelos de consumo e lazer, a sociedade democrática precisa manter um alto nível de participação voluntária dos cidadãos na vida cívica em todas suas formas; uma pesquisa de previsão acerca das condições de promoção duradoura das formas de trabalho cívico voluntário, nas novas sociedades, nos parece necessária. Até nas sociedades que tentam limitar a informação, há penetração dos diferentes modelos de consumo e lazer. Segundo investigações recentes de sociologia política, nem a instrução, nem a ação ideológica, nem a censura de certos modelos de lazer moderno, são meios eficazes para se obter, de modo durável, um equilíbrio entre os valores do lazer

---

45. *Conferência sobre a terceira idade e a aposentadoria*, Washington, 1972, *op. cit.* Ver: *Curso internacional de gerontologia social*, 1972, resumo completo: *Loisir et troisième âge, op. cit.*

e os da participação sócio-política na cultura de massas. Tocamos, aí, num dos dois problemas principais do desenvolvimento sócio-cultural de uma sociedade dominada pelos valores de lazer. Pode-se formular a hipótese de que uma política a longo prazo de destinação preferencial do tempo livre, combinada com novas formas de instrução permanente, poderia ter maior eficácia. Responsáveis voluntários em todas as formas de atividade cívica, ligadas ao Estado, ao Governo, ao Parlamento, às municipalidades, aos partidos ou aos agrupamentos cívicos poderiam assim ser auxiliados, encorajados em sua promoção, em sua formação, em seu aperfeiçoamento e seu trabalho, por uma política ampliada de licenças cívicas de duração e freqüência variáveis (de um dia a vários anos). Esta categoria de cidadãos ativos beneficiar-se-ia de um abono suplementar de tempo livre. Na França, um projeto deste tipo está sendo estudado no Parlamento: trata-se de licenças especiais das quais poderiam se beneficiar todos os eleitos para órgãos municipais, a fim de aperfeiçoar sua informação e formação a respeito de problemas cada vez mais complexos. Certas sociedades, especialmente socialistas, já praticam esta política de licenças cívicas em grande escala. Mas este é um problema que todas as sociedades democráticas serão provavelmente levadas a colocar cada vez mais, pois do contrário o risco é de se tornarem democracias sem *supporters*.

A questão fundamental é saber em que medida as sociedades democráticas têm vontade de equilibrar os modelos de lazer e os modelos de participação sócio-política, e qual o preço que estão dispostas a pagar por semelhante equilíbrio. A política de alocação do tempo livre que evocamos seria, por assim dizer, uma política de investimento social necessária ao desenvolvimento democrático das sociedades. Tratar-se-ia de constituir e desenvolver uma *força de trabalho social voluntário* para o desenvolvimento social comparável à força de trabalho profissional para o desenvolvimento econômico. Esta força de trabalho social seria um reservatório de energia democrática sem a qual, como vimos, o futuro da participação dos cidadãos na gestão da cidade corre o risco de tornar-se problemático.

Para terminar, podemos voltar às questões relativas ao futuro provável do lazer[46]. Nestas condições e sem o advento de uma política radicalmente nova, qual é a fórmula de redução do tempo que conta as maiores probabilidades nos próximos dez ou vinte anos? Como já vimos, os fatores favoráveis ao crescimento do tempo liberado se defrontam com fatores desfa-

---

46. Ver cap. 3.

voráveis. De um lado, o aumento da produtividade, a pressão dos sindicatos, o receio do desemprego, a necessidade de dar saída à produção, a redução dos controles institucionais, as novas aspirações da pessoa... se dirigem no sentido da redução. De outro lado, os mecanismos da produção, as necessidades acrescidas de consumo dos trabalhadores, as necessidades sempre mais dispendiosas de equipamentos coletivos, etc., tendem a frear este movimento. Entretanto, embora estejamos longe das predições de E. Morris[47], que em 1955 encarava a instauração da semana de 30 horas nos Estados Unidos já em 1976, uma tendência geral e moderada para a diminuição é verossímil, como no passado. Em proveito de quais períodos? Se formos dar crédito às sondagens da opinião posteriores a maio-junho de 1968, não é a redução do dia nem do ano de trabalho que parece estar de imediato na ordem do dia, porém, antes, o lazer de fim de semana e da aposentadoria, ainda que o desejo das férias mais longas continue sendo ainda o mais forte[48].

A nosso ver, é em relação a todas estas questões que se propõem, doravante, os problemas de produção e de alocação do tempo de lazer pelas diferentes sociedades. Não basta mais, por certo, referir-se unicamente às funções do lazer com respeito ao trabalho.

Cumpre levar em conta muitos outros fatores, inclusive certos fatores ligados ao espaço, tais como a distância entre o local de habitação e o de trabalho, a implantação na cidade ou no campo, a qualidade do *habitat*, a disposição do espaço

47. E. MORRIS, *Utopia 1976*, New York, Reinhard & C., 1955.

48. Sondagem realizada pelo Instituto francês de Opinião Pública, a pedido do Comissariado geral para o Planejamento e da Delegação para o Arranjo do Território (DATAR), *Revue 2000*, 8, 1967:

Evolução das atitudes da população ativa face à afetação do tempo liberado, de 1963 a 1969

Se a duração do trabalho devesse diminuir, preferiririam: 1963	1963	1969
a) uma redução do horário semanal;	20%	35% + 15%
b) um prolongamento das licenças pagas;	64%	53% − 11%
c) não sabem.	10%	12%

1968: Atitudes da população ativa face a diferentes modos de afetação do tempo livre

Se a duração do trabalho devesse diminuir, preferiririam:

− 1/2 período a menos por dia;	6%
− 1/2 período de tempo livre suplementar por semana;	21%
− 2 semanas de licença suplementar por ano;	26%
− uma aposentadoria adiantada de dois anos;	38%
− não sabem.	9%

urbano e rural, pois todos exercem certa influência sobre o lazer das diferentes categorias sociais[49].

4. *LAZER E ESPAÇO:* NECESSIDADE DE UMA POLÍTICA DE DESENVOLVIMENTO CULTURAL NO URBANISMO

Em 1966 os Estados Unidos estabeleceram um zoneamento dos lazeres para o conjunto de seu território[50]. Na França não foi efetuado nenhum estudo de envergadura deste gênero: precisamos observar a dinâmica de um espaço de lazer no campo, nas montanhas, à beira-mar, em relação a todos os outros espaços para a produção, o transporte, o *habitat*, etc. Já sabemos que é o fim da noção de "terras abandonadas". Certas terras abandonadas pela agricultura podem servir de ponto de partida para um espaço de lazer, cuja integração no espaço rural suscita problemas novos, muitas vezes conflituais[51]. A criação de parques regionais e nacionais não é senão um aspecto ao mesmo tempo importante e limitado de um problema mais geral, que se coloca com uma acuidade maior ainda na cidade. A cidade, tomada no sentido amplo de aglomerado de vocação regional, foi muitas vezes estudada enquanto centro econômico, administrativo, militar, etc. Seu papel de centro cultural, conquanto familiar, é muito menos conhecido. Quando este papel é analisado pelos economistas, pelos geógrafos, pelos sociólogos, é sob o aspecto da criação (poetas, escritores, músicos). A cidade é raramente apresentada como centro cultural que engloba, além das atividades acima evocadas, e para todos os meios sociais, a totalidade das atividades de repouso, divertimento, informação desinteressada e participação voluntária na vida cultural de todo gênero e de todo nível. O urbanismo mal começa a tomar consciência do problema geral que o lazer coloca na civilização de hoje. Não foi senão em 1972 que, pela primeira vez, o tema foi central no Congresso Mundial da União Internacional dos Arquitetos.

---

49. *Distribuição da população ativa francesa segundo a duração de seu trajeto diário de casa para o local de trabalho* (INSEE, 1960):

-10'	10 a 20'	20 a 30'	30 a 40'	40 a 60'	+ 60'
21%	41%	13%	11%	7%	7%

50. "Outdoor recreation ressources review commission", *Outdoor Recreation*, Washington, 1966, 27 vols.

51. Tema central do congresso nacional da Federação nacional dos exploradores agrícolas, 1973.

Hoje, a população urbana tomou consciência do papel, no desenvolvimento cultural das cidades, da escolarização; acabamos de evocar as dimensões da "explosão escolar" deste último decênio. Mas a escolarização não é hoje senão uma parte, cada vez mais contestada, do desenvolvimento cultural de uma cidade. A função cultural da cidade se exprime também em vasta gama de lazeres (físicos, práticos, intelectuais, artísticos, sociais) independentes do setor escolar. De fato, a própria noção de *função* cultural da cidade adquiriu tão grande importância, que representa um papel da atração exercida por certas cidades da província sobre os executivos, solicitados a se instalar nelas[52]. Se elas quiserem representar o papel de pólo de desenvolvimento têm e terão cada vez mais a obrigação de ser centros de lazeres repousantes, recreativos, instrutivos, aptos a responder às necessidades culturais de todas as categorias sócio-profissionais e de todas as categorias de idade, graças aos locais de passeio, aos estádios, aos cinemas, aos teatros, aos museus, às salas de concertos, aos locais de reunião, aos bares, às associações, etc.

Tais são algumas das razões que permitem prever a importância crescente do lazer no arranjo moderno das cidades e das regiões por elas animadas. Resulta daí que é mister introduzir o problema do lazer numa política geral do desenvolvimento cultural estendida ao ciclo extra-escolar; assim a ação escolar e a ação extra-escolar, cada uma com suas características próprias, seriam ao mesmo tempo melhor diferenciadas e melhor coordenadas. Assim, a aprendizagem das atividades físicas na escola poderia prolongar-se para os adultos por um certo estilo de lazer que o urbanista favoreceria prevendo ruas sem carros para o passeio, praças livres, espaços verdes, parques, terrenos de jogos, terrenos de esportes repartidos entre o centro da cidade, a periferia e os arredores. Do mesmo modo, as atividades manuais têm tamanha importância no lazer ou no semilazer em todas as categorias sociais, que colocam problemas novos. O arranjo, o equipamento e a animação se impõem para o desenvolvimento de um verdadeiro artesanato de recreio. Por ser a base de uma autêntica cultura popular, o artesanato meio utilitário, meio desinteressado, necessitar ser sustentado, estimulado, orientado por conselheiros, animadores especializados, papel este que não pode ser preenchido pela vendedora do supermercado, da loja de miudezas ou do bazar da esquina, por maior que seja sua boa vontade. A iniciação às artes e à literatura, que os professores efetuam pacientemente, precisa ser prolongada por toda

---

52. Documentação da DATAR.

uma rede de atividades cinematográficas, teatrais, plásticas, literárias, que não poderiam ser estimuladas unicamente pelo conteúdo dos jornais e das revistas vendidos nos quiosques. Seria preciso aumentar o número de edições, instituições, agrupamentos que ensinam como escolher e que, eles mesmos, difundem, em todos os meios, obras ao mesmo tempo belas e sedutoras. Para que serviria o difícil ensino das técnicas, das ciências, das filosofias a milhões de jovens, se nenhuma instituição ou associação viesse logo a seguir refrescar a memória, aperfeiçoar os primeiros conhecimentos, auxiliar a aplicar à vida cotidiana todas estas noções difíceis e abstratas? Enfim, qual seria o proveito de se ensinar a história e a filosofia da democracia se nada ou quase nada, depois da escola, antever aí para lutar contra o conformismo, a apatia, a passividade de uma maioria de cidadãos bem entretidos, medianamente informados e mal instruídos?

Eis por que, sob pena de incoerência ou de ineficácia, faz-se imprescindível uma política do desenvolvimento cultural para suscitar, no lazer das massas urbanas, um equilíbrio entre os valores do repouso, do divertimento, e do aperfeiçoamento permanente das capacidades e dos conhecimentos, para suscitar também um equilíbrio entre os valores de lazer e os do trabalho, ou os das obrigações familiais, sociais, cívicas, políticas. A cidade tende a tornar-se cada vez mais um centro de popularização da cultura física, técnica, artística, intelectual, da cultura individual e social, não somente graças a um sistema de telecomunicações aperfeiçoado, mas ainda a um equipamento de organização dos lazeres, a um conjunto crescente de animadores devotados e qualificados em cada um dos setores das atividades de lazer. O problema das condições do livre acesso do maior número (de pessoas) aos níveis mais elevados da cultura do corpo e do espírito deveria ser objeto de uma tomada de consciência coletiva, de uma deliberação de todos os organismos interessados e de uma busca do *optimum* por uma *Comissão local ou regional do desenvolvimento cultural*. Não basta construir alguns estádios suplementares, modernizar algumas bibliotecas públicas, erigir uma dezena de Casas de Cultura ou dobrar o milhar de Casas para os Jovens. Todas estas medidas são evidentemente úteis, mas é mister, hoje, efetuar pesquisas globais, tais como as que já estão disponíveis, acerca do desenvolvimento econômico para determinar as melhores soluções que permitiriam um desenvolvimento cultural completo e coerente das coletividades urbanas. É necessário definir os critérios deste desenvolvimento, enumerar e classificar seus agentes públicos e privados, comerciais e não comerciais: para tanto, impõe-se uma política ousada de reforma da legislação, dos equipamentos e dos homens. A busca de um equilíbrio na cultura das massas, entre atividades físicas e intelectuais, irá provavelmente conduzir a reformas institucionais profundas, talvez ao questionamento da própria estrutura urbana. A preocupação com uma produtividade neste novo tipo de desenvolvimento deveria conduzir não apenas ao acréscimo dos equipamentos recreativos e culturais, mas também e acima de tudo deveria provocar uma verdadeira revolução na estrutura da animação sócio-cultural das cidades (associações e animadores). Se esta condição não fosse realizada, o aumento incontestável (ainda limitado) dos equipamentos esportivos, turísticos, artísticos e intelectuais, correria o risco de tornar-se pura e simplesmente inútil ou de rendimento social derrisório em face das necessidades das massas e das possibilidades do sistema atual de oferta, por imperfeito que possa ser. Tais são os problemas cuja solução o urbanista deveria tentar favorecer pela maneira de conceber, equipar, integrar um espaço apropriado: *o espaço de lazer*.

Resulta de nossos trabalhos efetuados em cooperação com arquitetos e urbanistas[53] que o espaço de lazer deva ser dotado de uma unidade funcional, ele é com muita freqüência disperso arbitrariamente: espaços verdes, espaços azuis, espaços de jogos, zonas de repouso, área de passeios, vistas pitorescas, locais para manifestações artísticas, esportivas, centros de reunião, etc. Neste sentido, pode-se dizer que o espaço de lazer está "em migalhas", pois ele não é pensado segundo uma visão de conjunto. Segue-se daí que a coordenação se torna difícil e que uma política de crescimento harmonizado, baseado em critérios de desenvolvimento cultural e social, é impossível. Se substituirmos as categorias administrativas pelas divisões funcionais, isto é, se partilharmos o espaço de lazer em zonas coerentes de atividades com dominantes físicas, artesanais, artísticas, intelectuais e sociais, tornar-se-á possível a coordenação dos esforços, a comparação dos custos, a do rendimento de cada setor com respeito às necessidades da população. Esta unificação do espaço de lazer, caminhando a par com sua diferenciação *em zonas*, permite confrontar os meios de favorecer segundo os diferentes meios sociais que se utilizam disso, um crescimento equilibrado da cultura do corpo e da cultura do espírito, da cultura artesanal, artística ou intelectual. Tal estrutura do espaço de lazer, funcional com respeito às necessidades globais do homem em situação de lazer, dá a possibilidade de melhor

---

53. Em particular: J. Duminy.

realizar a polivalência de um mesmo espaço de lazer ou o equilíbrio entre zonas de atividades geograficamente dispersas[54].

O espaço de lazer deve ser integrado, enquanto espaço cultural, no conjunto da área urbana, o que se torna possível graças à estrutura funcional descrita acima, mesmo quando tal espaço penetra os outros tipos de espaço, o que sucede com freqüência. Assim, se lhe reservam enclaves no espaço do trabalho produtivo: zonas reservadas na fábrica para atividades culturais, tais como áreas verdes, jardins, estádios, salas de espetáculos, geradas pelo serviço social ou pelo comitê de empresa e, muitas vezes ainda, dos moradores da vizinhança. Há, do mesmo modo, no espaço do trabalho escolar, cursos de recreação, ginásios, terrenos de esporte, bibliotecas (notemos de passagem que tais equipamentos atuais são, em geral, irrisórios, em face das necessidades culturais das crianças). O espaço de lazer penetra também as ingrejas e os templos, alguns dos quais estão equipados não apenas para o culto, mas outrossim para reuniões, jogos, concertos... Ele se infiltra também no espaço familial onde, com a elevação do nível de vida, a garagem tende a transformar-se em centro de recreio, a sala de estar em salão de festas (espetáculos televisionados, projeções de filmes, barzinho...) e até o quarto de dormir tende a transformar-se em sala de estudos ou de reunião para os amigos. Do ponto de vista de um espaço de lazer a ser criado segundo as necessidades atuais, compreender-se-á o quão enganosa pode ser a fórmula que tem sido a do urbanismo no começo deste século: "trabalhar, morar, circular, cultivar-se". Ela é por demais simples. Confunde, no termo "cultivar-se", o estudo e o lazer. Não permite compreender a imbricação das crescentes atividades de lazer na totalidade das outras atividades. Depende de uma reflexão sociológica insuficiente sobre "as necessidades do homem" e sobre as conseqüências destas necessidades para o desenvolvimento urbano.

O espaço de lazer, tanto quanto espaço cultural, é um espaço social onde se entabulam relações específicas entre seres, grupos, meios, classes.

Este espaço é determinado pelas características da população que o utiliza, pelo modo de vida dos diferentes meios sociais que o freqüentam. Deverá ao mesmo tempo respeitar, desenvolver as diversidades culturais destes indivíduos para escapar à uniformização, à padronização, ao tédio social. Deverá também

---

54. C. CORONIO, J. P. MURET, C. GUINCHAT, *Loisirs*, CRU, 1973.

reduzir as diferenças, as disparidades, os desequilíbrios culturais que privam algumas esferas sociais de tudo o que a cultura urbana poderia lhes proporcionar.

O espaço de lazer deve ser também, se nos é dado assim nos exprimir, espaço temporal: é preciso que sua delimitação, seu equipamento, sua utilização possam variar com o tempo. As atividades de lazer, já o vimos, são ritmadas no tempo segundo períodos com caracteres bem específicos: assim o ritmo das estações combinado com o do trabalho provoca as migrações de fim do dia, de fim de semana, de fim de ano (férias), de fim de vida (aposentadoria). Estes ritmos, ao colocar problemas periódicos de penúria ou de acúmulo, se impõem à concepção do espaço de lazer, que é "relativo, dinâmico e depende do tempo", segundo a expressão empregada por Wogensky para caracterizar, em seu conjunto, o urbanismo moderno de uma sociedade móvel[55].

O espaço de lazer compreende tanto os equipamentos privados quanto os equipamentos públicos. Com muita freqüência, no pensamento dos administradores, o espaço de lazer leva em conta somente os equipamentos públicos sem prestar atenção nos equipamentos privados (comerciais e não-comerciais). Todavia, é evidente que, no exercício das atividades as mais variadas (deslocamentos de fim de semana, assim como organizações de concertos), é o equilíbrio de conjunto da oferta em relação à procura (manifesta e latente) e não a pertença dos equipamentos que importa à população. As salas de audição musical, sejam elas de propriedade do setor público (Lares para a Juventude) ou do setor privado (bares, lojas de discos); as zonas de pesca, sejam elas públicas ou particulares, etc. fazem parte de um espaço que, sociologicamente, constitui um todo, mesmo quando as divisões administrativas fingem ignorá-lo. É pois impossível separar o espaço público e o espaço privado, se se pretender favorecer um desenvolvimento harmonioso e eficaz das atividades de lazer.

O espaço de lazer deve ser geograficamente implantado no local que melhor convém para cada caso particular. Como encontrar este sítio? Considerando que se pode inseri-lo em diferentes escalas da área urbana, apresentam-se alternativas que se modificam em presença de fatores, tais como o grau de motorização e a densidade de concentração da população, etc. A tendência atual é estender o espaço de lazer urbano cada vez mais longe do centro das cidades e de localizar uma parte cres-

---

55. A. WOGENSKY, L'urbanisme, *Éducation nationale*, II, 6, 1964.

cente deste espaço num campo próximo ou mesmo longínquo, onde se vai para o fim de semana, para pequenas férias, onde se pode estabelecer a residência secundária e, mesmo, em certos casos, a residência principal. Mas nesta escolha geográfica, o urbanista não deverá somente ter em conta este movimento temporário (fim de semana, férias) ou definitivo (residência principal no campo), que arrasta uma massa crescente de habitantes da cidade para os subúrbios próximos ou longínquos. Ele não deverá esquecer este outro movimento, também sempre muito importante, que atrai um número crescente de indivíduos do campo para a cidade (êxodo rural), ou que transforma o modo de vida dos aldeões. Será necessário prever os efeitos conjugados desses dois movimentos no arranjo do espaço de trabalho dos antigos aldeões e do espaço de lazer "dos novos aldeões"[56].

Enfim, o espaço de lazer deve ser amplamente aberto em direção ao futuro, porquanto, no domínio que é seu, as necessidades variam e podem variar não somente com as descobertas técnicas, mas também com a evolução das relações sociais e dos modelos culturais. Qualquer que seja esta evolução das técnicas e das idéias, uma observação, a nosso ver, é capital para o porvir geral do urbanismo. Pode-se dar antecipadamente por seguro que nos próximos cinqüenta anos, o espaço de lazer será cada vez mais necessário para o equilíbrio humano de cidades cada vez maiores, constituídas por uma população cada vez mais rica, cada vez mais instruída, e que trabalha cada vez menos. O urbanista constrói, em geral, para mais de cinqüenta anos. Seja qual for a rapidez desta evolução, seja ela parcial ou geral, convergente ou divergente, segundo as classes sociais, aí estará de fato sua direção principal, de agora até o fim do século XX. O lazer, mesmo que não ganhe tanto na duração quanto alguns prevêem, ganhará em presença, em exigência, em valor; corresponde a um velho sonho da humanidade que se expressou em mitos e utopias. Há, mais ainda na própria lógica de uma economia terciária, de promover empregos destinados à fabricação de bens e serviços de lazer a fim de compensar a regressão do emprego na produção dos bens primários e secundários. Um consumo acrescido de lazer é necessário ao funcionamento mesmo de uma economia que pertencerá mais e mais ao setor terciário[57]. Ora, as necessidades, neste campo, não têm na prática limites, diferentemente do que acontece com as necessidades alimentares e sanitárias... Cabe perguntar se um tal crescimento das necessi-

56. M. J. GANS, *The urban villagers. Group and class in the life of Italians-Americans*, New York, Press of Glencoe, 1962, XVI-367 p.
57. J. FOURASTIER, *Les 40 000 heures, op. cit.*

dades de lazer é um bem, num mundo onde subsistem as desigualdades, onde um terço dos seres humanos não come ainda à saciedade. Mas a transformação do consumo, à medida que as sociedades enriquecem, comporta em toda parte um crescimento acelerado da parcela relativa dos consumos reais de lazer. Tudo se passa como se, na sociedade terciária ou pós-industrial, a cultura urbana valorizasse aquilo que se chamou de *Homo ludens*[58].

Como ter em conta tal evolução no urbanismo de amanhã? Nas sociedades industriais, os construtores de cidades tiveram, antes de tudo, um ponto de vista utilitário; a transformação da natureza se fez em detrimento de sua contemplação, as relações sociais têm sido marcadas de maneira primordial pelo trabalho produtivo. Outros tempos estão à vista, em que o lazer irá engendrar entre o homem e a natureza, entre o homem e a sociedade, a necessidade de relações novas. Porém, mal saídos dos séculos marcados pela miséria e depois pela revolta dos trabalhadores, *não estamos preparados para viver esta nova sociedade*. Nosso velho quadro de vida não é feito para o novo estilo de vida. A maioria das cidades apresenta-se ainda marcada pela ideologia utilitarista de seus fundadores, pelas segregações e pelas lutas sociais que acompanharam o trágico nascimento da era industrial. Essas lutas e essas tensões se perpetuam sob nossos olhos, mas seu conteúdo evoluirá provavelmente cada vez mais em função de novas relações entre os problemas do trabalho e os que se colocam fora do trabalho, problemas de produção e de consumo, do engajamento social e da satisfação pessoal. As cidades, amanhã, serão cada vez mais inabitáveis, se não se transformarem de maneira radical sob a pressão das novas necessidades. À medida que a sociedade se torna mais produtiva, mais rica, mais instruída, é a necessidade maciça de estada e migração de lazer que se torna *o maior devorador de espaço*. Apesar de todos os obstáculos financeiros e ideológicos que se lhe opõem, a edificação ambiciosa, progressiva, planificada de um espaço de lazer, à medida das novas necessidades do *Homo ludens*, é talvez a mais séria das operações, a mais indispensável, se quisermos construir cidades habitáveis para os homens de 1985, nossos filhos.

Assim, observado o modo de operação do tempo e do espaço de lazer na dinâmica geral do tempo e do espaço de lazer na dinâmica geral do tempo e do espaço, a sociologia pode analisar de modo concreto o papel do lazer na evolução social e cultural. Alternativamente determinado e determinante, numa relação dialética que evolui com as mudanças da sociedade e

58. J. HUIZINGA, *Homo ludens, op. cit.*

da cultura, o lazer tende a transformar aos poucos nossas maneiras de sentir, pensar e agir[59]. Não se trata somente, como pensa Mac Luhan, da influência dos *mass media*. A utilização dos *mass media* não é senão um aspecto do lazer. Como vimos, é em todos os setores da vida de lazer que se elaboram novos valores nas relações do homem com a natureza, do homem com os outros, do homem consigo mesmo, com seu corpo, seu coração, seu espírito. Estas mudanças, limitadas, plasmadas pelas situações de trabalho, de vida familial, de vida escolar, sócio-política, sócio-espiritual, tendem a transmutar estas mesmas situações. Tudo se passa como se o lazer fosse o campo privilegiado de uma verdadeira *revolução ética e estética*, ao mesmo tempo produto e negação da revolução científica e técnica que reina no trabalho e na organização.

Não basta sustentar que o lazer permite atividades de expressão do eu em que o indivíduo é um resultado ("expressive activities") por oposição às atividades instrumentais em que o indivíduo é um meio ("instrumental activities"). Na nova sociedade, caracterizada pela nova revolução científico-técnica, o lazer torna-se o lugar privilegiado da segunda revolução cultural, que é de natureza estético-ética. A um mundo orientado no sentido da fabricação racional das coisas e da gestão racional das organizações, responde um outro mundo voltado para a livre expressão dos próprios seres e para relações afetivas com outros seres, como fim derradeiro, apesar dos condicionamentos sociais que se lhe opõem. Na nova geração, as tendências mais vivas (inovadoras) utilizam o lazer para contestar o primado da transformação utilitária da natureza e para reabilitar sua contemplação desinteressada. Não mais se trata apenas de realizar o homem, transformando a natureza exterior ou inferior, trata-se também de preservar a natureza exterior e de viver em simbiose com ela. Não se trata de disciplinar, de reprimir sem utilidade a própria natureza interior, mas de permitir que se realize com o mínimo de coação para o máximo de satisfação individual ou coletiva. O lazer é uma revolta contra a cultura repressiva. Na nova sociedade, é cada vez menos com respeito às virtudes do trabalho que o lazer é vivido. Escreveu-se que é "a vacância dos valores que faz o valor das férias"* (E. Morin); trata-se, ainda aí, de definir negativamente o fenômeno de lazer em face dos valores que lhe são estranhos e de abster-se de discernir o

---

59. J. DUMAZEDIER, "Ambiguité du loisir et travail industriel", *Cahiers internationaux de sociologie*, 7, 1960, p. 89-112.

* Jogo de palavras intraduzível, pois em francês *vacances* significa "férias" (N. dos T.)

aparecimento de novos valores que ele traz consigo. É afirmando positivamente o direito ao florescimento das mais profundas tendências do ser que são reprimidas no exercício das obrigações institucionais, que o lazer reveste sua mais nova dimensão. Ele reencontra o valor do jogo cuja prática cessava na idade do trabalho, valor perdido com a infância. A infância, a juventude, fontes permanentes da arte dos poetas, tendem a tornar-se as fontes de uma arte de viver para todos. É a promoção, no humanismo, de um *Homo ludens*, ao lado do *Homo faber* ou do *Homo sapiens*. Na relação com os outros, é a recusa de seqüestrar as forças afetivas no âmbito das formas institucionalizadas. É a procura de uma ética do encantamento individual ou coletivo, em que a música, a dança, o sonho reencontram o lugar principal que ocupavam nas sociedades arcaicas. Mac Luhan fala do neotribalismo das novas gerações. J. L. Moreno já havia falado de relações ou grupos afins espontâneos (psico--grupos), em oposição às relações e grupos institucionalizados (sócio-grupos). Tal mutação se opera em diferentes categorias de atividades que constituem, em conjunto, um novo sistema cultural cujo prestígio influencia todos os setores da atividade humana. Este sistema irá provavelmente transformar-se, no futuro, num sentido e em formas que é difícil prever, mas que correm o risco de se afastar muito dos modelos previstos há um ou dois séculos por Smith e por Marx, pela Convenção ou pelo Código Civil.

Na sociedade pós-industrial entregamo-nos na maioria das vezes a estas diferentes categorias de atividade que exprimem necessidades do corpo e do espírito, da imaginação ou da razão, em companhia de outros indivíduos, em grupos. Qual é o traço distintivo destes grupos de lazer? Eles constituem a maioria daquilo que D. Riesman chamou de *peer-groups*, que se desenvolveram de tal maneira com respeito aos grupos familiais, escolares, profissionais ou políticos. Os laços de afinidade são neles mais fortes que os laços estatutários criados pela comunidade de sangue ou de profissão, conquanto o condicionamento de classe social se exerça sobre eles, assim como sobre todos os grupos. Deste ponto de vista, tais grupos são, com certeza, muito diferentes do grupo tribal da sociedade arcaica, que era, antes de mais nada, baseado em sistemas de parentesco. Vê-se nascer comunidades mais ou menos marginais ou revoltadas contra as instituições, elas se alicerçam nos laços de afetividade e de emoção proporcionados pelo amor, pela música ou pelas drogas.

De maneira existencial (afastando provisoriamente todas as representações ideológicas que elas dão de si mesmas ou as que lhe são vinculadas a partir de um ponto de vista geralmente tomado à sociedade industrial), estas sociedades são em primeiro lugar orientadas para o lazer. Sua criação seria impossível de ser pensada lá onde a duração do trabalho é tal que sobra pouco tempo para a instrução ou o lazer. As sociedades marginais situam-se — todas — num tempo que não é nem o do trabalho profissional, nem o das obrigações familiais, cívicas ou espirituais, nem sequer o do trabalho escolar. É mesmo, em geral, para evadir-se do labor profissional tal como ele é, do trabalho escolar tal como ele é, da vida familial e da vida política tais como elas são, que certos jovens, cada vez mais numerosos, constituem esta sociedade marginal que apresenta primeiro todas as características de uma sociedade de lazer centrada na satisfação, não só do indivíduo, mas de seus sonhos interiores, e na busca de laços de amor concebidos como modelos universais de relações e de organizações sociais. Desde sempre, tais desejos produziram utopias, algumas vezes parcialmente concretizadas, mas de maneira mais ou menos efêmera e sem deixar vestígios, num movimento de contestação das normas do trabalho, da política, da família, da religião. Poder-se-ia descobrir alguns traços desta negação nas utopias da República de Platão naquelas da Abadia de Thélème de Rabelais e nas de Falanstério de Fourier. O fato novo da idade pós-industrial é que a sociedade de lazer suscita modelos que voltam a pôr profundamente em causa os valores e as normas da coletividade e da pessoa da sociedade anterior. Nestas novas utopias vividas dos modelos de lazer, o trabalho mais procurado está menos afastado do lazer e da festa: trabalho na terra ou trabalhos dos artesãos ou músicos ambulantes. A família adquire formas abertas, mais flexíveis, mais propícias às aspirações libertárias dos indivíduos. A religiosidade alia-se mais ao hedonismo e ao erotismo. A política incorpora-se a uma aspiração à paz e ao amor. Tais modelos estão relacionados com a contestação cada vez mais radical da repressão, das normas da produção e da sociedade de consumo; eles exercem sobre todas as camadas da sociedade, sua influência, que chega a ser um fascínio, sobretudo entre as camadas instruídas, cuja importância, como K. Mannheim o pressentira, é um fato novo na dinâmica da sociedade. A crítica da vida cotidiana daí resultante corre o risco de inspirar uma mudança mais transtornante que a das estruturas da sociedade, será talvez uma revolução da pessoa. A atualidade de Rimbaud ou de Freud, pelo menos tanto quanto a de Marx, marca este movimento: a conseqüência mais revolucionária da produção histórica de uma civilização do lazer seria, talvez, a introdução de uma revisão radical de todos os modelos que regulavam as relações entre as sociedades e os indivíduos, desde a era tradicional até a era industrial.

J. Fourastier escreve: para o indivíduo "escolher seu lazer será escolher sua vida". Como compreender este pensamento audaz? Como nos erguer eficazmente contra tudo o que limita, mutila, hostiliza nossas escolhas? A escolha dos lazeres será, para a sociedade, sempre segunda em face das escolhas das obrigações familiais, profissionais ou sócio-políticas. Mas é provável que todas estas escolhas institucionais sejam não somente influenciadas cada vez mais pela escolha de um tipo de lazer, porém ainda determinadas por novos valores culturais.

DUAS QUESTÕES IMPORTANTES. Houve um tempo em que o progresso da cultura era mais ou menos assimilado ao progresso da razão universal. O primeiro dever era o de "tornar a razão popular". A extensão da escolarização procede deste imperativo. Depois, no decorrer do século XIX, produziu-se uma reação em favor de uma cultura menos desencarnada, mais próxima da técnica, do trabalho manual. Pensadores e poetas se levantaram contra uma civilização racional, científica, ou técnica, que ameaçava esquecer em seu otimismo simplista os valores do corpo, da paixão, do mito, da espiritualidade. Opuseram a cultura à civilização. Enfim, a relatividade de toda cultura com respeito a um período pré-histórico ou histórico, a uma sociedade arcaica ou moderna foi fortemente evidenciada. Opôs-se a cultura à natureza para associá-la mais estritamente à sociedade. A idéia de universalidade periclitava. Em nossa sociedade industrial, a cultura universal foi denunciada como uma cultura de classe que não ousava confessar seu nome. Hoje todos estes problemas subsistem, porém muitas das querelas foram ultrapassadas. Quase todas estas correntes de pensamento continuam ainda vivas. Elas se encarnaram aos poucos ou se encarnarão progressivamente nas práticas culturais dos diferentes grupos de nossa sociedade. As definições da "cultura de massa" que as ignoram permanecerão superficiais. A nosso ver, o problema novo do desenvolvimento cultural de uma sociedade que atingiu o estádio da produção, do consumo e do lazer de massa, é um problema duplo.

Trata-se primeiramente de saber se ela conseguirá equilibrar, na vida cotidiana da população, os valores de engajamento profissional, social, espiritual ou político e os valores de conforto ou de lazer, para que as massas possam ser cada vez mais associadas à elaboração de seu próprio destino. Demitir-se-ão elas de um poder prestigioso mas fatigante, em favor de uma oligarquia de tecnocratas e políticos, para limitar-se a desfrutar de seu lazer acrescido e dos bens cada vez mais abundantes fornecidos pela produtividade do trabalho a um número crescente de indivíduos? Sem dúvida, este perigo ainda está longe de ameaçar a totalidade da população. Restam graves injustiças sociais e regionais a combater com prioridade. Mas *é preciso* prever onde estaremos a este respeito dentro de vinte anos. Pensemos nas advertências dos sociólogos americanos da *mass culture*.

Em segundo lugar, quais são hoje os valores mesmo do lazer, quais serão amanhã? Seria ridículo evocar a idéia absurda de Sodoma e Gomorra corrompidas de 1985 que mereceriam não se sabe qual castigo do destino! Falando mais simplesmente, o segundo problema do desenvolvimento cultural das massas urbanas de uma sociedade de massa de tipo capitalista pode ser assim formulado. A oferta cada vez mais abundante de divertimentos obsedantes, fáceis ou vulgares, principalmente sob a influência de um sistema desregrado de distribuição comercial, não irá inibir a longo prazo as mais nobres aspirações que poderiam ser associadas às atividades livres das massas? Tais aspirações ao livre esforço de pesquisa científica, de criação artística e de participação social voluntária, poderão ser, de fato, reservadas ao lazer de uma elite restrita, ao passo que a massa, bem entretida, seria capaz tão-somente de se entregar aos prazeres da boa vida? Que parte da população participará espontaneamente das mais difíceis formas da exploração científica e da cultura de contestação ou de questionamento do homem, se a profusão de divertimentos apaziguantes ocupar o lugar de toda cultura? Se for verdade que o senso do trágico é a expressão, não de um deleite moroso ou de um ascetismo anacrônico, mas de uma vitalidade superior, se, para o grande criador, o mais nobre dos jogos é um perpétuo jogo dramático com as contradições e as incertezas do destino humano, quantos irão prezar o esforço de um diálogo com tal criador? Se quisermos realizar uma real *democracia cultural* em todos os níveis, inclusive os superiores, qual é o preço inevitável de uma ação cultural que poderia reduzir os atrasos e as desigualdades na escala das massas, portanto em todas as classes e categorias sociais, estimulando sua diversidade, sua originalidade e sua criatividade? O esforço desinteressado é provavelmente o signo de uma "aristocracia", à qual só podem aspirar pequenas minorias em todas as classes da sociedade. Mas o desenvolvimento cultural não deveria criar as condições mais favoráveis para o alargamento do círculo dos eleitos, a fim de que a civilização do lazer não acentue as desigualdades naturais entre os homens e os grupos, mas as atenue? A fim de que ela possa ser, pelo menos de tempos em tempos, um diálogo apaixonado entre os criadores e uma massa de participantes ativos em todos os jogos graves em que o homem torna a colocar-se em causa!

5. QUADROS DE REFERÊNCIA E DE MÉTODO

1. DESENVOLVIMENTO CULTURAL: CONCEITOS E DIMENSÕES

Para tratar das questões que acabamos de evocar, qual é o quadro de referência que a sociologia pode utilizar? Qual é a conceituação sociológica que permitirá definir e ordenar o campo de pesquisa de tal maneira que a observação científica possa elaborar as informações mais pertinentes em todos os planos da realidade, nos quais se pode constituir o conhecimento teórico e nos quais possa intervir um sistema de ação?

Nos anos de 1950-1960, para analisar o conteúdo do lazer, o sociólogo podia estar interessado pelo conceito de cultura de massa. Com efeito, numa sociedade de massa caracterizada pela integração progressiva da maioria da população na participação dos bens de conforto e de lazer, os meios de comunicação de massa *têm cada vez mais um papel central*. Eles iniciam a maioria da população em formas novas de cultura, distintas ao mesmo tempo da cultura herdada da cultura oral de origem tradicional e da cultura humanista transmitida pelos sistemas escolares ou universitários. É este conteúdo dos meios de comunicação que é chamado de cultura de massa[1].

Esta atenção à cultura de massa para analisar o conteúdo cultural do lazer de massa se impõe tanto mais quanto as *enquêtes* sobre o orçamento-tempo mostram que, em todas as classes sociais, a maioria dos indivíduos passa em média cerca da metade de seu tempo de lazer diante da televisão, ouvindo rádio, lendo jornais e revistas, indo ao cinema. O declínico aliás desigual da freqüentação do cinema é compensado pela progressão do tempo ocupado pela televisão[2]. A separação dos campos que parece ser evocada pela publicação quase simultânea (1957-1958) de uma antologia intitulada *Mass culture* e de uma outra intitulada *Mass leisure* é artificial. Não somos os únicos a nos espantar com esta época aqui[3]. No entanto, o conceito de cultura de massa traz apenas comodidades limitadas e ilusórias para tratar nossas duas questões fundamentais da evolução cultural das sociedades pós-industriais. Por isso nós o rejeitamos desde o início, malgrado o evidente progresso que, graças a ele, o conhecimento sociológico realizou nos anos de 1950 a 1960. Expliquemo-nos: ele goza da vantagem de compreender numa mesma palavra conteúdos culturais diferentes, que utilizam uma mesma fonte de difusão: os meios de comunicação de massa.

O referido conceito permitiu mostrar que este canal de comunicação não é um simples suporte para a mensagem. Na verdade, exerce sobre a sensibilidade e a imaginação uma influência relativamente independente da mensagem. Mais tarde, McLuhan, resumindo, simplificando as observações sociológicas, chegou a ponto de escrever que é o próprio *media* que é a mensagem[4].

Por outro lado, a cultura de massa, em suas formas mais difundidas, não obedece às mesmas leis de criação da cultura

---

1. Uma das melhores elaborações ao mesmo tempo teórica e empírica deste conceito tem sido feita por H. WILENSKY, *op. cit.*

2. G. STEINER, *People look at television, op. cit.* Ver também à página 77 as cifras relativas à França.

3. Notemos que R. Meyersohn, co-autor da segunda antologia, abandonou aos poucos este ponto de vista, discutido no decorrer de seminários do Comitê Diretor do Lazer da AIS. A nova antologia da qual participa, publicada em alemão em 1972, renunciou a esta divisão: *Soziologie der Freizeit* por E. K. SCHEUCH e R. MEYERSOHN (ed.), Koln, Kiepenheuer Witsh, 1972, 352 p.

4. M. MCLUHAN, *Pour comprendre les media. Les prolongements technologiques de l'homme*, Paris, Seuil, 1964, 392 p.; J. CAZENEUVE, *Les Pouvoirs de la télévision*, Paris, Gallimard, 1970, 385 p.

erudita de caráter artístico ou científico. Obedece a leis de produção relativamente independente das exigências das criaturas, e permanece submetida à lei do mercado, definido pelas necessidades de um consumo de massa. É mister, evidentemente, conhecer tais caracteres e tais leis para abordar nossos problemas. Mas precisamos de outra conceituação para integrá-los num conjunto mais amplo de informações. Finalmente, as denotações e conotações do conceito de cultura de massa não deixam de oferecer inconvenientes de monta.

Em primeiro lugar, os próprios conteúdos do lazer não poderiam reduzir-se aos dos *mass media*. A conversação de tipo tradicional no grupo familial ou outros grupos primários e secundários conserva uma importância que pode independer da cultura de massa, mas pode, do mesmo modo, modificar profundamente seu conteúdo. Com efeito, a pesquisa empírica, aos poucos, trouxe à luz a importância central que a "influência pessoal" conserva[5]. As atividades de passeio, de esporte, de jardinagem, de *bricolage*... dependem de uma cultura física e manual que, influenciada pelo conteúdo dos *media*, a influenciam por sua vez e obedece a outras leis. Como se colocam, para este campo completo dos conteúdos culturais e dos lazeres, nossas duas questões maiores?

O próprio conteúdo cultural dos *mass media* terá esta unidade que aparece nos ensaios sobre a "massificação" ou a "padronização" da cultura? A pesquisa empírica nos convenceu do contrário. Uma parte do conteúdo dos *media* ilustra, certamente, as teses da massificação e da padronização (certas informações gerais, certas canções, etc.). Mas a análise de conteúdo dos *mass media* faz aparecer todos os gêneros de conhecimentos e todos os níveis, mesmo nas sociedades em que os *media* obedecem mais às leis da publicidade[6]. Na França, o maior veículo de concertos de alta qualidade é o rádio: mais de 150 horas de grande música por semana. A receptividade é muito *seletiva* segundo a estratificação social (níveis de vida, modo de vida, níveis de instrução...). Não somente a mensagem não pode ser reduzida ao *media*, mas o conteúdo da mensagem desempenha um papel principal na escolha das emissões, conforme os meios sociais: discurso político ou canções, ofício religioso ou narrativa de viagem, conselhos para a educação das crianças ou folhetim, informações sobre as greves ou evocação das praias... Os públicos não são sempre os mesmos e o modo de recepção varia. Nas canções, narrativas de viagem e folhetins,

5. E. KATZ e P. E. LAZARSFELD, *Personal Influence, op. cit.*
6. G. STEINER, *People look at television, op. cit.*

os níveis do conhecimento artístico, técnico, científico ou filosófico são evidentemente diferentes e não são perceptíveis por todos; são estas *diferenças interiores* na cultura de massa que são mais importantes de analisar do que sua aparente unidade.

Outro problema é capital a nossos olhos: como os conteúdos culturais do lazer da maioria dos trabalhadores apresentam-se em ruptura ou em prolongamento com os movimentos de emancipação cultural que acompanharam os movimentos sociais do século XIX? Em qual medida aquilo que se chama de movimento de popularização da cultura (cultura popular) é facilitado por certos conteúdos culturais do lazer e contrariado ou negado por outros?

Por fim, precisamos conhecer os novos critérios de uma cultura favorável ao florescimento da pessoa e à participação social do maior número possível de pessoas, as condições e os processos de desenvolvimento de uma tal cultura pelos *mass media*, assim como por novas formas de informação e educação no ciclo de vida: a cultura de massa não deu lugar a nenhuma conceituação que nos permitisse responder a tais questões. Foram esboçadas algumas tentativas neste sentido, mas sem desembocar nas necessárias reflexões epistemológicas e metodológicas[7]. Precisamos de uma *sociologia do desenvolvimento cultural* que se prenda simultaneamente à vida escolar e à vida extra-escolar, pondo de novo em causa as atuais fronteiras da sociologia da instrução e da sociologia do lazer. Numerosos obstáculos se opõem ao seu crescimento, ela permanece na infância. Uma tal sociologia se choca com hábitos de pensamento, ela exige com efeito que sejamos capazes de renunciar à separação que se operou no século XIX entre a cultura no sentido humanista e a cultura no sentido antropológico. Assim, a primeira poderia defender ou promover valores, critérios que correspondem mais à observação da cultura vivida pelas diferentes categorias e classes sociais, enquanto a segunda poderia dedicar-se às observações seletivas, necessárias para resolver melhor os problemas propostos pela primeira sobre a ampliação dos gêneros ou a elevação dos níveis culturais dos diferentes meios sociais[8].

De outro lado, a sociologia do desenvolvimento cultural deve estar capacitada a distinguir no campo da cultura vários

7. G. FRIEDMANN, Réflexions finales, *Communications*, número especial 5, Cultura superior e cultura de massa, 1965, p. 45-52.

8. A. MOLES, *Sociodynamique de la culture*, Haia, Paris, Mouton, 1967, 342 p.

setores. Se a cultura é o conjunto das relações simbólicas do indivíduo com o mundo, a sociedade e ele próprio, a mudança cultural é a modificação no tempo de uma parte destas relações simbólicas. Elas variam sob o efeito das inovações, das demoras, das desigualdades, dos conflitos entre o que é antigo e o que é novo, conforme os grupos, as classes, os meios. Quanto ao desenvolvimento cultural, não se trata de qualquer mudança que seja, mas de uma mudança simbólica, julgada positiva do ponto de vista dos critérios de um sujeito social qualquer (que pode ser um perito, um grupo, uma organização, um Estado, uma classe ou uma sociedade por intermédio dos que ela elege ou de seus delegados); ela pode ser julgada positiva para o desenvolvimento econômico, sócio-político, individual: para os três, ou para um ou o outro. Daí convergências, divergências, conflitos. O desenvolvimento cultural é pois *ao mesmo tempo* relativo e positivo, ele permite colocar problemas pertinentes e formular hipóteses úteis à ação tanto quanto ao conhecimento.

O desenvolvimento cultural pode ser apreendido por indicadores observáveis. Seus resultados estão de acordo ou em desacordo com os valores que o orientam. Ele representa um conceito que permite colocar problemas, selecionar as informações pertinentes, tratá-las e verificá-las cientificamente.

Este desenvolvimento pode ser ou não provocado. Ele pode resultar do jogo de forças de uma situação de "deixar fazer" ou então ser o resultado de uma *ação*, isto é, da interação do sistema de intervenção de um sujeito social com os fatores favoráveis ou desfavoráveis de uma situação. Tal ação pode servir de objeto da planificação a curto ou longo termo.

Karl Mannheim[9] foi o primeiro sociólogo a colocar os problemas de uma sociologia da planificação do desenvolvimento cultural associado ao lazer. Após sua morte (1947), esta sociologia quase não avançou. Ela progrediu muito menos do que a sociologia do conhecimento ou a da informação. Mas, recentes descobertas das ciências sociais da ação e uma reflexão crítica sobre as primeiras experiências do planejamento liberal nos mostraram em qual direção deveríamos pesquisar o quadro de referência e o método necessário para constituir uma sociologia da planificação do desenvolvimento cultural. Karl Mannheim, a nosso ver, entreviu a importância do problema, ao mesmo tempo de investigação ativa e de ação racional, naquilo que ele chamava de "a planificação para a liberdade" (*planning for freedom*). Não falaremos de sua contribuição à sociologia

---

9. K. MANNHEIM, *Freedom, power and democratic planning*, Londres, Routledge and Paul Kogan, 1950, 384 pp.

do conhecimento, que Georges Gurvitch definiu e criticou. Não faremos tampouco alusão à sua análise epistemológica da utopia e da ideologia, aspecto de seu pensamento mais conhecido nos meios filosóficos e sociológicos da França: *Ideologia e Utopia* (1929) é o único de seus oito livros que foi traduzido em francês[10]. Referimo-nos unicamente à sua última obra, publicada postumamente em 1950: *Freedom, power and democratic planning*[11].

Esta análise da "planificação para a liberdade" diz respeito a todos os aspectos da vida cotidiana das diferentes classes e categorias sociais. Mannheim porém acentuou as novas relações do trabalho e do lazer[12] naquilo que chamava de "nova sociedade". Denunciava o caráter anacrônico da valorização do trabalho, que corresponde cada vez mais a um pequeno número de funções responsáveis e criativas da sociedade industrial. O maior número de postos está marcado por um trabalho sem responsabilidade, sem criatividade, que G. Friedmann iria logo analisar com penetração em *Les problèmes humains du machinisme*[13]. Mannheim afirmava com bastante ousadia, que "para a maioria, o lazer em lugar do trabalho se tornou o caminho da civilização"[14]. Assinalara, ao mesmo tempo, um duplo impasse.

a) o do "deixar fazer" que abandona os conteúdos do lazer da sociedade de massa às empresas degradantes que procuram nos bens e serviços culturais uma fonte de proveitos máximos;

b) o da arregimentação que reduz o lazer a um meio de recrutar a população para fins estranhos à realização da personalidade.

Partindo desta dupla observação esboça os traços de uma sociologia do planejamento, capaz de elaborar, graças à sua problemática e a seus métodos, as informações indispensáveis para compreender o mecanismo de uma sociedade planejada (*planning society*) com base em um livre concerto e para guiar aqueles que o fazem. Parece-lhe necessário que a

10. K. MANNHEIM, *Idéologie et Utopie*, Paris, Rivière, 1956, 234 p.

11. K. MANNHEIM, *Freedom, power and democratic planning*, op. cit.

12. K. MANNHEIM, *Freedom, power and democratic planning*, op. cit., veja-se a 3. parte, cap. XII: "Work and leisure".

13. G. FRIEDMANN, *Les Problèmes humains du machinisme*, op. cit.

14. K. MANNHEIM, op. cit.

sociologia elabore "testes de inteligência, entrevistas e hábil observação do desenvolvimento e das disposições físicas e mentais", a fim de que a sociologia da planificação possa realizar-se no domínio cultural e não somente no econômico.

Mas tais indicações epistemológicas e metodológicas permaneceram em nível bastante geral. Karl Mannheim fala de *planned and predictable developments*, mas não nos indica como a sociologia do planejamento cultural pode ser uma sociologia previsional, como a sociologia do desenvolvimento cultural, que estuda mudanças orientadas, pode ser uma sociologia objetiva. Hoje dispomos de instrumentos conceituais e metodológicos que lhe faziam falta por volta dos anos de 1930-1940, mas os obstáculos epistemológicos de toda espécie que retardaram o desenvolvimento do pensamento de K. Mannheim estão bem longe de ter desaparecido.

Cumpre-nos analisar a situação francesa. O preparo de uma "planificação indicativa" utiliza os levantamentos sociológicos e especialmente o confronto de ideologias que se opõem nestas comissões culturais. Vamos ver como os obstáculos epistemológicos persistem e como a experiência permitiu desenvolver as premissas concebidas por K. Mannheim.

A idéia de planificação cultural é suspeita pela origem que lhe é atribuída. Como ela apareceu em textos oficiais, alguns atribuíram generosamente sua paternidade ao governo: é um erro. Ela nasceu da reflexão de alguns altos funcionários independentes, de alguns pesquisadores interessados nos problemas do desenvolvimento cultural, de alguns militantes sindicais apaixonados pelo problema da instrução popular e de algumas associações de cultura popular (definidas à francesa e não à americana)[15]. O primeiro projeto coerente de planificação do desenvolvimento cultural remonta a 1960. Ela ultrapassava as fronteiras habituais do setor 'público, levando em consideração os setores privado não comercial e privado comercial. Propunha também transpor as barreiras administrativas que impedem de colocar o problema de conjunto da criação, da difusão e da participação culturais. Foi apresentado e adotado pela Assembléia Geral de uma associação nacional voluntária que se situa, após vintes anos, na tradição nascida da Resis-

---

15. J. CHARPENTREAU, *Pour une politique culturelle*, 1967, 228 p.; A. GIRARD, "La fin de l'ère des goûts et des couleurs", *L'Expansion de la recherche scientifique*, 21, 1964, p. 3-6; J. LESTAVEL, "La mutation des associations culturelles", *L'Expansion de la recherche scientifique*, 21, 1964, p. 7-9.

tência[16]. Esta idéia nasceu de uma vontade coletiva inspirada pelos ideais de 1936 e de 1945, adaptada aos novos problemas sociais e culturais dos anos 60: desejava-se promover uma política voluntária de elevação do nível cultural da população em todas as classes e categorias sociais.

Sabe-se que em 1961, a decisão do Comissariado do Plano[17], preocupado em melhor esclarecer as decisões a serem tomadas no campo cultural, propôs a constituição de uma Comissão do Equipamento Cultural e do Patrimônio Artístico. Foram nomeados setenta membros e os principais animadores da vida cultural de todas as tendências foram ouvidos. Em 1963, tais problemas fornecem o conteúdo de uma Universidade internacional, dirigida em Houlgate por Georges Jean, para cento e cinqüenta animadores culturais. Em julho de 1964, Jean Vilar e Michel Debeauvais tomaram a iniciativa de organizar, à margem do XVIII Festival de Avignon, um encontro sobre os problemas do desenvolvimento cultural. Foram convidados para este encontro personalidades da criação dramática, da pesquisa científica, da administração pública e das associações privadas, da vida sindical e política. Políticos interessados nestes problemas foram escolhidos nos partidos da oposição e da maioria. Esta reflexão prosseguiu em Avignon, à margem de cada Festival, em 1965, 1966, 1967, numa base de informações cada vez mais sólida. Entretanto, a manifestação mais esclarecida sobre o assunto continua sendo o Colóquio de Bourges, nascido "de um encontro entre os dirigentes de *Peuple et Culture* e alguns pesquisadores do Ministério dos Negócios Culturais e da Associação de Estudo para a Expansão da Pesquisa Científica"[18]. Este Colóquio foi realizado na Casa da Cultura de Bourges em novembro de 1964. Reuniu uma centena de participantes: administradores, animadores e pesquisadores, sob a presidência de A. Piatier; seu tema maior era o desenvolvimento das pesquisas necessárias nas ciências sociais para fornecer uma base racional à planificação.

A despeito de um primeiro conjunto de pesquisas (1953--1966) mais ou menos adaptadas aos problemas específicos da planificação cultural, as perguntas continuam ainda muito

---

16. PEUPLE ET CULTURE, *Planification et Éducation populaire*, 1960.

17. P. MASSÉ, *Le Plan ou l'anti-hasard*, Paris, Gallimard, 1965; ver a oposição entre plano da Nação e Plano do Estado.

18. J. L. CRÉMIEUX-BRILHAC, Objectifs et propositions du colloque de Bourges, *L'Expansion de la recherche scientifique*, n. 22, mai. 1965, p. 5-6.

mais numerosas do que as respostas. Da gênese desta nova atitude com respeito ao desenvolvimento cultural reteremos o fato de que se trata, no caso, de uma criação cuja iniciativa não veio nem de um governo nem de um contra-governo, nem de um partido de direita ou de esquerda, mas de um grupo de *militantes culturais*[19], conscientes de sua ação inovadora e movidos pela vontade de lutar para fazê-la triunfar, tanto entre seus parceiros quanto entre seus adversários políticos.

Um dos maiores especialistas do planejamento liberal, J. Friedmann, escrevia recentemente:

O que nos perguntamos não é mais se a planificação é possível, nem se é compatível com uma ideologia democrática, mas como melhorar a prática atual. O problema da planificação tornou-se um problema de método[20].

Dever-se-ia entender a palavra método em sua acepção mais larga: método de pensamento. Trata-se de fato de uma nova maneira de pensar o desenvolvimento cultural de uma sociedade que um grupo de militantes culturais tentou introduzir por volta dos anos 60 na planificação francesa. Este novo modo de pensar passou quase despercebido pelos políticos, quer da maioria quer da oposição, como o testemunha o nível medíocre dos debates suscitados por este aspecto do 5º Plano[21] entre todos os deputados, qualquer que fosse o seu partido.

Em compensação, suscitou entre numerosos especialistas da criação ou da difusão cultural viva reação: alguns situaram toda tentativa para medir os fenômenos atuais da cultura (área de difusão, conteúdos, custos...) "a meio caminho entre o escárnio e o sacrilégio"[22]. Outros viram nisto a invasão do domínio maravilhoso da arte por "beócios arrogantes". Certos críticos declararam-se "aterrorizados" por sociólogos que opunham à sua representação subjetiva do público, resultados de *enquêtes* sistemáticas. Escritores há que contrapuseram seu "humanismo" à nova "tecnocracia cultural". Intelectuais de esquerda julgaram discernir sob a planificação cultural um renascimento de ação ideológica, um retorno ao pensamento fascista. Levantaram,

---

19. A. TOURAINE, *Sociologie de l'action*, Paris, Seuil, 1965, 509 p.

20. J. FRIEDMANN, Introdução ao "Étude et pratique de la planification", *Revue internationale des sciences sociales*, número especial 3, 1959, p. 337-352.

21. Ver *Journal Officiel.*

22. A. GIRARD, "La fin de l'ère des goûts et des couleurs", *op. cit.*

pois, o estandarte da liberdade e J. L. Godard, numa entrevista espetacular, declarava que era um dever sagrado tentar obstruir toda e qualquer planificação. Todos estes problemas são reais e por vezes bastante graves; os militantes culturais que se batem hoje pelo progresso do planejamento cultural têm consciência destes problemas.

Como explicar tais divergências?

Tentemos analisar o modelo de planificação cultural que anima mais ou menos conscientemente os novos "cruzados da cultura". Naturalmente, não se trata senão de um modelo ideal, como diria Weber, e de um modelo ideal apresentado por nós sob sua forma mais racional. Pensamos, com efeito, que *o nascimento desta atitude é o sinal de uma nova expansão do espírito científico em um campo novo*[23], *o da política do desenvolvimento cultural.*

Evitemos desde logo uma confusão: no espírito dos partidários da planificação cultural, não se trata de modo algum de fazer nem da racionalidade em geral, nem da ciência em particular, o conteúdo privilegiado do desenvolvimento cultural; não se trata de modo algum de impor, por meio de métodos científicos, uma cultura oficial definida pelo poder. Trata-se simplesmente de aplicar maior racionalidade ao desenvolvimento cultural, em função das necessidades de cada personalidade, de cada grupo, de cada classe, de cada sociedade. A planificação cultural possibilita detectar melhor as coerções e empregar recursos com maior coerência e eficiência. Ela permite satisfazer o melhor possível as necessidades culturais de uma população, em função dos critérios de preferência escolhidos por ela própria, pelos animadores ou pelos criadores de valores culturais. Estes critérios devem finalmente ser adotados pelos responsáveis políticos.

As coletividades locais são cada vez mais convidadas a realizar uma política planificada de *desenvolvimento cultural* nos campos escolar e extra-escolar. Refletir nos critérios de desenvolvimento cultural e nas implicações objetivas de sua aplicação, tal é o primeiro ponto sobre o qual se deve, antes de mais nada, interrogar cada organismo de planificação cultural. Precisemos que não se trata, para os organismos públicos e privados de uma cidade, de promover a cultura nem a mudança cultural em geral, mas apenas o desenvolvimento cultural de diferentes camadas sociais da cidade para um período limitado, em geral, a uma legislação. O desenvolvimento cultural não é

23. R. ARON, *Dix-huit leçons sur la sociètè industrielle*, Paris, Gallimard, 1962, 377 p.

senão uma parte da cultura e da mudança cultural. Ele se limita à evolução, julgada positiva, dos sistemas culturais de uma população em função das necessidades da economia da sociedade e da personalidade, necessidades definidas por um organismo dado, conforme critérios explícitos de melhoria. Com efeito, em condições definidas, as carências ou as diferenças não se convertem em necessidades, isto é, desequilíbrios a preencher ou diversidades a conservar, exceto quando confrontados com critérios de desenvolvimento.

Não nos propusemos a tratar do "porquê" de semelhante atitude. Retenhamos simplesmente este fato: quando a economia francesa entrou em sua fase de prosperidade rápida (por volta de 1953-1955), verificou-se que uma sociedade mais rica, mais móvel, mais complexa, pode criar novos atrasos e desigualdades. Os desequilíbrios sócio-culturais podem tornar-se crescentes, apesar da "explosão escolar"[24]. O poder de pesquisa, de invenção, de criação cada vez mais necessária à ação humanista de contestação, parece também ser tanto mais ameaçado pelo imobilismo, conformismo e academismo. A comunicação entre a intelectualidade e o resto da população é cada vez mais necessária para realizar uma democracia cultural, mas parece ser cada vez mais difícil. Apesar do progresso da unificação ou da padronização culturais consecutivas à expansão escolar e ao crescimento dos meios de informação, os desequilíbrios entre cultura citadina e cultura rural, cultura de classes dirigentes e a das classes dirigidas, entre a das categorias mais instruídas e a dos outros, entre a dos líderes e a dos grupos, tais desequilíbrios não desaparecem, transformam-se. Deixam de ser oposições radicais como no século passado, para tornar-se diferenças mais numerosas, mais relativas, mais sutis, situadas em outro nível[25]. O problema da conservação das diversidades sociais ou regionais vem complicar o da redução das disparidades. O problema da redução da alienação cultural vem, por sua vez, tornar-se mais difícil pela crise da participação social em um sistema eficaz de consumo de massa, pela crise da solidariedade social em relação aos valores do lazer de massa, pela crise dos valores culturais em relação ao crescimento de uma certa cultura de massa.

A fim de responder a estes problemas que se agigantam mais e mais, os meios parecem cada vez mais irrisórios: uma

---

24. L. CROS, *L'explosion scolaire, op. cit.*; P. BOURDIEU e J. C. PASSERON, *Les Héritiers, les étudiants et la culture*, Paris, Minuit, 1964, p. 180.

25. J. DUMAZEDIER, A. RIPERT, *Loisir et culture, op. cit.*

certa negligência do comércio dos bens culturais pode ser identificada cada vez mais a um desperdício absurdo. As respostas da intervenção pública escolar e extra-escolar podem parecer cada vez mais anacrônicas, conformistas, ineficazes, a despeito de todas as reformas ou promessas de reformas. Como sair destas contradições?

1. Faz-se em primeiro lugar indispensável conceber a ação cultural à medida das *necessidades* atuais e futuras. Logo, estudar tais necessidades em vez de partir somente das fantasias de um ministro no poder, dos hábitos de uma administração ou do sonho dos intelectuais. Jeanne Laurent[26] explica em seu livro, *La République et les Beaux-Arts*, estas medidas sem seqüência, estas tarefas fragmentárias que não se baseiam apenas na boa vontade desta ou daquela personalidade no poder. Uma atitude totalmente diversa impõe-se e até uma inversão de atitude: uma vontade de apoiar a ação cultural num estudo objetivo das necessidades culturais de entretenimento, informação, formação ou aperfeiçoamento, conforme os diferentes meios, rurais, ou citadinos, operários ou executivos, etc. Trata-se de uma vontade de estudar as necessidades culturais em sua totalidade: cultura do corpo e do espírito, cultura artesanal, artística ou intelectual, cultura individual ou cultura coletiva. Estas necessidades devem ser estudadas em sua totalidade concreta sem que sejam separadas das condições nas quais se expressam. A demanda exprime tanto o indivíduo quanto as condições em que ele vive. Transformemos estas condições, esta demanda não será modificada?[27] Mas em que medida? As necessidades não se reduzem à demanda expressa, mas esta pode fazer parte das necessidades. É mister estudar as necessidades ouvindo não só a população, mas ainda os artistas, os animadores, os educadores que os influenciam e os peritos do desenvolvimento cultural, capazes de prever os efeitos sobre as necessidades da provável mudança das condições que as ocasionam[28].

Numa sociedade cada vez mais móvel, não basta observar as necessidades, cumpre prevê-las, formulando esta ou aquela hipótese sobre o futuro a curto e a longo prazo. Assim como

26. J. LAURENT, *La République et les Beaux-Arts*, Paris, R. Julliard, 1955, 227 p.

27. Na França assim como nos Estados Unidos, mais da metade da população aceita a publicidade na televisão, cerca de 1/4 é indiferente, cerca de 1/4 se opõe. (G. STEINER, *People look at television, op. cit.*) e J. CAZENEUVE e OULIF, *La Grande Chance de la TV*, Calmann-Levy, 1960.

28. Ver a polêmica BEAUDRILLARD-CHOMBARD, in *Cahiers int. socio*, 69-2, 70-1.

um agente de desenvolvimento não mais toma uma decisão racional sem efetuar uma análise de previsão do mercado, do mesmo modo um responsável pelo desenvolvimento cultural já não pode abster-se de estudos de previsão sobre as necessidades culturais. Qual será o efeito da elevação provável do nível de vida, da taxa de urbanização, da taxa de motorização, do nível de equipamento de televisão, do nível de instrução, etc.? Determinado funcionamento das administrações culturais, públicas ou privadas, parece de ora em diante anacrônico, indigno mesmo. Decidir acerca de uma política cultural sem dispor de hipótese científica sobre o futuro, não é decidir "com toda liberdade", mas com cegueira. Aventar hipóteses sobre as diferentes evoluções prováveis da sociedade e da cultura das massas em cinco, dez ou cem anos, não é limitar a liberdade de iniciativa, porém limitar as probabilidades de malogro das intervenções. Limitar a incerteza do futuro por meio de hipóteses sobre a evolução provável, significa aumentar o poder de intervenção possível, significa reduzir as probabilidades de afirmar no abstrato: "o povo gostará disto... as massas necessitam daquilo".

2. O estudo das necessidades é inseparável da escolha dos *critérios de desenvolvimento*. Em face de uma evolução provável que tende a nos libertar ao mesmo tempo dos receios estéreis e das esperanças ingênuas, como formular os critérios desejáveis? De um lado, é ilusão crer que as necessidades são observadas. Elas são construídas em função de uma observação e de um quadro de referência ao mesmo tempo ideal e possível: *uma diferença* cultural não se torna desigualdade cultural, salvo com respeito a um quadro *desejável* de igualdade e um quadro *possível* de igualação. É pois indispensável explicitar este *duplo* quadro de referência.

A ilusão de crer que as ideologias globais podem substituir os critérios de preferência, torna amiúde estéreis as mais fecundas ideologias. Ela pode explicar a impotência de grandes declarações de progresso defrontadas com um imobilismo de fato. Esta ilusão enfraquece a frente comum das forças inovadoras, reforçando, de fato, as forças de conservação. Quando há ideólogos no poder, eles imaginam que é possível tirar diretamente das ideologias uma política cultural. O progresso das ciências sociais da ação[29] demonstrou, entretanto, que os critérios do

29. I. D. J. BROSS, *Prévisions et Décisions rationnelles*, Paris, Dunod, 1961, XII-266 p.; H. ROSENSTHIEL e J. MOTHES, *Mathématiques de l'action. Langage des ensembles, des statistiques et des aléas*, Paris, Dunod, 1965, 483 p.

desenvolvimento constituem uma resultante da escolha de uma ideologia global e de uma análise dos resultados ao mesmo tempo desejáveis e prováveis, tendo-se em conta possíveis intervenções nas prováveis eventualidades. Os critérios de desenvolvimento constituem um sistema parcial de valores selecionados e ordenados em função de uma reflexão probabilista sobre um período e um meio definidos. Por certo, o sociólogo da planificação deve antes de tudo trazer à luz as escolhas "ideológicas" dissimuladas sob os cálculos de coerência e de eficiência[30]. É preciso, para se entender, distinguir dois sentidos do termo ideologia: 1) sistema permanente e global de valores; 2) sistema temporário e parcial de valores, determinado até um certo ponto pela ideologia global geral e suscetível de uma realização provável em função de uma intervenção possível. Só o segundo sentido é operatório para tomar a decisão. É o plano da elaboração dos critérios de preferência.

Através dos automatismos de cálculo e dos testes de coerência ou de eficiência da planificação, o dever do pesquisador é de fato o de mostrar os critérios políticos ocultos nas escolhas técnicas. O homem de ação, por seu turno, não deve esquecer que o planejamento não é, em certo sentido, senão uma técnica de reflexão destinada a elucidar as grandes alternativas possíveis da decisão política, levando-se em consideração a evolução provável. É o homem político que tem a última palavra, mesmo que não tenha a primeira. Mas é imperativo acrescentar que o pensamento planificador, alicerçado no pensamento probabilista, modifica a própria decisão política. São menos as ideologias globais que os sistemas sucessivos de critérios de desenvolvimento apropriados às situações prováveis, para uma sociedade e um período definidos, que têm, de fato, mais probabilidades de transformar a desejável ideologia em provável histórica. O estabelecimento de critérios de preferência política supõe portanto várias operações:

a) definir um período e um meio;

b) formular hipóteses sobre a evolução provável, sem nova intervenção do sujeito social estudado;

c) fazer hipóteses sobre os resultados prováveis em função de intervenções possíveis;

d) selecionar os critérios de escolhas desejáveis no sistema geral;

e) hierarquizá-los segundo diferentes alternativas possíveis;

---

30. J. CUISENIER, L'ordre des choix dans une planification indicative, *Revue philosophique*, 1964.

f) enfim, o político irá dispor de critérios de preferência pertinentes para um período e uma sociedade definidos.

3. Como a escolha dos critérios de preferência sucede ao estudo das necessidades, torna-se possível a fixação dos *objetivos* a serem alcançados. Mas ainda aí, as ciências sociais da ação transformam nossas atitudes. Um objetivo torna-se uma hipótese sobre a probabilidade de um resultado. Entre todos os projetos concebíveis, só pode ser conservados aquele que, considerados simultaneamente os critérios desejáveis, da situação provável e dos meios possíveis, possui as maiores probabilidades de satisfazer realmente algumas necessidades. Especifiquemos que esta nova atitude racional, diante da ação, não elimina nem a improvisação nem a fantasia. Procura reduzir a incerteza do êxito de uma intervenção qualquer. Obriga o espírito a conjeturar um controle do resultado antes de executá-lo. Permite tratar cientificamente a escolha dos objetivos da ação, fazendo-a entrar num campo em que o projeto se torna hipótese e onde a realização constitui sua verificação.

Assim, a ação não é mais reação do sujeito a uma situação suportada, ela é conjetura raciocinada sobre uma situação futura, tão transformada quanto possível pela intervenção de um sujeito ativo. É o caminho em que a força da rotina e o peso de determinantes sociais, que limitam a liberdade do sujeito inovador e criador, têm as maiores probabilidades de serem reduzidos ao mínimo. A reflexão sobre os objetivos não é mais que um prolongamento da reflexão sobre as necessidades: uma procura reduzir a incerteza do futuro, se não houver intervenção alguma do sujeito social, que crie um acontecimento novo; a outra tem a mesma atitude no caso contrário em que tal intervenção viesse a produzir-se. Eis uma profunda ruptura com a concepção pré-científica da decisão que opunha a análise da situação e a decisão. Uma pertencente ao conhecimento, a outra à ação. Elas são, hoje, ambas submetidas ao conhecimento probabilístico.

Além do mais, no pensamento planificador, um objetivo não mais é concebido sozinho. Apesar das divisões, administrativas ou de outro tipo, o objetivo é integrado em um conjunto que tende a constituir-se num *sistema coerente*. O esforço de reflexão torna-se sistemático para preencher as lacunas, eliminar os duplos empregos, harmonizar as operações de conservação, de criação, de difusão e de animação em determinado setor de atividade cultural, em determinado gênero, a determinado nível. Assim pode ser evidenciada uma rede de relações unilaterais, bilaterais ou multilaterais, que forma um estrutura. Esta mesma estrutura permite estabelecer prioridades e revelar coerências a realizar, se um determinado tipo de critério é preferido a outro.

A análise econômica [escreve André Piatier] pode prestar aqui grandes serviços seguindo cadeias de "fabricação e emprego" de bens, há uma simetria entre a cadeia minério de ferro, fundição, aço, material agrícola, trigo, farinha, pão e cadeias culturais: se se tivesse plena consciência disto, não haveria coleções arqueológicas, invisíveis por falta de salas, salas fechadas por falta de pessoal, museus sem visitantes, por falta de informações[31].

4. Finalmente, a relação entre a reflexão sobre os objetivos e a reflexão sobre os *meios* é renovada. Esta relação sempre existiu nas decisões de bom senso, mas se tornou, talvez, mais rigorosa. A um mesmo objetivo correspondem várias escolhas possíveis de meios e combinações de meios. Quais têm maior probabilidade de ser eficazes para realizar o objetivo mais desejável com o menor custo? Tornam-se necessários estudos para formular a totalidade das *alternativas de intervenções possíveis* para um campo e um período definidos, a fim de prever os resultados mais prováveis de cada alternativa nesta ou naquela eventualidade. Tal maneira de propor a questão nos obriga a rever profundamente as relações "do fim e dos meios". O problema da degradação da mística na política oportunista ou da política na mística verbal, o dos espíritos puros e das mãos sujas, não é suprimido. Ele se coloca numa nova perspectiva que probabiliza as relações do ideal e da realização. Antes de mais nada, esta ciência da mobilização probabilista dos meios leva a integrá-los no conjunto, se possível exaustivo, dos *recursos disponíveis* num tempo e num lugar definidos, para resolver um problema dado. O espírito planificador trata o dinheiro como um recurso, mas também o tempo, o espaço, e mesmo o homem e a instituição. Todos estes recursos são sempre mais ou menos limitados, "raros", num sistema de intervenções possíveis para satisfazer, num período definido, as necessidades culturais assim como todas as outras. Tais recursos são interdependentes. Faz-se pois necessário estudar, numa ação a curto ou a longo termo, o *conjunto* dos recursos monetários, espaciais, temporais, humanos ou institucionais como um sistema a ser empregado (ou criado) para se obter o melhor dos resultados: de preferência equipamentos ou homens para valorizá-los? Mais instituições públicas ou instituições privadas? Em que relação? etc. Mas o apoio dos recursos é sempre ambivalente. Todos estes recur-

---

31. A. PIATIER, Économie et culture, *L'Expansion de la recherche scientifique*, 21, dez. 1964, p. 12-17.

sos podem, eles mesmos, ser fracos, sobressaindo-se em seu lugar as *sujeições* que limitam o desenvolvimento. Tais sujeições fazem parte das determinantes sociais, objetos privilegiados da análise sociológica. Mas numa política de desenvolvimento, os recursos têm a precedência sobre as sujeições, pois o desenvolvimento supõe, em primeiro lugar, um motor. Sem recursos não há desenvolvimento. Se o freio se sobressai, há estagnação. Mesmo o problema da nacionalização ou da socialização das organizações pode, daí por diante, ser colocado em termos de rendimento social ou cultural, em função de critérios de desenvolvimento. Esta nova atitude acarreta importantes conseqüências no próprio modo de pensar. Por um lado, nenhuma reflexão *humanista* não mais pode, sob pena de verbalismo impotente, separar-se de uma reflexão técnica sobre suas condições de realização. Por outro, o próprio humanismo está condenado a ser um humanismo *puro*, isto é, separado de toda confusão com suas técnicas de aplicação cuja validade entra, doravante, no próprio domínio da ciência.

A reflexão sobre o efeito provável do emprego de determinados recursos preferidos a outros complica-se devido à consciência crescente da interação destes recursos com os quais o sujeito social pode agir e das situações sobre as quais não pode agir. Não mais basta afirmar (como J.-P. Sartre na esteira de Marx) que a história tem suas leis próprias independentes das intenções do sujeito histórico[32]. A ciência da ação começou a estudar as características desta interação segundo dois casos: aquele onde a decisão do sujeito social se choca com as áleas, e aquele onde ela se choca com adversários. O primeiro depende da teoria da programação, o segundo, da teoria dos jogos. Mesmo quando estas teorias são inaplicáveis, por falta de informações pertinentes, inspiram um modo de reflexão novo acerca da interação dos meios e das eventualidades prováveis. Um dos pontos capitais na utilização dos recursos de dinheiro, tempo, espaço, homens ou leis, em diferentes eventualidades mais ou menos prováveis, é a procura do *optimum*: isto é, a determinação do rendimento máximo (qualquer que seja o critério de preferência) ao custo mínimo (dinheiro, homens), no campo econômico, social ou cultural. A comparação do efeito com a necessidade depende do controle dos resultados (operado ou conjeturado: R/N). A comparação dos resultados e dos meios empregados para alcançá-los permite uma busca da eficácia R/M. A busca da eficiência é a busca do resultado máximo

---

32. J.-P. SARTRE, *Critique de la raison dialectique*, precedida de *Question de méthode*, Paris, Gallimard, 1960, 957 p.

ao custo mínimo R^+/M^-. Cumpre reconhecer haver, aí, uma concepção ampliada, transformada da produtividade. Em vez de opor à produtividade econômica uma reação negativa, agastada ou indiferente (enquanto que a maioria da sociedade se aproveita disto e não está disposta a renunciar àquilo que permite o consumo de massa), somos levados a opor-lhe uma outra produtividade positiva, mas também de ordem social e cultural, que pode igualmente inspirar uma política de desenvolvimento, com seus investimentos, sua produção-criação, seu consumo-participação. É a produtividade específica do desenvolvimento cultural e social: produzir mais no domínio do "humano" (plano cultural) entre um número crescente de homens (plano social) e não apenas mais coisas para mais consumidores.

O sociólogo deve e pode evoluir para tratar dos problemas. Há pouco, setores inteiros do conhecimentos até então dependentes do método introspectivo e da disciplina filosófica passaram a ser abordados por métodos objetivos tomados das ciências físicas. Tais setores do conhecimento constituíram-se em ciências autônomas, economia, biologia, lingüística e depois sociologia e psicologia. Esta evolução, longe de ser detida, prossegue hoje perseguida para introduzir a ciência do homem num imenso campo onde ela ainda não havia penetrado; teoria da decisão, cibernética, pesquisa operacional, praxiologia, ciência da comunicação e do controle, modelos decisionais, teoria da programação, teoria dos jogos, matemática da ação, máquinas de pensar, etc. Alguns pensaram que se tratasse somente de descobertas para especialistas. Contentaram-se em lançar um grito de angústia contra a maré montante "dos tecnocratas" que extraíam suas forças justamente do manejo destas novas técnicas do saber. No entanto, segundo nossa hipótese, as conseqüências deste novo progresso do espírito científico correm o risco de ser muito mais sensíveis ao mundo do que os progressos anteriores. A maioria dos intelectuais ainda não compreendeu que se trata de um novo modo de pensamento aplicado à operação mais comum a todos os homens: a ação. As fronteiras do conhecimento e da ação são com isso subvertidas. Entretanto, o movimento está lançado. Como o das ciências humanas do período anterior, o das ciências sociais da ação nos parece irreversível e suas conseqüências já começaram a fazer-se sentir em um número crescente de setores por intermédio dos estudos e das consultas dos tecnocratas, dos peritos, dos especialistas do desenvolvimento em todos os gêneros[33]. Uma nova maneira de pensar se impõe aos quatro maiores parceiros da

33. P. MASSÉ, *Le Plan ou l'anti-hasard*, op. cit.

planificação: o pesquisador encarregado de reunir as observações pertinentes e de construir modelos de desenvolvimento com base nestas observações, o administrador que define os meios, o perito cultural que sugere objetivos culturais e o eleito político que compara, integra e finalmente decide. Trata-se de uma verdadeira conversão mental, para a qual nem uns nem outros estão preparados.

O pesquisador, sem deixar de desenrolar o seu pensamento no seu quadro específico, deve *integrar* a problemática global da previsão e da planificação do desenvolvimento cultural em seu terreno de pesquisa. Por certo, a sociologia não pode substituir a ação criadora dos valores. Mesmo que o sociólogo seja um humanista, a sociologia não é um humanismo. Ela pode responder às perguntas "o que é que é", e mesmo "o que é que pode ser?". Se um sujeito social lhe fornece um sistema de valores e orientações, então ela pode elaborar critérios simultaneamente desejáveis e aplicáveis num período definido, ela pode estudar suas implicações. Ela pode estudar o que é necessário para que a ação seja mais coerente ou mais eficiente. Para tratar da previsão e da planificação, não basta aplicar os resultados da sociologia à ação, trata-se de fazer das condições e dos processos de ação o próprio objeto da pesquisa sociológica. Tal sociologia requer regras precisas, elimina o estudo dos "fatos sociais totais"[34], concentra-se em todos os fatos pertinentes com respeito aos problemas de ação que são colocados, e somente neles. Em vez de estudar primeiro os fatos sociais moldados pelos determinismos sociais, coloca no centro de seu campo um sujeito social ao mesmo tempo determinado e determinante, que age com a totalidade dos recursos de que pode dispor e que luta contra a totalidade das sujeições da situação que limitam sua atividade de criação e controle. Em lugar de eliminar os juízos de valores que orientam os projetos do sujeito, estuda-os em suas implicações objetivas. Em vez de se desinteressar dos meios necessários ao desenvolvimento, ela os coloca em seu campo de observação, os transforma em alternativas de intervenção cujos resultados prováveis avalia. Em vez de cingir-se a observações diretas sobre o passado e o presente da unidade estudada, acrescenta-lhe observações sobre o passado e o presente de outras unidades, cuja situação atual permite prever uma situação futura mais ou menos provável da unidade estudada. Ela aceita privilegiar os problemas de redução da

---

34. A. TOURAINE, *Sociologie de l'action, op. cit.*; J. DUMAZEDIER, "Les Confessions sociologiques d'un enfant du siècle", *Esprit*, 4, 1967, p. 701-715.

incerteza do futuro que são da maior utilidade para os que fazem a história, de preferência a limitar-se a observar aquilo que já aconteceu. A fim de determinar as melhores técnicas de verificação, observação, explicação e previsão, o sociólogo recorreu, não somente aos recursos da sociologia, mas ainda aos de outras ciências (economia, lingüística, psicologia) apesar das dificuldades de tal empréstimo. Para elaborar sua problemática e suas hipóteses de intervenções possíveis, em função de critérios desejados pelo sujeito social estudado, aceita sair de seu isolamento para associar (e não somente consultar) o político, o intelectual e o administrador. Na prática do terreno, associa o sujeito social à análise de sua situação e de seu projeto na medida toda em que as regras da objetividade científica o permitam: não se contenta em encaminhar aos entrevistados os resultados da *enquête* (*feed-back*), associa os sujeitos sociais a todas as fases da pesquisa. Ele contribui assim para o progresso da racionalidade no próprio desenvolvimento da reflexão dos homens de ação. Tende sempre para formas variadas de *enquête*-participação[35]. Trata-se daquilo que chamamos de uma *sociologia ativa*.

O perito cultural, no plano da criação, da difusão ou da participação do público, é o mais qualificado para propor valores a serem promovidos numa política cultural. Mas também ele se confronta com novos problemas quando participa da elaboração de um plano de desenvolvimento cultural.

Em primeiro lugar, deve interrogar-se sobre a extensão e os limites de seu "conhecimento do público". Certamente a experiência direta que o criador, o informador ou o animador têm daqueles a quem se dirigem, é uma fonte de intuição insubstituível. Mas sua percepção é seletiva. O subjetivo é quase sempre mesclado ao objetivo quando o próprio interessado faz o seu balanço. O perito cultural deve saber recorrer às análises científicas das reações de seu público. Deve, pois, abrir seu campo de ação ao sociólogo, sem encarar as questões deste último como uma "espionagem".

O recurso às ciências sociais já é útil para conhecer com precisão as atitudes das diferentes categorias que compõem um público. São indispensáveis para conhecer as reações desta parcela da população que não é tocada pelo sistema de criação, de difusão ou de educação. É mais no plano da escolha dos valores que o perito tem mais competência, mas ele não pode retrair-se num esplêndido isolamento "peritocrático". Sua produção

---

35. M.-F. LANFANT, *Ensemble de rapports sur l'animation socio-culturelle*, Paris, Equipe de sociologia do lazer, 1967 a 1969.

correria o risco de não encontrar acolhida junto ao público. No início, o inovador é quase sempre um isolado que se opõe aos conformismos dominantes. Seu diálogo com os "políticos" (que integram seus valores culturais numa ideologia geral) e com os pesquisadores (que defrontam objetivamente os modos possíveis de comunicação entre os valores do perito e os do público), é entretanto necessário ao progresso do desenvolvimento cultural dos diferentes meios sociais.

No plano da programação e da escolha dos meios, a mudança de atitude também é importante.

Se o projeto do perito for o de alcançar, por irradiação ou influência, o máximo possível da população, pela melhor das programações, com o uso mais racional dos recursos, então sua cooperação, com o pesquisador e o administrador da equipe de planejamento combinada, torna-se desejável e possível. Esta cooperação não limita em nada seu poder de invenção nem sua liberdade de iniciativa. Ela aumenta suas probabilidades de êxito.

O administrador dos organismos públicos como o das organizações privadas, lucrativas e não lucrativas, deve também manifestar uma atitude nova na equipe de planejamento. Ele não irá se limitar às informações que lhe proporcionam os relatórios administrativos, pois as informações recolhidas e tratadas pelos especialistas da pesquisa, sobre um modo científico, também lhe são necessárias para apoiar suas proposições ou suas decisões. As decisões se fazem hipóteses para responder à certas necessidades.

No plano dos valores que conduzem estas decisões, o administrador de uma equipe de planificação não deve, também, ser um burocrata tacanho. Precisa das apreciações ou das sugestões dos peritos culturais para que as finalidades culturais prevaleçam sobre as finalidades administrativas. Deve experimentar uma necessidade de diálogo permanente com os políticos eleitos do governo e da oposição, para confrontar os valores culturais com os valores políticos, para analisar significados ideológicos que vêm subtender, por vezes sem que o saiba, os valores culturais. Para esta análise, recorrer ao pesquisador é amiúde uma necessidade.

Na escolha dos objetivos e dos meios, o administrador não se limita a decisões "rotineiras" que prolongam mais ou menos o passado. Ele tenta dar prova de inspiração e rigor na elaboração de alternativas de decisões, acompanhadas de hipóteses sobre os resultados prováveis nesta ou naqueloutra conjuntura a curto e a longo prazo[36].

36. O funcionamento da burocracia real, descrito por Michel Crozier, está bem longe deste modelo.

199

O próprio *homem político*, qualquer que seja sua concepção da economia ou da sociedade, deve reformar o modo do pensamento dominante na vida política.

Enfim, a planificação implica sempre, em última análise, uma escolha política. Nenhuma pesquisa, nenhuma criação, nenhuma administração pode substitui-la. Mas esta escolha é final. Se a pesquisa proporciona a ilusão de poder dispensá-la, é que ela impõe, de contrabando, critérios de decisão estranhos à sua competência. Se uma administração der a impressão de que a escolha das prioridades depende somente dela, é porque é uma burocracia ou uma tecnocracia usurpadora. Na planificação do desenvolvimento cultural, o homem político, já o dissemos, não deve ter senão a última palavra. Mas é preciso que tenha um modo de pensar de novo tipo. Antes de mais nada, deve conhecer os próprios limites da competência política, precisamente na medida em que esta competência é a competência da escolha final, a escolha relativa aos objetivos a realizar com exclusão de todos os outros. Este homem político precisa, antes de mais nada, informar-se não apenas diretamente junto a seus eleitores, mas ainda de maneira indireta, com a ajuda do pensamento científico, confiando a comissões de pesquisadores e peritos o encargo de estudos aprofundados.

Quando tiver de resolver problemas de criação, difusão ou animação no campo do conhecimento tecnológico, científico, artístico ou ético, o homem político deverá rodear-se de peritos, saber escutá-los e dialogar com eles. Se não estiver disposto a este tipo de cooperação, arriscar-se-á a tomar, sem sabê-lo, decisões conservadoras ou retrógadas, do ponto de vista do movimento da cultura viva, sob a cobertura dos valores sociais ou políticos, estranhos à dinâmica da cultura. Enfim, colocado pela equipes de planificação combinadas, em face das várias alternativas possíveis a curto e a longo prazo, o político deverá, na medida total de seus meios, fazer com que sejam estudadas as implicações prováveis destas diferentes alternativas em situações desigualmente prováveis. Estará pronto a cooperar com o administrador e o pesquisador a fim de obter o rendimento provável de cada solução tendo em vista os custos: custo econômico, institucional ou humano.

Tais são as orientações de pensamento necessárias aos quatro grandes parceiros das equipes de planificação. As ideologias gerais têm uma grande importância por suas implicações nas decisões finais, mas tais problemas de mudança de modo de pensar se apresentam em todos os meios ideológicos quando é preciso responder aos novos problemas da planificação do desenvolvimento cultural.

Cabe perguntar-se que lugar "os movimentos sociais"[37] ocupam no processo: antes de tudo, achamos que o preparo de um plano, qualquer que seja a necessidade dos trabalhos de pequenos grupos em que se defrontam as pessoas mais qualificadas, deve ser aberto da maneira mais ampla a estes movimentos sociais dos mais diversos. É, pois, mister informar e formar com a maior amplitude possível todos os níveis da vida nacional, regional, local. O Plano será realmente aplicado, não somente se o governo conceder os meios materiais imprescindíveis à sua realização, mas ainda se as orientações e os meios escolhidos forem cumpridos, discutidos, revisados ou sugeridos pelos próprios interessados. Enfim, a planificação do desenvolvimento cultural deve ser flexível. Ela deve dar margem aos movimentos culturais mais ou menos selvagens que podem sempre nascer, explodir, para contestar as previsões do Plano. A população precisa estar sempre pronta a desempenhar um papel numa sociedade em que a previsão e o planejamento são cada vez mais necessários e possíveis para evitar desperdício, absurdo e escândalo[38]. Karl Mannheim havia sabiamente sugerido em sua "planificação para a liberdade" um setor não planificado que devia preencher tal função.

2. INSTRUÇÃO DOS ADULTOS, OPERAÇÃO DO DESENVOLVIMENTO CULTURAL

A nossos olhos, uma das formas importantes de ação, para que o conjunto da população possa ter uma parte ativa no desenvolvimento cultural, é a instrução dos adultos. A maior parte da instrução dos adultos, apesar do esforço crescente das empresas, diz respeito ao lazer[39]. Tentaremos mostrar como definimos o problema da instrução dos adultos, depois o da instrução permanente, fundamentando-nos em considerações que acabam de ser expostas sobre o desenvolvimento cultural.

a) *Uma operação de desenvolvimento cultural*

Definir, é antes de mais nada, situar. As necessidades culturais da atual sociedade suscitaram, especialmente nos últimos

---

37. No sentido em que A. TOURAINE o entende em *Sociologie de l'action, op. cit.*
38. A. WILLENER, *L'Image-action de la société ou la politisation de la culture*, Paris, Seuil, 1970, 291 p.
39. J. LEVEUGLE, *L'Éducation permanente*, 1963; JOHNSTONE e RIVERA, *Volunteers for learning*, 1963.

vinte anos, uma floração de iniciativas designadas, na França, por expressões múltiplas e mal definidas: instrução popular, difusão da cultura, ação educativa para a informação de massa, promoção social, cultura popular, autodidaxia, enfim instrução permanente. Pode-se alinhar todas essas atividades sob o nome de instrução dos adultos? Parece que não. Fazê-lo seria misturar gêneros e níveis de operações muito diferentes, o que arrebataria todo rigor à ação educativa. Então, qual é o termo genérico capaz de englobar todas estas atividades e, entre elas, quais corresponderiam aos traços distintivos da instrução dos adultos?

A instrução dos adultos é uma operação de desenvolvimento cultural. Alguns (Verner)[40] tendem a reduzir à ação de um agente educativo (*external educational agent*) sobre um "educado" (*learner*). Certamente, esta ação possui grande importância, mas com freqüência a relação educador-educado corre o risco de tornar-se prisioneira de uma subcultura, quando não é um modo de comunicação aberto entre a cultura mais elaborada da sociedade e a cultura vivida pela população, mas sim um modo de comunicação fechado entre a subcultura do educador e a do educado.

O primeiro passo consiste em relacionar, portanto, a instrução dos adultos com a cultura e a sociedade, e em colocar antes de mais nada o seguinte problema: quais as relações de interdependência entre as culturas do educador, do educado, a de seu meio e a da socidade global? Então, a instrução dos adultos surge antes de tudo como o estabelecimento de um modo de comunicação entre os sistemas culturais dos emissores (inventores, pesquisadores, criadores) e os sistemas culturais dos receptores (conjuntos de indivíduos aos quais se dirige a instrução dos adultos). Ela constitui um dos sistemas intermediários no conjunto do ciclo do desenvolvimento cultural de uma sociedade que vai dos produtores de símbolos culturais para os difusores, dos difusores para os participantes e dos participantes para os produtores.

Ao nível dos fins, a instrução dos adultos exige ser consciente e voluntariamente orientada por uma ação contínua e coerente para a aquisição sistemática de conhecimentos ou para o desenvolvimento metódico de novas atitudes, e isto por um sujeito ativo. Este caráter elimina toda operação orientada

---

40. C. VERNER, L. NELSON, C. E. RAMSEY, *Community structure and change*, New York, MacMillan, 1960, xii-464 p.

para o exclusivo divertimento ou a exclusiva informação do sujeito, mesmo sobre um tema de altíssimo nível cultural, mesmo numa transmissão ou numa exposição de caráter educativo. Deste ponto de vista, falar de "escola paralela", a propósito dos espetáculos de cinema, ou de televisão, das audições de rádio e da leitura de periódicos, pode causar um efeito de choque, mas é um abuso de linguagem. Em compensação, uma série ordenada de espetáculos, exposições, comentados com o intuito de facilitar quer a aquisição de um conjunto estruturado de conhecimentos sobre a técnica, a arte ou a ciência, quer a modificação em profundidade das atitudes ante o trabalho, a política, o lazer poderia constituir uma operação de instrução de adultos. Tal operação tenta construir para o sujeito o contrário desta "cultura em mosaico" de que fala Moles com razão a respeito das mensagens que são, na maioria das vezes, emitidas pelos meios de comunicação de massa.

Ao nível dos meios, a instrução de adultos requer o uso de um modo de ação social externa ao indivíduo, marcado pela continuidade ou a repetição, a fim de criar as melhores condições possíveis de aprendizagem eficaz (*learning*). Certamente, a discontinuidade e a dispersão das mensagens incontroladas podem produzir um efeito educativo, mas será aleatório.

Onde situar a autodidaxia?

Pode-se definir a autodidaxia como a instrução sistemática do adulto por si mesmo com o auxílio dos diferentes instrumentos materiais do conhecimento. Sua importância é considerável. Na *enquête* nacional americana[41], entre 61% de adultos que seguiram algum ensino sistemático, 47% freqüentaram círculos de estudos, de conferências, cursos diretos ou por correspondência, mas 38% ministraram-se um programa sistemático de formação sem haver recorrido a nenhum sistema de relações pedagógicas. Trabalharam sozinhos no assunto de sua escolha, com os instrumentos que eles mesmos descobriram, sem a ajuda de educadores. Na história social da França, ninguém ignora a importância tomada pela autodidaxia para compensar a ausência ou a insuficiência de formação escolar ou universitária (ver C. Duveau, B. Cacérès).

As necessidades dos autodidatas encontram-se na origem de numerosos institutos comerciais de instrução de adultos. Assim, vários autores situam a autodidaxia entre a instrução

---

41. J. W. C. JOHNSTONE e R. I. RIVERA, *op. cit.*

de adultos. Para eles, o educador está, se assim se pode dizer, no educado. Tal é a posição de Johnstone e Rivera, que assim definem a instrução dos adultos: "todas as atividades consciente e sistematicamente organizadas com o intuito de adquirir nova informação, conhecimento ou aptidão". Esta definição não corresponde senão à metade do problema, o dos fins últimos da instrução dos adultos, que é suscitar uma autodidaxia metódica e permanente em face de todas as mudanças vindas ou por vir, mas deixa de lado a ação da própria sociedade com o objetivo de favorecer tal fim.

Esta ação simbólica da sociedade representa uma intervenção cultural da sociedade nela mesma. É o índice de uma sociedade ativa em face da mudança; assim a sociedade, suas classes, suas categorias, seus grupos, se esforçam por reduzir os atrasos, as desigualdades culturais, que ofereceriam o risco de tornar a população incapaz de dominar o desenvolvimento da economia, da sociedade, da pessoa.

Enfim, é o sinal de que ela tenta conferir a esta operação de desenvolvimento cultural a máxima eficácia a fim de criar as melhores condições de uma autoinstrução voluntária. Assim, todo sistema de instrução dos adultos é testemunha de uma maior exigência daquilo que se poderia chamar de uma *sociedade educativa*. Este ponto nos parece fundamental.

Pode-se definir sociologicamente a instrução de adultos como uma operação de desenvolvimento cultural da sociedade ou dos grupos que a compõem, orientada conscientemente para o desenvolvimento da economia, da sociedade e da personalidade, por intermédio de um sistema de aprendizagem contínua ou repetida que coloca a cultura de um sujeito social em relação com os gêneros e os níveis culturais mais aptos a suscitar este desenvolvimento. Tal definição permite apresentar os três problemas mais importantes levantados pela instrução de adultos nas sociedades modernas:

— Como instaurar uma comunicação real e recíproca entre o nível cultural das criaturas e o dos públicos pela intervenção de um sistema de aprendizagem? Esta é a condição de uma construção permanente da democracia cultural entre o esoterismo e a mediocridade;

— Como estabelecer um equilíbrio entre a instrução de adultos e os outros modos de desenvolvimento cultural, em particular os *mass media?* F. Machlup (1963) calculou que nos Estados Unidos as despesas para as diversões publicitárias eram iguais à somas das despesas escolares — adolescentes e adultos — nos graus do ensino secundário e superior reunidos;

— Como equilibrar, no desenvolvimento cultural de uma sociedade marcada pelo aumento do tempo e dos valores do lazer, o emprego deste tempo entre divertimento e auto-instrução voluntária, entre recreação e criação permanente de si mesmo?

b) *Os fins e os meios*

Funções: na hipótese formulada acima, as funções da instrução geral dos adultos deveriam ser antes definidas com respeito à instrução escolar e universitária. Nesta perspectiva, a instrução de adultos é uma operação de recuperação; ela serve para substituir os sistemas escolar e universitário para aqueles que não puderam percorrê-lo até o nível ao qual aspiram. É também uma operação de mudança: visa àqueles que seguiram certos estudos em determinada especialidade e que aspiram a seguir outros, numa especialidade diferente. É, enfim, uma operação de aperfeiçoamento ou de reciclagem; endereça-se àqueles que desejam completar ou corrigir o ensino que receberam e que já caducou.

A instrução de adultos deve também e acima de tudo ser definida diretamente com respeito ao movimento do conhecimento. É, com efeito, em relação ao movimento de renovação permanente do conhecimento que a instrução de adultos deveria situar cada vez mais suas funções em todos os níveis da instrução, principalmente em relação às necessidades do trabalho, sob pena de resultar num enorme desperdício de tempo, dinheiro e energia, tanto para a sociedade como para o indivíduo. Quando a recuperação ou a reciclagem se fazem acompanhar de um esforço de imaginação criadora e rigor científico mediante a revisão da orientação, do conteúdo e dos meios empregados, pode então ser não somente eficaz, mas também oferecer um modelo cultural inovador, útil para a reforma do próprio sistema escolar, numa sociedade móvel onde a cultura é incessantemente colocada de novo em causa.

Por fim, já o dissemos mais acima, uma função essencial da instrução permanente é ajudar a população, em seu conjunto, a manter-se capacitada a desempenhar um papel ativo no desenvolvimento cultural da sociedade.

Públicos: mas aí aparece um problema maior: são os indivíduos que já dotados do mais alto nível de instrução que mais utilizam os sistemas de educação de adultos. Na França, onde os operários constituem cerca de um terço da população ativa, é raro que haja mais de 5% de participantes operários nas atividades de instrução popular. Nos Estados Unidos, ao passo que o total de operários na população ativa é de 30%

(NORC, 1963), apenas 20% participam das atividades de instrução de adultos na ampla acepção, incluindo os cursos de cozinha, de jardinagem e de *bridge*. Mesmo nos países socialistas, esta regra verifica-se, a despeito da amplitude e da qualidade de certas realizações operárias.

Todavia, se há um "romantismo social" (P. Bourdieu) da instrução popular que se ilude quanto a seu poder para substituir a ação da escola; toda uma história da instrução popular testemunha também no passado a promoção de indivíduos que não tiveram a possibilidade de se beneficiarem com o ensino nem do liceu nem da Universidade. Nenhum sistema escolar resolveu de maneira satisfatória, em país industrial avançado, o problema dos melhores meios de acesso à cultura mais elaborada para os indivíduos social e intelectualmente marginais.

Programas: são os problemas do trabalho que dominam as atividades de instrução de adultos. Em Annecy, 67% dos chefes de família que procuram documentar-se regularmente durante o tempo de lazer, fazem-no sobre questões científicas e técnicas, 60% sobre problemas profissionais. Nos Estados Unidos, cerca de 33% dos que freqüentam um curso de instrução de adultos (estudantes isolados ou em grupo), ou seja, 9 020 000 pessoas, estudam assuntos diretamente relacionados com o trabalho[42]. É também preciso assinalar, no caso desses dois levantamentos, os interesses práticos de ordem familial (cozinha, cuidados, costura, decoração, jardim, educação das crianças, etc.). Nos Estados Unidos, tais atividades mobilizam 3 440 000 pessoas. Quanto aos estudos ligados aos problemas religiosos e éticos, figuram, em Annecy, apenas em décimo quarto lugar e envolvem somente 3 820 000 pessoas nos Estados Unidos.

A fraqueza do interesse dedicado aos problemas políticos e econômicos não é menos nítida: terceiro lugar em Annecy, 1 080 000 pessoas interessadas nos Estados Unidos.

Em compensação, se incluírmos nos cursos de instrução de adultos nos Estados Unidos todas as atividades essencialmente voltadas para o indivíduo tomado como fim, seja para o divertimento, seja para o desenvolvimento pessoal (educação física, leitura rápida), encontraremos o total de mais de 7 milhões de participantes, quer dizer, sete vezes mais. Em Annecy, a questão proposta não permite as comparações. Mas a tendência parece ser a mesma. É também o que se observa nas sociedades socialistas economicamente mais evoluídas[43].

42. J. W. C. JOHNSTONE e R. I. RIVERA, *op. cit.*
43. S. G. STRUMILIN, *op. cit.*

Esta evolução coloca uma importante questão; pela primeira vez, as sociedades industriais avançadas defrontam-se com um problema de programação de estudos com base no "voluntariado" de um número crescente de adultos que aplica uma parte de seus lazeres a um esforço sistemático de aprendizado intelectual e social. Os valores do prazer acham-se em conflito com os valores do esforço, os valores do lazer com os dos engajamentos fundamentais para a criação e a organização da família e da cidade. Como a instrução de adultos das sociedades industriais avançadas conseguirá tornar popular a consciência dos grandes problemas sociais do mundo, numa sociedade em que o enriquecimento coletivo é acompanhado de uma alta dos valores de desfruto do dinheiro e do tempo? À pergunta de David Riesman: "Abundance for what?"[44] ("Abundância para quê?") faz eco à pergunta de Liveright: "Adult education for what?"[45] ("Educação de adultos para quê?").

c) *Da instrução de adultos à instrução permanente*

Nas novas sociedades, a obsolescência cultural é tão rápida, apesar de todas as reformas escolares, e a própria instrução dos adultos parece tão frágil se não for tratada em relação à educação das crianças, que a noção de educação permanente foi aos poucos se impondo de ambos os lados do Atlântico na década de 50. Ora, prolongar a escolaridade, mesmo reformada, seria insuficiente para garantir o desenvolvimento cultural da população da nova sociedade; estender a instrução de adultos, mesmo melhorando-a, seria igualmente insuficiente, se as bases do sistema escolar não fossem mudadas. Daí a idéia, não mais de prolongar, porém de *estender* uma instrução de novo tipo no curso do ciclo da vida, procurando para cada indivíduo, cada meio, cada matéria, o melhor período de aprendizagem sistemática, quer imposta, com opções, ou livre. Cada sociedade avançada está à cata de novos sistemas sucessivos coerentes e graduados de formação, aperfeiçoamento ou reciclagem de crianças, jovens e adultos. É o que se chama de instrução permanente. Malgrado o atual favor que o prolongamento da escolaridade goza, estamos talvez assistindo ao fim dos presentes sistemas escolar e universitário. Este fim está talvez inscrito de modo mais claro do que muitas outras esperanças nas recentes revoltas dos estudantes de universidade e de liceus através do mundo.

44. D. RIESMAN, *Abundance for what, op. cit.*
45. A. A. LIVERIGHT, *A study of adult education in the United States*, Cleveland, Center for Study of Liberal Education, 1968, 138 p.

A necessidade de auto-instrução numa sociedade em que o conhecimento inovador é cada vez mais indispensável ao trabalho e a todas as atividades cotidianas vai aumentando e será cada vez mais sentido em todas as idades da vida, não obstante as condições sócio-culturais desfavoráveis.

O novo papel dos peritos e dos tecnocratas obriga os cidadãos a instruir-se incessantemente para que não sejam esquecidos, manipulados, alienados. Nestas condições, é possível que as primeiras formas de instrução dos adultos, centradas na *liberdade de escolha* dos indivíduos em face das novas situações, sejam o germe de uma renovação de todo o sistema escolar e universitário de amanhã. Ontem, a renovação pedagógica veio da escola maternal; é possível que ela venha, amanhã, da inovação na educação de adultos. Então as instruções escolar e universitária será reduzida pouco a pouco a uma educação de base, preparatória à outra educação, a da vida toda. Tratar-se-ia não somente de aprender a aprender, mas de converter a auto-instrução permanente em uma necessidade, em uma segunda natureza, em um estilo de vida, e de reorganizar as estruturas da sociedade em função deste objetivo. Em uma sociedade melhor orientada para o desenvolvimento do homem, adivinha-se a possibilidade permanente de incluir uma instrução programada a pedido do interessado. Recentes invenções (eletro-vídeo-gravação) permitem entrever o tempo em que fitas magnéticas educativas hão de ser lidas por meio de um aparelho de televisão, como a mini-cassete musical já o é por meio de um magnetofone.

Assim, estes 60% de indivíduos que sentiram necessidade de refazer estudos no decorrer de suas vidas poderiam ter à sua disposição recursos novos. Seria o início de uma revolução pedagógica que tornaria o lar o centro da instrução permanente, como já foi o caso, durante dois anos na experiência de Téveq (Televisão Educativa de Quebec, 1967-1969) em que a escola tradicional não serviu de auxiliar senão aos sábados? As funções culturais e as estruturas relacionais simultaneamente do grupo familial, dos *mass media* e do sistema escolar viriam a ser, com isso profundamente alteradas.

Para além do declínio da "galáxia de Gutenberg" e do impulso da "galáxia Marconi" uma criação e recriação permanente da cultura pura e simplesmente, nutrida pela cultura erudita, torna-se concebível para uma sociedade de massa. O partejamento de um tal sistema de instrução permanente necessário às sociedades supõe transmutações de mentalidades e de estruturas que serão provavelmente muito longas, incertas, dramáticas. É um aspecto desta revolução cultural com a qual nos confrontamos, a fim de tentar fazer face aos problemas ainda obscuros que uma nova sociedade em gestação coloca ao homem.

3. EM DIREÇÃO DE UMA SOCIOLOGIA ATIVA: DETERMINISMOS SOCIAIS, PREVISÃO, DECISÃO

Tentamos mostrar a necessidade de planejamento cultural e da adoção de pontos de vista novos, necessários à sua elaboração. Estes pontos de vista devem aplicar-se ao estudo das necessidades culturais atuais e futuras, às escolhas dos critérios de desenvolvimento, à fixação dos objetivos, à escolha dos meios.

Tentamos mostrar que a adoção destes pontos de vista supõe uma verdadeira conversão mental entre os diferentes atores da planificação cultural, o pesquisador, o *perito*, o administrador, o político e a população em seu conjunto.

Enfim, demos o exemplo da instrução permanente como estimulante de um papel ativo do conjunto da população na planificação cultural.

Vamos agora esforçar-nos a fim de expor os princípios de uma sociologia ativa, quadro *metodológico* dentro do qual vêm, a nosso ver, inserir-se todas estas observações.

Os problemas suscitados pelo desenvolvimento, pela ação, pela planificação culturais, incluindo o da mutação da instrução, requerem uma sociologia de tipo novo, disto temos consciência, mas, como já o dissemos, sentimos dificuldade em concebê-la e aplicá-la. Interrogamo-nos sobre esta situação desconfortável na qual avança lentamente o nosso trabalho sociológico. Fundadores de um movimento nacional de educação popular em 1945, não conseguimos quase integrar as orientações gerais deste movimento numa pesquisa empírica capaz de mudar o modo de pensar e agir dos militantes. Raramente suas decisões eram concebidas como hipóteses acerca de resultados prováveis. Mesmo a avaliação dos resultados passados nunca conseguiu introduzir muito mais racionalidade na ação. Por outro lado, a integração de uma problemática de ação na pesquisa é tão difícil quanto a dos resultados da pesquisa na ação, mesmo quando os responsáveis de uma e da outra alimentam as mesmas idéias gerais e trabalham em comum. Uma outra experiência não foi mais feliz. Tendo aceitado trabalhar na qualidade de sociólogo com economistas de ação, reunidos por P. Massé[46], fomos surpreendidos ao mesmo tempo pela necessidade de elaborar uma dinâmica do desenvolvimento sócio-cultural para

---

46. P. MASSÉ, *Le Plan ou l'anti-hasard*, op. cit.

confrontá-la com a do desenvolvimento econômico-social e pelo fato de que nos faltam as informações sociológicas pertinentes. Os ensaios teóricos são de escassa utilidade e as pesquisas empíricas atuais subministram poucas informações pertinentes para reduzir a incerteza do futuro com o fito de permitir ao ator riscos calculados. G. Gruson escreve: "A análise econômica orientada pelas necessidades da ação encontra a todo instante as questões de ordem sociológica às quais ela não está em condição de responder". Pelo menos, deve tentar colocá-las claramente para que o sociólogo, por sua vez, deixe orientar sua pesquisa. Tratar-se-ia simplesmente de deixar orientar nossa pesquisa?[47].

Alain Touraine, numa espécie de confissão sociológica[48], deparou-se com problemas comparáveis com aqueles que apresentamos aqui.

"A maioria daqueles que, como eu, abordaram da sociologia alguns anos após a guerra, foram dominados, mais ainda do que orientados, por uma dupla situação: dependência científica com respeito à sociologia americana que nos trazia não somente técnicas de pesquisas porém métodos novos de pensamento, participação nas esperanças, nas decepções e nas crises da sociedade francesa mais preocupada, logo após a libertação, com sua transformação do que com seu funcionamento. Nenhum sociólogo de minha idade pode dizer que dominou esta contradição". Sentimos o mesmo mal-estar. Mas quando Touraine fala da necessidade de levar a reflexão sociológica ao nível das grandes teorias sociais do passado, perguntamo-nos se "a sociologia da ação" dispõe do método para fazê-lo.

Precisamos de uma nova sociologia "positiva". Ela não é evidentemente positiva porque se filiaria às teses científicas do neopositivismo; veremos que é bem o contrário. Ela é positiva no sentido que necessita estudar todas as relações postas em dúvida por um sistema de ação orientado para a transformação de uma situação A em situação B, julgada preferível por um sujeito social, do ponto de vista do critério C de desenvolvimento. Se a sociologia se limita a estudar as determinantes que moldam um fato social como uma coisa, ela não é pertinente com respeito ao problema que propusemos. Ela considera, de fato, a intervenção do homem que se opõe ao jogo cego destas

---

47. C. GRUSON, *Origine et Espoir de la planification française*. Paris, Dunod, 1968, 438 p.

48. • A. TOURAINE, *Sociologie de l'action, op. cit.*

determinantes como uma variável negligenciável ou exógena. Se, nesta perspectiva geral, ela se contenta em estudar o desvio disfuncional entre uma situação de fato e uma situação ideal em um sistema dado como constante, ela não é mais, tampouco, pertinente. A ação inovadora, com efeito, pode mudar o próprio sistema[49]. É, pois, mister que as condições e a marcha de transformação voluntária de um sujeito social às voltas com as determinantes sociais se tornem, elas próprias, objetos de conhecimento. A sociologia será pertinente com respeito a nosso problema se seu objeto central não for um fato social tratado como um ser ativo. Seu objeto central será simultaneamente *orientado* por um projeto de intervenção possível, em uma situação provável em função de critérios desejáveis[50], e *determinado* por todos os determinantes sociais que representam direta ou indiretamente neste projeto, seja o papel de recurso, seja o papel de sujeições e *somente* eles. Com efeito, em cada situação, o número e a intensidade das variáveis pertinentes cuja ligação é positiva ou negativa com o projeto do sujeito considerado, não são constantes. Trata-se, bem entendido, sempre de uma "totalidade concreta", ou antes, se assim se pode dizer, de uma subtotalidade concreta, mas a dimensão e a composição desta totalidade relativa variam em função do sistema de ação considerado. A cada problema de intervenção que ele coloca, o sociólogo tentará isolar, enumerar e ordenar o conjunto das variáveis pertinentes a fim de tratá-lo como um sistema e, se possível, como um modelo formalizado.

Poder-se-ia pensar no famoso discurso de Auguste Comte sobre o espírito positivo, mas tal aproximação seria equívoca. Com efeito, Comte pregava "a necessidade de confiar aos sábios positivos o trabalho teórico da reorganização social". Numa sociologia empírica, que separa radicalmente concepção e verificação da hipótese, análise e aplicação, não é permitida nenhuma confusão entre o sociólogo que observa e o homem de ação que decide. O sociólogo nada decide – ele observa um sistema de ação formado por um sujeito social. Este sistema é, alternativamente, analisado pelo interior (análise dos projetos do sujeito) e pelo exterior (análise dos resultados, de sua realização). O sociólogo exprime-se no indicativo ou no condicional, jamais no imperativo. Nunca se pode deduzir conclusões de suas observações, sem passar por um sistema de valores explícitos ou implícitos. O sociólogo raciocinará assim[51]:

49. *Ibid.*
50. Ver mais acima, p. 188 e seguintes.
51. J. DUMAZEDIER, *Vers une civilisation de loisir?, op. cit.*, p. 264.

1) Se a colocação é feita a partir do ponto de vista dos critérios de preferência de um sujeito social determinado.
2) Se o sujeito social dispõe de determinados recursos e coerções para a intervenção em uma situação.
3) Considerando os resultados prováveis da interação de um sistema possível A1 A2 An de intervenções com as situações prováveis S1 S2 Sn.
4) Então, entre todos os sistemas I1 I2 In possíveis de intervenção, é, por exemplo, I2 que conta com as maiores possibilidades de obter o resultado mais conforme com o critério de preferência escolhido pelo sujeito social.

Nem na sociologia positiva de Comte nem na sociologia dialética de Marx, as noções *de incerteza do futuro* e de redução probabilista desta incerteza poderiam ter um lugar próprio. Auguste Comte não compreendeu o que o pensamento probabilista de Laplace poderia trazer à sociologia; Karl Marx nunca falou dele. Nesta época, as ciências da previsão e da decisão racionais ainda não estavam desenvolvidas. Seu progresso nas ciências sociais data de apenas um quarto de século. Ora, elas são fundamentais em nossa sociologia previsional, orientada por hipóteses de ação. Mesmo utilizando as hipóteses marxistas, positivistas ou outras, conforme as necessidades de cada situação estudada, nosso método sociológico insere-se no quadro de referência histórico-empírico da sociologia moderna após 1920, porém se apóia antes de tudo nas recentes contribuições da teoria da decisão e da previsão. Propomos que esta sociologia previsional e decisional seja chamada de: *sociologia ativa*.

Ela pode ser pesquisa fundamental, se obedece primeiramente às leis internas do desenvolvimento do conhecimento. Ela pode ser pesquisa aplicada, caso se submeta antes de mais nada aos imperativos externos do progresso da ação. Amiúde, na pesquisa ativa, as duas exigências se superpõem sem todavia se confundir. Com efeito, as duas exigências raramente concordam quanto ao grau de precisão dos resultados e à duração dos trabalhos correspondentes.

O que distingue a sociologia ativa não é portanto nem seu caráter "fundamental" nem seu caráter "aplicado", mas antes os problemas que ela elege e o sistema de variáveis pertinentes que ela constrói, do ponto de vista de um sujeito social. Em lingüística, chama-se voz ativa aquela que assinala que o sujeito produz a ação em vez de sofrê-la (voz passiva). A sociologia ativa estuda em primeiro lugar a ação possível do sujeito sobre a situação que o determina. Seu campo de estudo é um subconjunto das variáveis que correspondem a um *sistema de ação* e suas relações de dependências ou de interdependências relativas com o conjunto das outras variáveis da situação global.

Assim, a sociologia ativa *procura prever, para uma situação e um perído definidos, os resultados prováveis da interação de determinantes prováveis e das intervenções possíveis de um sujeito social, orientado por critérios de desenvolvimento de uma situação social que, por sua vez, o determina.*

Toda sociologia ativa começa por selecionar e ordenar a totalidade dos elementos pertinentes, positivos ou negativos, de um campo de investigação. Esta pertinência é definida pela escolha de critérios de intervenção desejáveis e possíveis de um sujeito social sobre a marcha provável de evolução a curto e longo termo em uma situação dada. É esta construção prévia do campo que permite obter as informações históricas e empíricas mais apropriadas aos problemas da decisão racional.

Neste plano inicial, o esquema básico da sociologia ativa não difere do da pesquisa operacional. Em um estado mais avançado de nossa disciplina, as informações iniciais selecionadas poderiam originar uma pesquisa operacional inteiramente construída com base no que Chernoff chama "os critérios de melhoria".

Mas na pesquisa operacional, a situação de partida é supostamente conhecida, assim como o são os objetivos desejados pela transformação desta última. O mesmo não sucede na sociologia ativa. É preciso efetuar um estudo das condições e da marcha de evolução, para um período dado. Define-se uma situação de partida e os "garfos" da evolução provável no período que segue. Não se trata de desenvolver um estudo histórico tal como é comumente entendido, porém de selecionar, entre todas as marchas da evolução, aquelas que correspondem a tais critérios explícitos de desenvolvimento e de realizar um prognóstico sobre os limites de seu provável prolongamento, a curto ou a longo prazo, em decorrência de uma ou de várias intervenções possíveis, hoje e amanhã. "Os fatores conhecidos não servem ao espírito senão como matéria-prima a ser transformada em avaliação do futuro"[52]. No estudo destes processos passados e futuros de desenvolvimento intervêm evidentemente, ao mesmo tempo, a observação e a conjetura (daí a simulação possível). Estes processos correspondem mais ou menos àquilo que Laswell denomina de "development construct"[53]. ("Cons-

---

52. B. DE JOUVENEL, *L'Art de la conjecture*, Paris, Plon, 1964, 369 p.

53. H. LASSWELL, *The future of political sciences*, New York, Athernon Press, 1963, XI +256 p.

truto de desenvolvimento"). Neste plano, a pesquisa ativa repousa na análise de uma *dupla probabilidade condicional*. Trata-se de reduzir a incerteza do futuro pelo duplo prognóstico sobre a probabilidade: *a*) de uma situação, *b*) dos resultados da interação sobre esta situação.

Enfim a sociologia ativa pode aplicar-se a todos os planos da ação real ou possível; em função de um critério, ela será centrada em necessidades, objetivos, meios (recursos e imposições dos resultados reais ou prováveis). Por exemplo, em nossa pesquisa sobre o desenvolvimento cultural de uma cidade (Annecy), estávamos principalmente interessados pelo estudo dos objetivos possíveis nos planos culturais (gêneros ou níveis) e sociais (volume e categoria de população), e pelo de suas implicações.

Na pesquisa ativa, a exploração estatística é orientada para a construção de modelos de desenvolvimento que incluem variáveis teleológicas (finalidades) e instrumentais (meios). Não é o caso nem de substituir a análise dos quadros sociais da sociedade global em geral, nem de prolongar o pensamento profético sobre as "leis" de evolução: "lei" dos três estados de Auguste Comte, "lei" sobre a transformação do capitalismo em socialismo (K. Marx), ou "lei" do desaparecimento dos conflitos sociais no consumo de massa (Rostow). A finalidade da sociologia decisional não é fundar nova teoria geral da "praxis" histórica. Ela é mais modesta — repitamos uma vez mais que se trata somente de avaliar a probabilidade condicional de êxito de modelos parciais de desenvolvimento de uma unidade social, em uma situação e por um período definidos em função de uma evolução provável que inclui intervenções possíveis, orientadas pelos critérios desejáveis de um sujeito social determinado.

1. Assim esta sociologia é *subjetal*: é centrada num sujeito social (organização, classe, categoria social), não considera o referido sujeito como uma "coisa". O sujeito é ativo no campo de ação, é o suporte dos centros de decisão dos agentes de desenvolvimento, etc. É desejável que, em certa medida, ele seja igualmente ativo no campo da pesquisa.

2. Esta sociologia é *relativista*: define-se claramente com respeito aos critérios de desenvolvimento resultantes simultaneamente do sistema de valores escolhidos pelo sujeito social e da situação que o determina. Aí reside a dupla fonte de elaboração da problemática de pesquisa. É a partir daí que o pesquisador pode construir, em cooperação crítica com o homem de ação, um conjunto coerente de hipóteses de pesquisa que correspondem ao conjunto das operações da ação: tomada de

consciência das necessidades, escolha dos objetivos, pesquisa dos meios, previsão das situações e sua interação com os resultados. É este conjunto coordenado de hipóteses que desembocará na escolha dos conceitos, das dimensões e dos indicadores necessários à elaboração das variáveis. A hipótese se torna síntese hipotética. Converte-se em conjunto coerente de relações necessárias ao sistema de ação e verificáveis pela pesquisa. Alain Touraine mostrou muito bem que, numa sociologia de ação, o problema maior é o da relação entre as orientações normativas do sujeito histórico e as determinantes da situação em que ele se insere. Mas esta relação a valores que é uma das componentes maiores da dinâmica social do sujeito histórico leva a perguntar: qual será o valor que o observador irá lhe conceder? Touraine entra com justa razão em guerra contra as filosofias da história e suas ilusões que confundem o subjetivo e o objetivo, o desejável e o provável. Mas escolher o estudo de um sujeito social em sua luta e sua criação é adotar um ponto de vista. Não há sociologia de ação que não seja relativista.

3. Enfim esta sociologia é *previsional*: Alain Touraine fala dos movimentos sociais que derrubam ou se preparam para derrubar as normas dominantes do sistema econômico, social, político ou cultural. Mas como perceber suas probabilidades de sucesso ou de insucesso no futuro próximo ou longínquo? É um problema crucial. O sociólogo não pode contentar-se em descrever as inovações do sujeito social, precisa tomar distância e, considerada a evolução das situações, dos recursos e das sujeições, efetuar uma *previsão* sobre o seu curso, depois de haver tentado uma observação e uma explicação. O passado é o campo da impotência do ponto de vista de um criador. Com efeito, as jogadas estão feitas. O único campo de intervenção é o futuro, próximo ou longínquo. Como distinguir nas tendências dos movimentos sociais de hoje aquelas que têm amanhã fortes ou fracas probabilidades de realização? Se não quiser correr o risco de tornar todo procedimento científico impossível[54], o pesquisador é levado a uma reflexão probabilista. Ora, Touraine não tentou uma vez sequer tal reflexão sobre o futuro dos movimentos sociais. Quando alude a eles, dá prova da persistência, em sua forma de pensamento, de um romantismo social em que o sujeito histórico avançaria para o futuro como se o futuro não pudesse, ele próprio, ser objeto

---

54. P. BOURDIEU e J. D. REYNAUD, Une science de l'action est-elle possible?, *Revue française de sociologie*, 4, 1966.

de conhecimento. Para nós, tal atitude pertence já ao passado. Hoje, a ciência começa a penetrar em campo novo: o futuro, ou antes, um determinado futuro. Iremos especificar este último ponto, não hesitaremos em cair em repetições a fim de tentaremos explicar com clareza numa direção que não é familiar à sociologia dominante.

4. PREVISÃO. DECISÃO. MÉTODO COMPARATIVO

A própria idéia de uma sociologia previsional depara-se nos meios sociológicos com sérias resistências, que não são unicamente de ordem metodológica, mas também epistemológica e mesmo ética. Alguns preferem cingir a sociologia ao estudo dos problemas presentes, por receio de que o estudo probabilístico dos problemas de devir não venha converter-se na oportunidade de escamotear os primeiros. Outros preferem limitar-se a uma sociologia crítica puramente negativa, no temor de que uma sociologia centrada na evolução provável da sociedade atual não venha a ser prisioneira de uma ideologia conservadora. Outros ainda preferem guardar no espírito a representação de uma sociedade ideal cujas condições de realização nunca são submetidas a um estudo probabilístico, e extrair desta representação um quadro de referência para a análise estática da sociedade.

Outros, por fim, restringem-se a estudar a mudança tal como ela se produz, julgando que a análise da probabilidade das orientações futuras desta mudança e as dos resultados de intervenções eventuais nestas orientações dependam, não da sociologia, mas da ação.

O quadro deste enunciado seria por demais estreito se quiséssemos apresentar as análises necessárias à refutação destas objeções que se constituem em sólidos obstáculos ao progresso da sociologia previsional em geral. Substituiremos tais análises pelo enunciado das principais hipóteses epistemológicas e metodológicas, subtendido atualmente por nosso estudo comparativo que versa sobre sete sociedades industriais avançadas e pós-industriais.

A previsão sociológica, é possível ser feita?

1. Cumpre antes de mais nada endendermo-nos sobre o que compreendemos por previsão sociológica. Não é a imaginação de um mundo futuro, como Huxley ou Orwell imaginaram — um e outro, uma sociedade global de tipo industrial ou pós-industrial. Este modo de abordar o futuro é o do artista que exprime suas alegrias ou, mais amiúde, seus receios pessoais

através da ficção. Nós não temos nenhum meio de separar nesta criação o subjetivo e o objetivo, o que é provável do que é desejado ou temido.

A previsão não é, tampouco, a utopia que é o produto de uma reflexão de natureza filosófica "sobre um estado ideal". Também não é a profecia. Quando Victor Hugo prevê para nosso futuro a República Universal, ele cria, talvez, um desses grandes mitos inspiradores que a humanidade procura realizar através de todas as vicissitudes ou as catástrofes, mas esta não é uma previsão, é o produto de um pensamento místico.

A previsão é um abordagem científica e tem um objetivo mais modesto: não se estende a tudo o que seria desejável prever, mas apenas a um conjunto limitado de acontecimentos cuja realização é possível probabilizar.

Precisá-la repousa num raciocínio que toma apoio na observação sistemática de invariantes, dentro de modelos analógicos[55]. O raciocínio previsional seria portanto impossível sem:

a) A escolha de *modelos analógicos* em relação aos modelos prováveis do futuro, visto que a observação direta do futuro é evidentemente impossível;

b) A pesquisa de *invariantes* nestes modelos analógicos. São tais invariantes que hão de permitir a previsão. Se as referidas invariantes não existirem, nenhuma previsão será possível.

Para sermos mais exatos, o raciocínio previsional baseado nas invariantes de modelos analógicos funda-se numa dupla hipótese:

a) A relação entre o elemento a ser previsto, por exemplo (lazer X), e o elemento que pode explicá-lo (caracteres pós--industriais Y, Z) e tido como constante nos modelos analógicos, quaisquer que sejam os valores de y ou z; (Y) corresponde às variáveis sobre as quais pode atuar um sujeito social qualquer e (Z) corresponde àquelas que o determinam sem que este sujeito social possa atuar sobre ela.

$$X = F(Y, Z)$$

b) Esta relação permanecerá constante entre X e Y, Z, quaisquer que sejam as outras variáveis (e) dos modelos prováveis da situação futura. A ação das outras variáveis (o) é suposta ser negligenciável.

---

55. Em cibernética, chamamos de modelos analógicos, conjuntos de variáveis delimitadas e estruturadas que representam com uma aproximação suficiente ou julgada suficiente uma situação que não existe.

É dentro destes limites e somente nestas *condições* que uma previsão se torna possível tanto em sociologia como em economia. Não se pode esquecer, com efeito, que a previsão científica nunca pode visar à certeza. Ela tenta apenas reduzir uma incerteza por meio de probabilidades condicionais. Entre o conhecimento do determinado e a ignorância do aleatório, ela se situa num terceiro caminho, o da ciência probabilística[56].

2. Quais são os graus de previsão? O que muitas vezes desencoraja o sociólogo quando aborda a observação e o raciocínio previsionais, é que ele tem em mente a forma quantitativa que a previsão assume em econometria. Nesta ciência as grandezas são muitas vezes mais mensuráveis e fazem parte de modelos amiúde simplificados ao extremo. Em sociologia, as grandezas mensuráveis são com freqüência menos importantes do que as outras e a complexidade dos fatos sócio-culturais nos interdiz a adoção de modelos por demais simplificados que não teriam sentido algum. Mas a previsão não se confunde com a medida, ela corresponde a grandezas variáveis em precisão. Por outro lado, ela se estende a períodos mais ou menos definidos. Em certos casos, é possível que a previsão resulte na união de uma data e de uma quantidade, por exemplo: considerada a evolução da freqüentação do cinema na França nestes últimos cinco anos e de nossos fatores explicativos (crescimento da televisão, etc.), e se formular determinada hipótese sobre a evolução provável destes fatores e as intervenções eventuais passíveis de atuar sobre eles nos três anos vindouros, segundo a experiência dos países que nos precederam na crise do cinema (Estados Unidos, Canadá), então é dado prever que a freqüentação do cinema diminuirá ou aumentará de x%.

Mas não se deve esperar que a previsão sociológica seja sempre quantificada e datada. A probabilidade pode dispensar a medida. Uma previsão pode ser datada aproximativamente (por exemplo, indicação de um arco entre 1970 e 1975) ou não datada.

Quando não é possível datá-la, a previsão pode limitar-se a indicar que a evolução se fará provavelmente em tal direção mais que em tal outra em um futuro determinado. Enfim, datada ou não, a previsão pode exprimir-se seja por uma medida (por exemplo, uma percentagem; seja por uma ordem, por exemplo, isto antes daquilo; seja por um atributo, por exemplo isto ou

---

56. B. MATALON, *Les Raisonnements prévisionnels*, CREDOC e Grupo de estudo do lazer, 1967, 25 p., mimeografado; D. BELL, *Les Douze Méthodes de prévision, op. cit.*

aquilo). Assim, o problema previsional admite pelo menos seis respostas possíveis segundo a ordem de previsão.

	Medida	Ordem	Atributo
Datado	1	2	3
Não datado	4	5	6

3. Quais são os métodos sociológicos que se oferecem para a previsão? Isto significa propor a seguinte questão: entre os métodos de observação sociológicos, quais nos permitem descobrir modelos analógicos e procurar neles as invariantes necessárias à previsão? De conformidade com recentes tentativas da sociologia previsional, cabe ordenar *grosso modo*, estes métodos em três categorias, segundo o tipo de informação em que se alicerça o raciocínio previsional:

a) A extrapolação condicional (ou elasticidade temporal).

b) A observação comparada dos comportamentos de categorias de referência, correspondente aos desejos ou aos projetos de categorias de dependência (elasticidade social).

c) Enfim o estudo comparativo[57] em uma sociedade atual de fenômenos aguardados por uma sociedade futura (elasticidade espacial). É este estudo que formará o objeto central de nossa reflexão, porque um estudo comparativo em curso, sobre a evolução dos lazeres em sete sociedades industriais avançadas, nos levou a precisar este método.

Em economia, não é raro que o método comparativo seja aplicado à previsão. É o atrativo deste método que explica, em grande parte, o interesse que todos os analistas do desenvolvimento econômico das sociedades industriais dedicam à economia americana. Nas sociedades industriais fundadas na empresa privada, numerosas missões de estudo comparativo foram enviadas aos Estados Unidos. Nas sociedades industriais, baseadas na empresa pública, a economia americana constitui objeto de estudos comparativos cada vez mais numerosos. Os economistas socialistas admitem implicitamente o valor previsional da produção e do consumo americanos, nos setores em que eles se fixaram como alvo nos anos 60, o propósito de alcançar os Estados Unidos nos dez ou vinte anos seguintes.

---

57. Tomaremos método comparativo no sentido do confronto entre sociedades diferentes, isto é, no sentido em que os Anglo-Saxões dão à expressão "Cross-cultural studies".

Em sociologia, a situação não é a mesma. O método comparativo é raramente associado à previsão, ao menos de maneira explícita. Ontem, os precursores ou fundadores da sociologia científica, Montesquieu, Tocqueville, Durkheim ou Marx, utilizaram muitas vezes a comparação com o estrangeiro, para colocar os problemas gerais relativos à busca de uma sociedade ideal, do regime político melhor ou da economia mais justa. O método comparativo estava associado à ilustração de um pensamento filosófico mais do que à verificação probabilística de uma previsão. Sabe-se que, para Durkheim, o método comparativo era o único método possível em sociologia[58], mas ele nunca encarou a aplicação desta à previsão. Em troca, Auguste Comte consignou explicitamente à sociologia não só a tarefa de observar e explicar, mas ainda a de prever. Contudo, jamais tratou do método necessário para evitar confusão entre profecia e previsão. Ele nem sequer percebeu as respostas que o cálculo das probabilidades elogiado por Laplace poderia trazer ao raciocínio previsional em sociologia, porquanto o condenou em nome da sociologia.

Hoje, quase não avançamos. Em 1960, tendo como ponto de mira as novas tendências do método comparativo em antropologia desde Tylor, J. W. R. Whitin assinala a regressão da comparação entre as culturas das sociedades globais e a progressão do cotejo de áreas culturais mais limitadas, mais adequadas às formas da amostragem, onde a observação sistemática é guiada por algumas hipóteses bem definidas que se procura verificar em vários contextos diferentes. Mas ele não assinala nenhuma tendência para a previsão[59].

Enfim, em sociologia, desde os anos 60, assistimos de fato a um reflorescimento no emprego do método comparativo, após um longo período em que *enquêtes* nacionais ou locais sobre amostras restritas dominaram quase totalmente a pesquisa quantitativa. Todavia, ao que saibamos, nenhum colóquio colocou o problema da aplicação do método comparativo à previsão sociológica, antes de 1972[60].

---

58. E. DURKHEIM, *Les Règles de la méthode sociologique*, 8. ed., Paris, Alcan, 186 p.

59. J. W. R. WITHIN, "Methods and Problems in Cross-Cultural Research", in G. LINDZEY (ed.), *Handbook of social psychology*, Reading (Mass.), Menlo Park (Calif.), Londres, 2. ed., 1968, 5 volumes, vol. II, p. 693-728.

60. Mesa-redonda internacional, CNRS, Paris, outubro de 1972, organizada pela Comissão do Lazer da Associação Internacional de Sociologia, pelo Centro Europeu do Lazer e da Instrução e pelo Centro Internacional de Gerontologia Social.

Propomo-nos mostrar que este uso do método comparativo é cada vez mais necessário em função dos novos problemas que são colocados e que se colocarão cada vez mais à sociologia[61], e que este uso é cada vez mais possível graças aos progressos gerais do raciocínio previsional dos modelos analógicos de origem cibernética e dos métodos probabilísticos que eles suscitaram[62]. Neste espírito, empreendemos um estudo previsional dos lazeres tentando aplicar o método comparativo. Tentamos formular uma problemática previsional das incertezas sociais e culturais ligadas ao lazer do homem e da mulher, quando a sociedade tecnológica passa do estádio industrial ao estádio pós-industrial. Este estudo envolve os Estados Unidos, o Canadá francês, o Quebec, a Suécia, a Suíça romanda, a França, a Alemanha Ocidental, e a Tchecoslováquia. Ele avança lentamente, primeiro porque os modos de financiamento aparecem lentamente e também porque somos obrigados a tratar, de passagem, de problemas epistemológicos e metodológicos novos. A primeira fase do trabalho coletivo nos inspirou as seguintes reflexões iniciais:

a) Como pode o método comparativo ser empregado para corrigir os limites de cada um dos outros métodos?

b) Quais são os caracteres específicos do método comparativo a fim de que ele possa oferecer o máximo de pertinência ao raciocínio previsional?

4. O método comparativo e os outros métodos de previsão sociológica[63]. Veremos como se pode empregar o método de observação da elasticidade para corrigir os limites de cada um dos outros métodos, a observação da elasticidade temporal e a observação da elasticidade social.

a) *Observação da elasticidade temporal (ou extrapolação condicional)*. Este método de previsão é muito conhecido em economia. Sem dúvida, seu passado é muitas vezes decepcionante (crises não previstas), mas ele aperfeiçoou suas técnicas. É utilizado comumente para tratar dos problemas de previsão não só a curto mas também a longo prazo. Baseia-se na hipótese de que a descontinuidade da evolução nunca é total, mesmo em caso de inovação revolucionária. Esta hipótese foi amplamente verificada. Os revolucionários "voluntaristas" que não

---
61. Ver: VII Congresso da Associação Internacional de Sociologia, Varna, 1970: *La Sociologie, la prévision et la planification*.
62. I. D. BROSS, *Prévision et Décision rationnelles, op. cit.*
63. Tomamos emprestadas a um trabalho em comum com A. Piatier, economista, os diferentes conceitos de elasticidade.

levam isto em conta obtêm ou correm o risco de obter resultados absolutamente contrários a seus intuitos. Nas situações que não conhecem rupturas históricas (mesmo mudando rapidamente), a hipótese que o futuro prolonga sempre o passado, em certa medida e por um certo período é, na maioria dos casos, aceitável. Até hoje, apesar de alguns abalos sociais periódicos (revoltas dos estudantes, dos negros, etc.), as primeiras sociedades pós-industriais são amplamente dominadas por este tipo de situação. No campo da técnica, cujas descobertas podem ter sobre as mentalidades e as relações sociais repercussões muitas vezes difíceis de prever, o pensamento previsional efetuou igualmente grandes progressos no curso dos últimos anos. Tais progressos possibilitaram a descoberta e a elaboração de modelos que permitem empregar a extrapolação condicional com menos perigo de erro do que antigamente[64].

Este método convém a numerosos fenômenos sociais, próximos aos fenômenos econômicos. Por exemplo, a taxa de crescimento das saídas de férias na neve e mesmo o modo desta prática por classes sociais nos dez ou vinte anos vindouros, em função de algumas hipóteses plausíveis[65]. Mas ele tem evidentemente seus limites; não é quase possível prever, com efeito, se, passados vinte anos, uma nova invenção técnica que não é talvez entrevista nos laboratórios, não virá perturbar, por suas conseqüências econômicas e sociais, nossas previsões atuais[66]. Por outro lado, o método de extrapolação condicional em si não dispõe amiúde de armas para prever os pontos de saturação e mais ainda as inversões de tendências (por exemplo, a explosão do movimento suburbano após a da atração urbana no início deste século, nos Estados Unidos).

É diante destes casos que se faz necessário completar o método de extrapolação com o método comparativo. São observações no espaço que podem corrigir as observações no tempo. Com efeito, novos fatores suscetíveis de aparecer no futuro de uma sociedade (B) podem já ocorrer hoje numa sociedade (A) cuja evolução econômica e social é, em certos planos, mais avançada do que a da sociedade (B). É possível observar desde hoje

---

64. Ver por exemplo, mesmo para a previsão da inovação, HARVEY BROOKS: "O conceito fundamental de um espaço de transferência tecnológica" (desde o invento científico das aplicações técnicas até a mudança dos sistemas sociais da sociedade); in E. JANTSCH, *La Prévision technologique, op. cit.*

65. Ver J. DUMAZEDIER, "20 000 lits à la neige", *Économie et Prospective de la montagne*, 12-13-14, 1968-1969.

66. B. DE JOUVENEL, *L'Art de la conjecture, op. cit.*, e E. JANTSCH, *La Prévision technologique, op. cit.*

os efeitos destes novos fatores e aventar a hipótese de que tais efeitos irão produzir-se na sociedade (B), quando estes fatores por sua vez terão aparecido. Por certo, é preciso avaliar a resistência eventual das particularidades históricas da mudança, porém o mencionado método permite libertar a reflexão previsional da "ilusão histórica" que uma sociedade em transformação rápida secreta cada vez mais. Esta ilusão é tenaz, a despeito dos erros que ela não cessou de gerar, nestes últimos vinte anos, nas sociedades européias, africanas, asiáticas ou latino-americanas em face dos modelos provenientes da sociedade pós-industrial dos Estados Unidos. Esta ilusão leva a crer com demasiada facilidade que as tradições culturais, os caracteres nacionais, etc. seriam barreiras suficientes para impedir que os assim chamados "modelos americanos" nos alcancem. Ora, de ano a ano, tem sido constatado em numerosos países que, malgrado um sem-número de declarações verbais que lhes eram hostis, hábitos, idéias, gostos, todos eles nascidos no contexto pós-industrial da sociedade americana, irromperam em diferentes meios ambientes de diferentes sociedades, à medida que estas produziam, consumiam, se urbanizavam, se industrializavam, se comunicavam ou se comercializavam mais. Assim, a história de amanhã pode ser lida, em certas condições, não em nossa história de ontem, mas na história de hoje de uma outra sociedade. Se uma história previsional pudesse constituir-se como desejava há algum tempo Marc Bloc, ela não poderia dispensar o método comparativo.

b) *Observação da elasticidade social.* Há um outro método que é empregado pelo raciocínio previsional. Consiste em observar um modelo analógico nos comportamentos das categorias de referência (elasticidade social). Sabe-se que os comportamentos dos grupos de referência correspondem muitas vezes aos projetos ou aos desejos dos grupos de pertinência. Cabe pois levantar a hipótese de que esta relação entre os comportamentos de uns e os projetos de outros seja relativamente constante, ao menos durante um determinado período. Quando se processar uma modificação do meio ambiente (melhores condições de vida, melhores condições de instrução), então os comportamentos das categorias de pertinência terão as maiores probabilidades de ser análogos aos comportamentos atuais daqueles cujas normas guiaram sua conduta. É a ignorância de tais fatos que induziu amiúde em erro aqueles que "preparam o futuro". Assim, na sociedade industrial, numerosos intelectuais se enganaram ao exprimir a crença de que os operários inventariam uma cultura original, "uma cultura operária", melhorando suas condições de vida, aumentando seu lazer, desenvolvendo sua educação, etc. A realidade mostrou-se completamente diversa, tanto nos países socialistas[67] como nos países capitalistas[68]. Na França, uma pesquisa nacional, efetuada em larga amostragem colhida nas diferentes categorias de empresas em todo o território, mostrou que o quadro de referência cultural dos operários não é uma cultura ideal, específica de seu meio, mas a cultura daqueles que são tidos como os mais cultos pela sociedade global. Com efeito, 80% rejeitam a própria idéia de uma cultura operária diferente, embora exista sempre, de fato, uma subcultura dos meios operários, atestada pelas *enquêtes* mais recentes[69].

Este método também possui seus limites, que é mister conhecer bem. Em que medida funcionará aquilo que se pode chamar de imitação social na realização dos comportamentos de amanhã? Como os valores culturais e as normas sociais específicas de um meio irão oferecer resistência à adoção dos valores e das normas novos? Como irão combinar-se com estes últimos? Trata-se de incógnitas que o método dos grupos de referência não permitem resolver.

O método comparativo pode, ainda aí, prestar serviços insubstituíveis. É possível com efeito observar hoje e *alhures* a evolução de uma subcultura análoga àquela que procuramos prever aqui para amanhã. É evidente que a classe operária de uma sociedade industrial qualquer possui normas que não podem identificar-se totalmente com as das classes operárias de sociedades industriais mais avançadas, como as dos Estados Unidos, da Suécia, do Canadá inglês e francês, porém a sociologia empírica soube mostrar, por exemplo, que as relações das classes operárias com as outras classes apresentavam numerosos caracteres análogos[70]. Por outro lado, muitos caracteres específicos comuns foram identificados, quando apareceram as condições de vida, materiais e culturais, da sociedade pós-industrial. Como estas relações e suas feições, da classe operária, evoluíram com respeito às normas das outras classes? Tais observações na evolução da sociedade (A) permitem reduzir o caráter conjetural da sim-

---

67. B. FILIPCOVA, *Certains aspects sociologiques du développement culturel en Tchécoslovaquie, op. cit.*

68. B. KAES, *Les Ouvriers français et la culture*, enquête 1958--1971, sob a direção de M. David, Paris, Dalloz, 1962, 592 p.

69. J. DUMAZEDIER e A. RIPERT, *Loisir et Culture, op. cit.*; GOLDTHORPE, *The affluent worker*, ou R. HOGGART, *La Culture du pauvre*, Paris, Ed. de Minuit, 1970, 423 p. (Tradução do inglês: *The uses of literacy*.)

70. Entre outros, H. WILENSKY, *Mass Society and Mass Culture, Interdependence or Independence, op. cit.*, GOLDTHORPE, *op. cit.*

ples comparação dos comportamentos das categorias de referência e dos projetos das categorias de pertinência na sociedade (B) sobre a qual se exerce nossa reflexão previsional.

5. Caracteres do método de elasticidade comparativa espacial aplicada à previsão.

A fim de empreender o estudo dos problemas sociais e culturais que correspondem à passagem de uma sociedade do estádio industrial ao estádio pós-industrial, parece-nos necessário conhecer primeiro o caso da sociedade pós-industrial mais avançada: *a sociedade americana*[71]. Tal escolha não implica nenhuma preferência quanto ao melhor sistema de apropriação dos meios de produção ou distribuição. Não implica nenhum sentimento positivo ou negativo acerca daquilo que se chama vagamente "civilização americana". Não é uma escolha política nem uma escolha ética, trata-se de uma necessidade científica. Compreendemos muito bem que numerosos pesquisadores, sul-americanos por exemplo, conscientes da situação de dependência de seu país com respeito a um certo imperialismo econômico e político ianque, sintam certa repugnância por este gênero de estudo. Compreendemos que possa acontecer o mesmo entre numerosos pesquisadores do Quebec, onde o colosso fronteiriço detém até 90% dos capitais em certas indústrias chaves, e onde a tutela anglo-canadense pesa ainda tão penosamente sobre a vida econômica social e cultural. Do mesmo modo, é mais fácil para os pesquisadores das sociedades industriais de tipo socialista condenar em bloco "o capitalismo americano" do que analisar objetivamente os primeiros problemas da sociedade pós-industrial, através da experiência dos capitalistas americanos. Contudo, estas atitudes nos parecem cientificamente nefastas para tratar das questões que apresentamos. Isto significa privar-se do principal campo da experiência pós-industrial. Isto significa expor-se a formular em termos abstratos as questões do devir, ou pior, arriscar-se a tomar dos sistemas conceituais da sociedade de ontem meios inadaptados para a compreensão da sociedade em devir. Isto significa correr o risco de encerrar a imaginação sociológica em ideologias passadistas. Com efeito, é antes de tudo pela observação científica dos caracteres pós-industriais na sociedade americana, que temos a máxima probabilidade de formular os verdadeiros problemas que propõe o

---

71. S. M. LIPSET, *The First New Nation, The United States in historical and comparative perspective*, New York, Basic Books, 1963, XV-38 p.; D. RIESMAN, *The lonely crown, òp. cit.*; H. MARCUSE, *One dimensional man. Studies in the ideology of advanced industrial society*. Boston, Beacon Press, 1964, XX-260 p.

advento da produção, da distribuição e do consumo de massa com referência aos problemas novos das relações sociais e dos valores culturais através das organizações ou das tecnoburocracias de massa e dos sistemas simbólicos da instrução, do lazer, da informação e da cultura de massa. Todos os pesquisadores empenhados no estudo comparativo das incertezas sociais e culturais do lazer de massa das sociedades pós-industriais, quaisquer que sejam suas ideologias globais, liberais ou socialistas, estão, acima de tudo, de acordo quanto a esta premissa. Esta análise da sociedade pós-industrial americana se lhes impõe para o conhecimento do devir das sociedades pós-industriais capitalistas ou socialistas, do mesmo modo que se impunha ontem a Marx e a Engels, para o conhecimento dos problemas da industrialização e do socialismo, a análise da primeira sociedade industrial: a sociedade inglesa.

Mas tal análise da sociedade americana está semeada de armadilhas. O terreno apresenta-se obscurecido pelo nevoeiro das paixões. É fácil dissertar sobre "A América em geral": os ensaios, os romances, os filmes, etc. são mais numerosos do que os estudos científicos. O que significa este conjunto de signos denominados "América" e o que significa cada um de seus componentes? Sabe-se que, em certos momentos do desenvolvimento de uma ciência, as idéias gerais podem ser positivas: elas permitem formular problemas e, às vezes, até um problemática científica. Em outro momento, estas idéias gerais se tornam um obstáculo para o progresso do conhecimento científico[72]. Na segunda metade do século XX, em nossa opinião, esta abundância de representações gerais, de julgamentos brilhantes mas parciais ou confusos sobre a "América" nos impede de fazer progredir a sociologia comparativa, de tipo histórico-empírico, de que necessitamos para formular e verificar um corpo de hipóteses sobre os caracteres de uma sociedade pós-industrial. A primeira tarefa é pois rejeitar todas estas imagens gerais e abstratas, a fim de tentar analisar os componentes concretos do complexo "América". A tarefa é difícil. Ela supõe pelo menos duas operações:

a) *Isolar* uns dos outros subconjuntos coerentes que correspondem seja a uma tradição cultural específica, seja a um sistema de organização econômico, seja ao sistema de caracteres de uma sociedade pós-industrial, etc.

b) *Analisar o grau de interdependência* dos subconjuntos de elementos homogêneos entre si. Então poderemos talvez

---

72. G. BACHELARD, *op. cit.*; ver mais acima, p. 14.

tratar estes subconjuntos como variáveis complexas mais ou menos isoladas umas das outras. Ao termo desta pesquisa, saberemos se é possível com legitimidade afirmar a existência de um subconjunto que poderemos chamar de "caracteres da sociedade pós-industrial".

As primeiras observações sistemáticas acerca da sociedade pós-industrial foram tentadas por pesquisadores americanos, versando sobre os Estados Unidos e quase que exclusivamente sobre os Estados Unidos. Resulta daí uma certa dúvida quanto à pertinência de suas conclusões gerais. Não seriam tais estudos vítimas de uma espécie de etnocentrismo social e sociológico que muitas vezes, a despeito do próprio pesquisador, leva a considerar a solução capitalista americana dos problemas da sociedade pós-industrial, como a solução que, cedo ou tarde, há de impor-se a toda e qualquer sociedade?

Tomemos o exemplo de uma das melhores análises das implicações sócio-culturais desta nova sociedade, particularmente no tempo de lazer, a que David Riesman desenvolveu em muitas obras, sobretudo em *A Multidão Solitária*.

Expusemos em outra parte nosso ponto de vista sobre este livro publicado em 1948. Admiramos suas sutis observações, mesmo quando não são sistemáticas, e suas intuições, mesmo quando não tomaram a forma de hipóteses verificáveis[73].

É conhecida a tese central do autor, citamo-la mais acima: a humanidade conheceu duas autênticas revoluções, a que pôs fim à sociedade tradicional para dar o nascimento, ao cabo de dois séculos, à sociedade industrial, e a que se desenrola neste momento sob nossos olhos, primeiramente nos Estados Unidos, para dar nascimento à sociedade pós-industrial. Segundo Riesman, é o consumo e o lazer de massa que provocam, ao nível do vivido, as mutações sociais e culturais mais profundas. Segundo ele, estas mesmas mutações são previsíveis em todos os tipos de sociedades pós-industriais do porvir. Mas estas questões, surgidas da experiência americana nos anos 1940, são generalizáveis?

A. A função e a estrutura do consumo de lazer de massa serão análogas àquelas que elas tomaram no início do período pós-industrial americano?

B. A interação destes modelos pós-industriais com as tradições nacionais, os sistemas de apropriação dos meios de produção, os tipos de instrução periódica e permanente, pode ser considerada como sendo desprezível?

73. J. DUMAZEDIER, David Riesman et la France 1953... 1985, *Revue Française de sociologie*, 3, jul.-set. 1965, p. 378-382.

São questões às quais a análise exclusiva da situação dos Estados Unidos não nos parece estar apta a responder. Qual é o método que ofereceria maiores probabilidades de tratá-las? É necessário, a nosso ver, comparar, num plano definido, a sociedade americana com outras sociedades que atingiram, ao menos parcialmente, o estádio pós-industrial ou que estão próximas a atingi-lo, em contextos culturais e sociais diferentes[74].

Dentro desta perspectiva, há uma sociedade que apresenta um grandíssimo interesse estratégico, ainda que na maior parte do tempo tenha sido negligenciada pelos sociólogos americanos que refletem sobre os problemas pós-industriais: é a sociedade canadense e mais particularmente a sociedade do Quebec. Ela se encontra, com efeito, desde os anos de 1959-1960, em plena renovação. Em primeiro lugar, guiada por uma ideologia de conservação e depois de recuperação do terreno perdido, ela é cada vez mais arrastada por projetos ou sonhos coletivos de desenvolvimento autônomo.

Apesar de sua dependência com respeito aos Estados Unidos, seus problemas de biculturalismo, seu atraso econômico com respeito ao Ontario e as desigualdades internas (Gaspésie, Saint-Jerôme, etc.), já enfrenta, depois dos Estados Unidos e assim como o Canadá inglês, alguns dos problemas da sociedade pós-industrial[75].

A estrutura de sua população ativa e o nível de sua produção já são de tipo pós-industrial: seu rendimento *per capita* é o terceiro do mundo e em 1967, em 100 trabalhadores, 8,4% está na agricultura, 30,3% na indústria e a maioria (ou seja 61,3%) nos serviços públicos (contra 40% na França, por exemplo). A observação dos fenômenos quebequenses permite conhecer o que se tornam os caracteres pós-industriais dentro de um contexto de cultura francesa ("francidade" norte-americana)[76], permite portanto eliminar na mínima medida do possível o fator anglo-saxão que caracteriza a situação nos Estados Unidos.

---

74. Precisemos contudo que Lipset tem estudado outras nações para saber o que distinguia os Estados Unidos (First New Nation). Mas o trabalho que tentava distinguir os caracteres universais (prováveis) da sociedade pós-industrial, dos caracteres especificamente americanos, não interessou quase, até estes dias, os principais sociólogos americanos.

75. G. BERGERON, *Le Québec après deux siècles de patience*, Paris, Seuil, 1967; M. RIOUX, *La Question du Québec*, Seghers, 1969; M. LAPLANTE, *Développement culturel et loisir de la société québecoise*, op. cit.

76. C. CARISSE e J. DUMAZEDIER, Estudo comparativo em curso, sobre a inovação feminina em face do consumo, ao lazer e à cultura de massa, em contexto francês e inglês (Canadá).

Esta eliminação (relativa) é facilitada pelo fato de que hoje a maioria das elites de Montreal ou de Quebec endureceram seu combate pela autonomia econômica, cultural e lingüística de sua sociedade [77].

Um outro problema então se nos apresenta. Como eliminar as variáveis americanas, quer anglo-saxônicas, quer francesas, de nosso terreno? Os caracteres pós-industriais ainda subsistem quando tais variáveis são eliminadas? Para responder a estas perguntas, cumpre observar o que se tornam estes mesmos fenômenos em um contexto europeu. Nesta perspectiva, aparece-nos particularmente útil o estudo de duas sociedades industriais avançadas; a da *Suécia* e a da Suíça romanda e alemã. Acrescentamos a Alemanha Federal e a França, uma por ser a sociedade industrial mais avançada do Mercado Comum Europeu (11% de trabalhadores na agricultura, 48% na indústria, 41% nas repartições públicas em 1964) e a outra porque sua evolução econômica segue de perto a da Alemanha Federal, em um contexto cultural diferente (14% de trabalhadores na agricultura, 39,5% na indústria, 44% nas repartições públicas: 1968). Nestas sociedades, os caracteres pós-industriais acham-se em pleno desenvolvimento, mas desta vez dentro de contextos de cultura européia. Tais caracteres são ou apresentam prenúncios de que venham a ser análogos aos das duas Américas, anglófona ou francófona?

Enfim cabe perguntar se os caracteres comuns da sociedade pós-industrial, através destes diferentes países, não dependem de uma estrutura econômica e social dominada pela iniciativa capitalista nas empresas de produção e de distribuição. Certamente as relações entre o setor privado capitalista, o setor privado não capitalista (cooperativas suecas) e o setor das empresas públicas (cerca de 30% da renda nacional da sociedade francesa), não são as mesmas em todas estas sociedades, mas é incontestável que seu sistema econômico é dominado, em toda a parte, pelo capitalismo. Como eliminar esta variável para observar se os caracteres pós-industriais permanecem constantes! A dificuldade é quase insuperável, pois não existe ainda sociedade pós-industrial fora do sistema capitalista. Pareceu-nos útil entretanto observar, a partir dos anos de 1960, as novas tendências da sociedade industrial socialista mais avançada por seu nível geral de industrialização, urbanização, instrução e de cultura popular: *a sociedade tcheco-eslovaca*. É nesta sociedade que as

---

77. Desde fim de agosto de 1968 a fim de janeiro de 1969, cerca de 40 bombas de dinamite explodiram em Montreal pela iniciativa provável da Frente de Libertação do Quebec (FLQ) ou de outras entidades.

primeiras mutações sociais e culturais causadas pela aproximação dos caracteres pós-industriais começaram a revelar-se. Sem dúvida, a sociedade russa teve os meios de desenvolver certos setores da indústria dotados de um caráter particularmente eficaz e espetacular, mas se nos limitarmos aos caracteres gerais da evolução econômica social e cultural (levando-se em conta o retardo artificial das forças produtivas imposto à sociedade tcheco-eslovaca, há vinte anos, pela disciplina do Mercado Comum "Comecom" imposto pela Rússia), é evidente que a sociedade socialista mais próxima do estádio pós-industrial é exatamente a tcheco-eslovaca. Se nos atermos aos dois critérios do nível, o de produção e de estrutura da população ativa, constata-se que, apesar da crise econômica atual que a economia tcheco-eslovaca atravessa atualmente, e da coleira que lhe foi colocada, ela é capaz de produzir o mais alto nível *per capita* entre os países socialistas. Em cem trabalhadores tcheco-eslovacos, 22% dos trabalhadores são empregados na agricultura (contra mais de 30% na Rússia), 46% na indústria e por fim 32% nas repartições públicas, o que representa a taxa mais alta do setor terciário nas sociedades industriais socialistas, com exceção da Alemanha Oriental[78].

É completando ou corrigindo o estudo da sociedade americana pela aplicação do método das variações concomitantes a estes diferentes contextos, que poderemos conhecer melhor a especificidade dos caracteres gerais da sociedade pós-industrial e compreender estes diferentes tipos possíveis.

5. COMO CONDUZIR A OBSERVAÇÃO COMPARADA DESTES DIFERENTES CAMPOS PARA INVESTIGAR SE AS INVARIANTES PERMITEM AFIRMAR:

a) A permanência da variável (X): por exemplo, conteúdos culturais e sociais do lazer de massa e de suas implicações nas outras atividades, profissionais, familiais, etc.

b) A correlação constante destes conteúdos (X) com os caracteres específicos da sociedade pós-industrial (y, z).

Não procuraremos comparar as sociedades globais entre si. Num primeiro tempo não procuraremos também estudar como variam as implicações sócio-culturais da sociedade pós-

---

78. R. RICHTA, *op. cit.* Seria desejável que se pudesse introduzir a Alemanha Oriental em nosso estudo sociológico assim como alguns setores da Rússia.

-industrial em função dos diferentes sistemas de apropriação dos meios de produção. Limitar-nos-emos a pesquisar nestas diferentes sociedades se podem existir caracteres comuns na evolução da variável Lazer (X) em relação com caracteres comuns na evolução das variáveis pós-industriais, aquelas sobre as quais pode agir um sujeito social (y) e as outras sobre as quais ele não pode fazê-lo, mas que agem sobre ele (z).

Tal procedimento será tanto mais assegurado quanto se possam verificar sucessivamente três hipóteses.

Hipótese A

Estes dois subconjuntos de variáveis (X e y, z), intercorrelatos, são relativamente independentes das outras variáveis específicas de cada gênero de sociedade (cultura, sistemas econômico e político). Eles constituiriam, por assim dizer, um conjunto quase independente do resto da sociedade. É este conjunto comum às sociedades industriais mais evoluídas que se poderia chamar de variáveis pós-industriais. Devemos antes de mais nada verificar esta hipótese da quase-independência que lembra aquilo que é designado nos modelos analógicos da cibernética sob o nome de *sistemas quase fechados*. Esta primeira operação de verificação supõe a eliminação de dois procedimentos comparativos:

a) Aquele que associa arbitrariamente um traço a outro traço sem verificar o grau de probabilidade desta ligação com respeito a outras possíveis no mesmo contexto ou em outros. É assim por exemplo que um poeta e profeta social como McLuhan coloca a relação "causal" entre certos caracteres dos *mass media* e certos caracteres tomados dois a dois nas sociedades da "idade eletrônica". Esta anomalia do pensamento científico de McLuhan nada arrebata ao interesse de suas intuições sobre os *mass media*, algumas dos quais podem fornecer aos pesquisadores hipóteses originais, mas este modo de relações analíticas e não verificadas nada prova[79].

b) Devemos igualmente eliminar uma segunda atitude, que se situa no extremo oposto. Ela se recusa a distinguir subconjuntos dentro de uma "totalidade" estruturada de maneira específica e distinta da soma de suas componentes. Não negamos o interesse deste ponto de vista, porém tudo depende do

---

79. M. MCLUHAN, *Understanding media. The extension of man*, New York, McGraw-Hill Book Company, 1964, 366 p. Ver crítica de JEAN CAZENEUVE in *Les Pouvoirs de la télévision, op. cit.*

problema proposto. Precisamos, para tratar do nosso, constatar empiricamente o grau de dependência ou a independência de um subconjunto de variáveis pertinentes (pós-industriais) com respeito ao conjunto de cada sociedade e calcular, neste subconjunto de variáveis pertinentes, as intercorrelações (X, e y, z). A atitude globalista *a priori* não convém ao nosso trabalho comparativo, que precisa verificar a existência e a não-existência de relações que constituem uma estrutura[80].

Hipótese B

Se esta hipótese de subconjuntos pertinentes quase independentes for verificada, será útil formular uma segunda hipótese sobre a evolução dos subconjuntos: ou seja, as variáveis x, y, z, características da sociedade mais avançada de hoje (A). Como evoluíram estas variáveis? Qual foi o processo de evolução indo de $X0 - X1$, e qual foi sua dinâmica: $Y0, Z0 - Y1, Z1$? Será que a variável $X0$ da sociedade (A), apresentava em seu tempo, um valor semelhante ao da variável $X0$, que nos é dado observar hoje numa sociedade que se encaminha para o estádio pós-industrial (sociedade B)? Se a resposta é sim, poder-se-ia formar hipóteses sobre o desenvolvimento desconhecido $X0 - X$ (sociedade A) e sobre a dinâmica $Y0, Z0 - Y1 - Z1$ (sociedade B) apoiando-se na já conhecida dinâmica $X0X$ e $Y0 - Z0 - Y1 - Z1$ (da sociedade A). Em outros termos, é desejável associar o método diacrônico ao método comparativo: o estudo das diferenças atuais entre duas sociedades, a sociedade A (mais avançada) e a sociedade B (menos avançada) deve então ser completado pelo estudo da evolução destas diferenças examinando o passado da sociedade mais avançada, a sociedade A.

Hipótese C

O estudo de uma sociedade avançada (A) pode, ainda, ser útil à previsão de uma outra maneira. Com efeito, nesta sociedade a influência das categorias de referência na dinâmica da evolução é reconstituível. A elasticidade social, analisada na sociedade A, pode favorecer hipóteses sobre a possível influência das categorias de referência na sociedade B que tomamos hoje como objeto de observação. Assim, conhecendo a

80. Ver, no mesmo sentido, a crítica por Levi-Strauss das concepções globais e *a priori* da "estrutura" das sociedades defendida por G. GURVÍTCH, in *Anthropologie structurale*, Paris, Plon, 1958, 450 p.

influência no passado dos hábitos de viagem das classes mais ricas da sociedade americana sobre a ampliação do interesse pelo turismo nas outras classes desta sociedade, podemos tentar hipóteses sobre o desenvolvimento do turismo no Quebec, por exemplo, apesar das diferenças culturais. Partiremos principalmente da observação dos comportamentos e dos interesses atuais dos grupos mais ricos neste país.

A incerteza da previsão é tanto mais reduzida quanto a comparação é capaz de verificar estas três hipóteses dentro de um mesmo estudo.

Estas informações podem derivar de diferentes fontes. Não é necessário que elas sejam tomadas na mesma escala da realidade social. Algumas podem provir de informações locais, outras de informações nacionais. Umas, podem ser constituídas por resultados de sondagens, outras, por agregados. Esta variedade dos materiais pouco importa. O caráter pertinente da informação reside unicamente na possibilidade que ela oferece de comparar dois valores num mesmo gênero de unidades, a fim de calcular as elasticidades temporais, sociais ou espaciais. Ao contrário, é preciso antes desejar a maior variedade possível no gênero de nossas informações pertinentes a fim de poder, por *verificação de coincidências*, averiguar a permanência das tendências ou das disparidades análogas. Não damos pois razão aos que denunciam as limitações do tratamento dos agregados na procura das correlações (*ecological fallacy* de Robinson), nem àqueles que denunciam com não menos pertinência, os limites do tratamento dos resultados de sondagens, expostos aos erros subjetivos (*individualistic fallacy*)[81]. É importante que a reflexão previsional possa apoiar-se no maior número possível de tendências e disparidades comparáveis, malgrado a diferença do gênero de informação.

Para terminar, parece-nos útil sublinhar a dificuldade de reunir, em uma sociedade dada, a informação pertinente com a previsão. Esta é muitas vezes dispersa. Para reuni-la, cumpre efetuar um longo trabalho, em várias etapas:

a) reunião de todos os dados disponíveis sobre cada país estudado e ensaio para efetuar um primeiro tratamento comparado;

b) harmonização dos dados assim recolhidos para constituir conjuntos comparáveis prontos para análises secundárias;

---

81. E. SCHEUCH, "The cross-cultural use of sample surveys: Problems of comparability", in S. ROKKAN (ed.), *Comparative research across cultures and nations*, Paris, Haia, Mouton, 1968, p. 176-210.

c) preparo da observação comparada de amostragens escolhidas segundo os mesmos princípios, e exploradas segundo os mesmos métodos à luz das mesmas hipóteses.

Com demasiada freqüência, a primeira fase deste trabalho é subestimado por sociólogos habituados às exigências particulares da pesquisa com base em amostra representativa. Na realidade, esta primeira fase é de importância fundamental. Os resultados podem ultrapassar as expectativas, mesmo quando se verifica que as análises secundárias são difíceis[82]. Este trabalho é longo, e o rendimento nem sempre proporcional ao esforço[83], eis por que seria de desejar que os institutos de pesquisas sociológicas concedessem cada vez maior importância ao armazenamento mecanográfica dos dados locais, nacionais e internacionais.

---

82. Veja-se o modo pelo qual S. Lipset tratou a informação internacional para provar suas hipóteses na obra *Political man, op. cit.*

83. No estudo comparado sobre o lazer em sete países, a constituição deste primeiro trabalho exigiu entre 1 500 e 2 500 horas de trabalho de coleta, classificação e verficação conforme os diferentes países.

CONCLUSÃO

Assim uma reflexão individual e coletiva, fundada na exploração dos resultados da sociologia empírica e das questões que ela suscita, nos conduziu a algumas proposições que tentaremos resumir brevemente. No processo do desenvolvimento pós-industrial das sociedades tecnológicas, a dinâmica produtora do tempo, das atividades e dos valores do lazer não é somente a redução do tempo de trabalho consecutivo ao progresso técnico. Esta explica exclusivamente o acréscimo do tempo fora do trabalho, não a promoção geral do lazer neste tempo fora do trabalho. Esta promoção permaneceria incompreensível se não viesse de uma regressão progressiva da extensão do controle imposto ao indivíduo, pelas instituições sociais de base assim como de uma nova aspiração histórica da pessoa à expressão de si mesma. Estes dois fenômenos são conquistas de movimentos sociais em que não somente os trabalhadores, porém as mulheres, os jovens, os aposentados, etc., enquanto tais desempenham um papel ativo. Esperamos ter trazido à luz esta tríplice dinâmica ainda por demais ignorada da sociologia do lazer, que permanece prisioneira de suas origens: a sociologia do trabalho.

Não se segue daí que a vida de todo o mundo é (ou vai ser) dominada pelos valores do lazer. Minorias muitas vezes importantes de trabalhadores e mulheres, de jovens ou de velhos, mantêm-se alheios aos novos valores do lazer. Sua vida é orientada por necessidade, por dever ou por prazer quase unicamente pelos valores do trabalho profissional ou escolar, por aqueles das obrigações familiais, do engajamento sócio-espiritual ou sócio-político. O lazer não é para elas senão um meio para descansar e para se distrair de tempos em tempos, mas para a maioria são as atividades de lazer que, cada vez mais, ocupam a maior parte do tempo fora do trabalho e suscitam interesse crescente para sua realização pessoal, qualquer que seja seu nível.

A fim de analisar estes fenômenos complexos, a sociologia do lazer deveria prestar a máxima atenção à rigorosa definição de seu campo específico. O lazer não é a ociosidade, pois que ele supõe, antes de mais nada, a presença do trabalho profissional, ao passo que a ociosidade supõe em primeiro lugar a negação deste. Esta confusão, da qual o próprio Veblen é um dos responsáveis, tem vida longa. O lazer não pode ser confundido com o tempo extraprofissional. É apenas uma parte dele. Este tempo comporta igualmente o trabalho doméstico-familial longamente esquecido pela sociologia do lazer. Todavia, é tanto em relação à libertação do trabalho familial quanto em relação à libertação do trabalho profissional, que o lazer deve se definir daqui por diante. A sociologia do lazer precisa igualmente recusar a confusão entre lazer e tempo livre. O tempo livre recobre ao mesmo tempo as atividades de engajamento sócio-espiritual, de engajamento sócio-político e as atividades orientadas prioritariamente para a satisfação da pessoa. Estas atividades não têm, evidentemente, para a sociedade, a mesma significação. Devemos igualmente tentar definir sem ambigüidade o lazer com respeito a estes dois tipos de engajamento. Ambos dependem da sociologia religiosa e da sociologia política. Somente as atividades orientadas com prioridade para a expressão da pessoa, quaisquer que sejam seus condicionamentos sociais, dizem respeito ao lazer e permitem fundar com clareza um ramo especializado da sociologia: a sociologia do lazer. É bastante evidente que as fronteiras destes diferentes conceitos se recobrem em parte e que as relações entre eles são amiúde estreitas. Mas a significação dos fatos que eles recobrem não é a mesma para a sociedade e toda ciência precisa definir seu objeto específico, sob pena de ficar presa no pântano do mais ou menos, ou no discurso.

Quanto às relações do lazer com o trabalho, nosso ponto de vista atual representa uma ruptura com respeito às idéias que dominam nossa disciplina desde a origem. Repetimos que a sociologia empírica mostra sem equívoco que a influência do trabalho, da divisão do trabalho e da divisão em classes sociais que daí resulta, sobre as diferenças de comportamento e valores de lazer, é e permanece manifesta. Seria preciso oferecer muitas restrições e matizes às idéias de certos ideólogos da sociedade pós-industrial no concernente "ao aburguesamento", "à integração" da classe operária nas classes médias. Entretanto vimos que as distâncias culturais e sociais entre os lazeres dos operários e os dos outros trabalhadores urbanos, são muito variáveis. Se admitirmos os indicadores que retivemos, elas nunca se reduzem a oposições radicais, tais como as existentes no tempo de Marx e de Zola.

Mas aí não está o aspecto mais importante de nosso ponto de vista atual. O que nos impressiona é que esta dicotomia trabalho, do lazer, que foi fator de progresso para a observação e explicação do lazer há cerca de quarenta anos (de E. Mayo até G. Friedmann), hoje seria antes um fator de estagnação. É a causa de palavras cada vez mais estereotipadas. Empobrece as problemáticas de pesquisa. Esconde as relações recíprocas, determinadas e determinantes, que o lazer trava cada vez mais com o *conjunto* das obrigações institucionais para sofrer seu condicionamento ou para exercer sobre elas uma influência, muitas vezes contestadora. Aí se encontram, a nosso ver, as incógnitas mais importantes a resolver em nossos dias. Parece-nos que doravante coloca-se na escala de uma sociedade de um tipo novo, dominada pelo setor terciário, um problema global de libertação e de destinação do tempo e do espaço. Ele põe em causa a qualidade da vida pessoal e coletiva, não somente nas atividades de lazer e no trabalho profissional, mas também no trabalho escolar e familial, nas atividades de engajamento sócio-espiritual e sócio-político. Aí reside para nós o trabalho principal a ser empreendido nos próximos anos pela sociologia do lazer, em cooperação com os outros ramos da sociologia dentro de um quadro, se possível interdisciplinar.

Mas esta evolução do lazer não é simples. Sua expansão se nos apareceu entravada ou negada por numerosos obstáculos econômicos e sociais, e por preconceitos tenazes. Antes de mais nada, temos razão de repetir que a dinâmica mercantil dos bens e serviços tende a sujeitar as possibilidades de realização pessoal da massa dos clientes às leis da padronização e do lucro máximo. Em que medida? Será preciso que a sociologia empírica ponha todo o ardor possível neste campo.

A dinâmica da propaganda política também ameaça reduzir o lazer à situação de prêmio de apostas nas lutas eleitorais ou ideológicas, do mesmo modo que o lazer e a democratização cultural colocam cada vez mais, na cidade, problemas políticos. Quanto ao apolitismo, tende a conservar nos lazeres a dimensão de jogos infantis que ameaçam produzir cidadãos indiferentes e satisfeitos. Como pode o lazer abrir à idade adulta as maravilhosas fontes de inspiração da infância, sem fazer o adulto recair na infância?

Diante destes perigos de origem indiferente, as organizações de lazer e de ação cultural democráticas apresentam-se dispersas. Elas são na maioria das vezes desprovidas de consciência política apropriada. Quando participam da ação política, é para fazer eco às lutas partidárias nascidas em outros campos de ação e não para suscitar um movimento social coerente e permanente, orientado para a realização específica de uma política cultural inovadora e democrática, na medida dos problemas novos do desenvolvimento cultural associado ao lazer de massa. Será que a sociologia pode contribuir para evidenciar os fatos úteis à solução teórica e prática destes novos problemas? Acreditamos ter mostrado que estes representam um desafio para a orientação de nossa própria disciplina. Ela não poderá contribuir com eficácia para resolver as principais incógnitas da evolução do lazer salva sob duas condições:

a) precisa elaborar com os economistas do "desenvolvimento" um quadro de referência ao mesmo tempo válido e operatório, permitindo contestar as próprias orientações do desenvolvimento da riqueza e do tempo liberado; não a "cultura" em geral, mas o desenvolvimento cultural escolar e extraescolar de um grupo, de uma classe de uma sociedade para um período definido;

b) deveria tornar-se apta a introduzir em seu campo simultaneamente o estudo das tendências e a redução da incerteza do futuro, assim como a interação da intervenção de um sujeito social e dos determinismos de toda espécie que condicionam tal intervenção. Ela deveria pois se tornar cada vez mais previsional e decisional.

Sem estas duas mudanças tememos que a contribuição da sociologia para analisar as condições e os mecanismos daquilo que ousamos chamar, em 1962, de uma eventual "civilização do lazer", permaneça fraca.

Mas pode-se falar da civilização do lazer no horizonte das sociedades industriais avançadas? Vimos que outras alternativas são possíveis se a sociedade se decide a realizar uma política global não apenas da renda, mas também do tempo.

Serão elas prováveis? Alguns acolhem esta hipótese plausível de uma civilização do lazer com ceticismo, muitos a escarnecem como se se tratasse de uma ingenuidade. A quase totalidade dos sociólogos a ignoram ou a rejeitam.

É evidente que esta expressão não é aceitável sob muitos aspectos. Antes de mais nada, caracterizar uma sociedade, uma cultura, uma civilização por um só de seus traços, é arbitrário. O tipo de civilização que nasce com a preponderância do setor terciário na economia pode ser caracterizado de múltiplas maneiras por suas causas e por seus efeitos, ou por suas relações dialéticas. Já o dissemos. É igualmente legítimo falar de civilização neotécnica, atômica, eletrônica, cibernética... ou então, ainda, caracterizá-las pelo consumo de massa, pela revolução sexual, pelo conflito das gerações, etc. Mas em sociologia a conceituação é muitas vezes um combate contra idéias falsas, mitos. Ela não pode ser abstraída do estado das idéias em um momento dado. Quando estas parecem em atraso com respeito à situação, é necessário que os sociólogos adiantem uma nova conceituação desta situação que, por ser vivida, nem por isso deixa de estar ausente das representações dominantes.

É esta necessidade que nos apareceu por volta dos anos de 1955-1960. Naquela época, o problema do lazer ainda não fora apresentado à opinião pública. Os meios da pesquisa ainda eram dominados por representações anacrônicas do trabalho, da vida política bastante próximas ao século XIX. É nestas circunstâncias que se afigurou legítimo evocar a idéia de uma eventual civilização do lazer, que obrigaria a aproximar uma multidão de fatos dispersos para colocar um problema *geral*. Tratava-se, portanto, de uma tentativa de tirar o lazer da posição residual que ele ocupava na representação coletiva, a fim de situá-lo no mesmo nível de importância dos outros fatos sociais, reputados como mais sérios. Será que conseguimos o nosso intento? Apesar de certos sucessos jornalísticos e pedagógicos, temos nossas dúvidas.

De outro ponto de vista, pode-se recear que certos censores da civilização do lazer confundam o ângulo descritivo e o normativo. Se tomarmos "civilização" no sentido normativo, em função de nossos critérios do desenvolvimento cultural e social de uma sociedade de massa, pensamos que a expressão, com efeito, não se justifica. Numa sociedade como a nossa, em que as leis do mercado tendem a padronizar bens e serviços do lazer, em que o sistema escolar é totalmente inadaptado à cultura geral vivida no lazer dos jovens ou dos adultos, é evidente que os lazeres populares, em seu conjunto, não são dominados pela invenção ou pela criação. Mas uma civilização não se reduz forçosamente a um conjunto de obras de alta qualidade, é antes de tudo um modo de sentir, de pensar, de agir, um modo de vida que varia com a estratificação social. É o produto de uma interação do estado das forças produtivas, das instituições sociais e da personalidade de base. Acreditamos ter demonstrado que, ao alvorecer da idade pós-industrial, o lazer produzido pelo progresso das forças produtivas, a regressão do controle das instituições sociais de base e a promoção de aspirações novas da pessoa, tende a exercer influência crescente *sobre o inteiro modo de vida*. Cada vez mais, mesmo nas sociedades industriais guiadas por uma doutrina oficial do trabalho, é o grande vencedor do tempo liberado do tempo profissional e doméstico, muito mais do que o trabalho social benévolo, o engajamento sócio-espiritual ou o engajamento sócio-político. Cada vez mais, a vida familial se modifica, as obrigações se distinguem dos lazeres ou semilazeres: as primeiras tendem a se reduzir, as segundas a aumentar enquanto que o estilo dos lazeres tende a transformar o exercício, a concepção mesmo das obrigações. Repetimos que, afora alguns privilegiados, para os quais o trabalho é uma fonte maior de criação ou de responsabilidade e uma minoria importante que tem necessidade de aumentar um salário insuficiente, os trabalhadores ocupam a maior parte de seu tempo liberado com atividades de lazer. O mesmo acontece no caso dos aposentados. Todos os sindicatos reivindicam hoje uma nova diminuição da duração do trabalho. Mesmo sendo moldado pelas condições do trabalho e pelas estruturas de classes que disso resultam, o lazer obedece cada vez menos à única lei do trabalho. O tempo de lazer é cada vez menos vivido como a recuperação da força de trabalho, apesar de um certo aumento da fadiga nervosa. Até na União Soviética, observamos uma mudança de perspectiva onde o lazer não é mais estudado como um meio para melhorar o trabalho, mas onde as condições do trabalho e do transporte é que são postas em causa para facilitar o lazer como quadro de florescimento pessoal. O lazer é mais e mais concebido, por sua vez, como meio de satisfazer novas necessidades da personalidade em qualquer nível cultural que seja. Observamos em toda parte um decréscimo dos valores do trabalho e um acréscimo dos valores do lazer, sobretudo na juventude. Uma nova aspiração tende a pesquisar no próprio trabalho certas propriedades do lazer. Como escreve Mills: "Hoje, o trabalho tende a ser apreciado segundo os critérios do lazer..."[1]. Reparos semelhantes impuseram-se no tocante

1. C. WRIGHT-MILLS, *Les Cols blancs. Les classes moyennes aux États-Unis*, Paris, F. Maspero, 1966, 368 p. (Tradução do americano: *White collar, the american middle classes*.)

ao trabalho escolar. É certo que os níveis de instrução escolar exercem influência sobre os conteúdos do lazer. Mas antes de mais nada, esta influência é menos extensa do que parece quando se procura especificar o número das pessoas envolvidas pelas correlações positivas ou negativas entre os estudos e o lazer. E acima de tudo um dos aspectos da crise escolar provém de uma recusa de realizar parte do trabalho escolar imposto. Esta recusa corresponde a uma reivindicação de autoformação voluntária, que concerne antes de tudo a um novo estilo de lazer dos jovens. Primeiramente controladas pelas igrejas, as atividades do lazer foram progressivamente se libertando delas. São os hábitos de lazer dos paroquianos que, ao contrário, levaram as igrejas a transformar o horário, a implantação, o estilo dos cultos. Influenciado pela política (ou pela ausência de política) cultural da empresa, da municipalidade, ou do Estado, o lazer da população continua no domínio da vida privada. A resistência a uma organização autoritária do lazer por uma instituição qualquer — sindical ou política — é muito forte, a despeito dos ensaios permanentes de utilização do lazer pelas propagandas. As leis do mercado moldam o lazer, porém movimentos sociais cada vez mais variados se levantam contra esta degradação. Segundo nossas observações e reflexões previsionais, está claro que, doravante, sob pena de fracasso, nenhuma reforma do trabalho profissional ou escolar, nenhuma reforma da vida familial, sócio-espiritual, e sócio-política, pode ignorar a extensão, as estruturas, os valores do lazer em todas as classes sociais, todas as categorias de idade, de sexo da população. Não se percebem senão comportamentos, mas por detrás deles se esconde todo um sistema de valores que mergulha naquilo que se poderia chamar, com reserva, a personalidade de base de nosso tempo. Este sistema de valores não permanece encerrado nos lazeres, mas os ultrapassa. Penetra na quase totalidade das outras atividades. Ele não suprime os engajamentos profissionais, escolares, familiais, sócio-espirituais e sócio-políticos senão em casos marginais de inadaptação social, mas para a maioria ele modifica ou tende a modificar, na tensão e no conflito, o estilo destes engajamentos. Em inglês poderíamos falar do advento de uma *leisure society*. Em francês ninguém ousaria aventurar este barbarismo de *société loisurée* ("sociedade lazerada") que corresponde, contudo, exatamente, à mudança da situação. Toda política global da melhoria daquilo que ontem era chamado de estilo da vida e hoje é chamado de *qualidade da vida*, por um novo arranjo do tempo e do espaço, deve começar por uma reflexão sobre as implicações do lazer em todos os domínios da vida social e pessoal. São estes fatos que nos levaram a falar do nascimento possível de uma civilização do lazer. Não é o Eldorado para amanhã. Trata-se de novos problemas sociais e culturais que, para serem resolvidos *amanhã*, deveriam ser formulados seriamente *hoje*.

Entre todas as reservas ou as críticas inspiradas por este procedimento da sociologia do lazer, damos importância particular ao pensamento recente de Georges Friedmann. Sua reflexão sobre o lazer no quadro de sua análise da civilização técnica evoluiu bastante. Ele considerou primeiro o lazer como uma distração ou uma compensação com respeito ao trabalho. Depois procurou saber em que medida o tempo liberado é realmente um tempo livre, livre de sujeições, de condicionamentos. Muitos elementos se apresentavam de modo a sugerir-lhe respostas pessimistas. Ele nunca se interessou muito pela categoria de fatos que mostram a ação crescente, embora muitas vezes oculta, dos valores do lazer sobre o trabalho e todas as outras atividades, que aliás o condicionam. Mas a partir de 1970, rejeita totalmente a idéia de uma eventual civilização do lazer: "Está claro, doravante, que a civilização técnica não pode ser uma civilização do lazer"[2].

Examinemos, para concluir, seus argumentos e os fatos sobre os quais, eventualmente, se apóia G. Friedmann, ele mesmo, os congregou e ordenou em algumas páginas.

a) A efetivação do encurtamento da semana de trabalho não basta para provocar transformações profundas. É um malogro.

b) O lazer não chegou a compensar a desumanização dos labores parcelares da maioria dos trabalhadores. Os "quadros" superiores não têm tempo para o lazer, a maioria dos operários não sabe utilizá-lo. Ela se entedia, toma um segundo emprego ou se dedica a pequenas tarefas caseiras.

c) O lazer se tornou uma simples mercadoria. Os "hippies" se rebelam contra ele, assim como se rebelam contra o trabalho.

d) Enfim o lazer é acompanhado de uma desagregação psicológica do trabalho. Mesmo que seja bem sucedido, faz passar o eixo principal do interesse fora do trabalho. É uma situação "patológica".

A sociologia empírica poderia fornecer fatos em apoio de algumas destas idéias. Mas outros fatos revelam uma situação mais complexa. Expusemos alguns deles nesta obra, em particular

---

2. G. FRIEDMANN, *La Puissance et la Sagesse, op. cit.*

no cap. 2. Não os repetiremos. Georges Friedmann nos preveniu que seu livro não é um livro rigorosamente científico "apesar de nutrido de experiências e observações". Gostaríamos que suas proposições correspondessem melhor à totalidade dos fatos disponíveis na sociologia empírica do trabalho ou do lazer de hoje.

Por outro lado, acreditamos compreender a idéia geral do livro em que figura esta apreciação sobre o lazer. Na civilização técnica, G. Friedmann denuncia um desequilíbrio crescente entre o poder do homem e sua sabedoria. É o que ele chama o grande desequilíbrio, muitas vezes qualificado de "alucinante", de "terrificante". Ele lança um apelo, contra a correnteza, para que o homem faça um esforço interior capaz de equilibrar seu poder exterior sobre as coisas. Estamos prontos a dar ouvidos a seu apelo. Mas, como realizar tal esforço interior? Por meio de uma "educação verdadeira", mas esta educação verdadeira numa sociedade em mudança não poderia limitar-se à infância. Deveria ser permanente, dizer, pois, respeito a uma parte do lazer. E diante da crise atual da escola, diante das novas reivindicações da juventude em prol da autonomia da livre escolha, como poderia ela envolver somente estudos obrigatórios? Teria de envolver necessariamente, também sob pena de fracasso, o lazer da juventude.

Dada a força da dinâmica produtora do tempo livre e da dinâmica do lazer neste tempo livre, cabe esperar uma expansão crescente, conquanto moderada, do tempo de lazer. Não vemos bem como a verdadeira educação de que fala G. Friedmann poderia permanecer alheia à função de desenvolvimento do lazer. Ao contrário, parece-nos que uma nova política das sociedades, no tocante a esta função, condiciona o livre desenvolvimento da "verdadeira educação". A nosso ver, a reflexão de G. Friedmann acerca desta educação verdadeira, baseia-se numa concepção ultrapassada do sistema escolar, mesmo que reformado, e num quadro das relações entre o estudo escolar imposto e a autoformação voluntária do tempo de lazer, que não corresponde mais às aspirações das novas gerações.

Enfim, impõe-se uma questão de método. Perguntamos como Georges Friedmann vincula as proposições negativas deste ensaio ao método sociológico. Ele escreve:

Qualquer que seja o valor documentário das pesquisas especializadas consagradas às dimensões temporais, culturais, funcionais do lazer, elas demonstram quando não vão mais a fundo, mais longe, a impossibilidade de compreender os fatos que relatam, sem referência à condição global do homem dentro da civilização técnica.

Não vemos bem o sentido exato que G. Friedmann dá à "demonstração" dentro de tal proposição. Trata-se de uma proposição científica? Não conseguimos discernir seu sistema de provas. Receamos que possa haver um equívoco entre dois modos de conhecimento. A sociologia empírica não pode colocar senão os problemas que pode resolver. Ela não pretende solucionar todos os problemas que o filósofo pode e deve evocar no que concerne à "condição global do homem". Mas se se trata de estabelecer fatos sociais, ou de predizer sua evolução sob o nome de civilização do lazer, o recurso à observação e à previsão torna-se imprescindível para toda "demonstração" sociológica.

Se a gente se propõe, como G. Friedmann, a provocar um esforço interior para resolver ou reduzir o grande desequilíbrio, é possível circunscrever-se a uma atitude de profeta que prega certos valores sem se preocupar com as condições e o processo de sua realização na sociedade em devir, ou então procurar reduzir a incerteza desta realização e aplicar a este sistema de intervenção as regras da sociologia previsional e decisional. Ora, G. Friedmann, numa controvérsia com J. Fourastier[3], vê acima de tudo nas ciências da previsão e da planificação, novas ilusões do cientificismo. Em que método científico, nestas circunstâncias, se apóia a proposição de que a civilização técnica não enveredará para uma civilização do lazer?

Mesmo quando houve esforço para comparar todos os fatos disponíveis numa aproximação sistemática da realidade social, mesmo quando se procura utilizá-los para a previsão probabilística, para compreender o devir, nunca se tem garantia da certeza. Tudo o que é dado tentar é reduzir a incerteza deste futuro que se inicia no presente. Pode a sociologia fazer mais do que isso sem ela própria renegar-se?

3. *Ibid.*

SOCIOLOGIA NA PERSPECTIVA

Fim do Povo Judeu?
    Georges Friedmann (D006)
Sociologia do Esporte
    Georges Magnane (D015)
Sociologia Empírica do Lazer
    Joffre Dumazedier (D164)
Sobre Comunidade
    Martin Buber (D203)
Autoritarismo e Eros
    Vilma Figueiredo (D251)
Capitalismo e Mundialização em Marx
    Alex Fiúza de Mello (D279)
Sociologia da Cultura
    Karl Mannheim (E032)
De Geração a Geração
    S. N. Eisenstadt (E041)
Ensaios de Sociologia
    Marcel Mauss (E047)
Sociedade Israelense
    S. N. Eisenstadt (E056)
Arte, Privilégio e Distinção
    José Carlos Durand (E108)
Uma Arquitetura da Indiferença
    Annie Dymetman (E188)
Tolerância Zero e Democracia no Brasil
    Benoni Belli (E209)
Em que Mundo Viveremos?
    Michel Wieviorka (E215)
Lenin: Capitalismo de Estado e Burocracia
    Leôncio M. Rodrigues e
    Ottaviano de Fiore (EL16)
O Desencantamento do Mundo
    Pierre Bourdieu (EL19)
Estrutura Social e Dinâmica Psicológica
    Ruy Coelho
Indivíduo e Sociedade na Teoria de Auguste Comte
    Ruy Coelho